Professionell Dübel setzen für Dummies

Professionell Dübel setzen für Dummies

Schummelseite

DIE WICHTIGSTEN FRAGEN DER DÜBELTECHNIK, DIE SIE SICH IMMER STELLEN MÜSSEN

- ✔ In **welchem** Material soll der Dübel in Decke, Wand oder Boden montiert werden? Das heißt: Welcher Verankerungsgrund liegt für den Dübel vor?
- ✔ Soll der Dübel im trockenen Innenraum, draußen im Außenbereich oder im Schwimmbad montiert werden? Das heißt: Aus welchem Material muss der Dübel bzw. die Dübelschraube sein (Korrosionsschutz)?
- ✔ Welche Abmessungen hat das Bauteil, in das Sie Dübel einbauen wollen? Das bedeutet: Wie dick ist zum Beispiel die Wand, welchen Abstand vom Rand bzw. der Kante haben Sie zu einem Loch in der Wand, zum Beispiel zu einer Tür- oder Fensteröffnung, und welche Abstände haben die Dübel untereinander (von Dübelachse zu Dübelachse), wenn Sie mehrere Dübel montieren wollen?
- ✔ Hat das zu befestigende Teil nur eine Bohrung für einen Dübel oder für zwei und mehr Dübel?
- ✔ Wie groß ist der Durchmesser des Lochs im zu befestigenden Teil?
- ✔ Was soll an den Dübel bzw. das Anbauteil »angehängt« werden? Das heißt: Welche Lasten in welcher Richtung sind zu berücksichtigen?
- ✔ Welche Dübelsysteme stehen zur Verfügung?
- ✔ Gibt es rechtliche Rahmenbedingungen, auf die Sie achten müssen?

VERANKERUNGSGRUND

- ✔ Ein Blick in die Bauunterlagen (Pläne, Statik und Lieferscheine) verrät im Neubau, welcher Baustoff vorliegt.
- ✔ Durch eine kleine Probebohrung im Drehgang der Bohrmaschine, das heißt Schlagwerk der Maschine abschalten, bekommen Sie einen ersten Hinweis auf den Verankerungsgrund, in den Sie den Dübel setzen wollen.
- ✔ Wenn Sie im Verankerungsgrund Beton dübeln wollen, verwenden Sie immer Dübel, die für gerissenen Beton geeignet sind, auch wenn Sie im Beton keine Risse sehen. Ungerissenen Beton, also Beton gänzlich ohne Risse, gibt es nur in der Theorie!

Professionell Dübel setzen für Dummies

Schummelseite

KORROSION

- Der Korrosionsschutz Ihres Dübels, das heißt, welches Material der Dübel und/oder die Schrauben haben müssen, hängt davon ab, ob Sie im trockenen Innenraum, im Feuchtraum oder draußen an der Straße oder am Meer sind.
- Dübel können feucht oder nass werden, zum Beispiel im Badezimmer oder draußen an der Hauswand im Regen. Damit Ihre Befestiger nicht rosten, sollten Sie hier Dübel bzw. Dübelschrauben aus nichtrostendem Stahl verwenden. Umgangssprachlich werden diese Stähle beispielsweise mit »A4« bezeichnet. Verzinkter Stahl ist oft nicht ausreichend.

ABMESSUNGEN

- Die Bauteile, wie Wände oder Decken, in die Sie Dübel einbauen möchten, müssen bestimmte Mindestabmessungen haben.
- Jedes Bauteil (Wand, Decke oder Boden) hat immer eine Bauteildicke, das heißt eine Wand- oder Deckenstärke.
- Der Abstand vom Rand bzw. der Bauteilkante ist für Ihre Dübelsysteme wichtig und muss bei der Dübelauswahl beachtet werden.
- Die volle Tragfähigkeit gemäß den Unterlagen der Hersteller (zum Beispiel Katalogseiten) hat ein Dübel nur bei ausreichendem Abstand zum Rand und/oder dem Nachbardübel.
- Dübel nahe am Rand oder nahe bei einem anderen Dübel haben nur eine reduzierte Tragfähigkeit gegenüber den Werten in den Unterlagen der Hersteller.

ZU MONTIERENDES ANBAUTEIL

- Wenn im Teil, das Sie befestigen wollen, zum Beispiel der Regalkonsole, schon Bohrungen vorhanden sind, müssen Sie prüfen, ob diese Bohrungen überhaupt zum erforderlichen Dübel passen.
- Die Katalogseiten der Dübelhersteller geben Ihnen erste Hinweise, welches Gewicht Sie an einen Dübel hängen können.

Professionell Dübel setzen für Dummies

Schummelseite

DÜBELSYSTEME

- Für Beton gibt es sogenannte Metalldübel, also Dübel aus Stahl. Dazu gehören Bolzenanker, Betonschrauben und Einschlagdübel.
- Die höchsten Lasten in Beton kann ein Verbund-Spreizdübel tragen. Hierzu werden besonders geformte Ankerstangen aus Stahl mit speziellem (Injektions-)Mörtel verwendet.
- Kunststoffdübel können Sie in Beton und Mauerwerk einsetzen, teilweise sogar in Plattenbaustoffen.
- Bei Kunststoffdübeln und bei Injektionsdübeln müssen Sie immer auf die Temperatur achten.
- Setzen Sie Injektionsdübel in Mauerwerk aus Lochsteinen ein, müssen Sie immer eine Siebhülse verwenden.

BERECHNUNG, WAS EIN DÜBEL HALTEN KANN

- Die Berechnung, was ein Dübel halten kann, nennen wir Bemessung. Dies geht in der modernen Dübeltechnik nur über eine Software, die Ihnen alle Hersteller kostenlos zur Verfügung stellen.
- Wenn die Gefahr besteht, dass durch ein Dübelversagen Menschenleben zu Schaden kommen und/oder großer Sachschaden verursacht wird, dann sollten Ingenieure die Dübel bemessen.
- In den Unterlagen der Dübelhersteller finden Sie immer Angaben für einen einzelnen Dübel ohne Einfluss von Abständen zwischen den Dübeln oder zu Rändern Ihres Verankerungsgrunds.

BAURECHT

- Ein Blick in die Unterlagen oder auf die Webseite der Hersteller zeigt den Einsatzbereich der Dübel.
- Möbel und Einrichtungsgegenstände fallen nicht unter das Baurecht.
- Besteht Gefahr für Leib und Leben, verwenden Sie immer Dübel mit allgemeiner bauaufsichtlicher Zulassung/Bauartgenehmigung (Ü-Zeichen) oder mit Europäischer Technischer Bewertung (CE-Zeichen).

Jürgen Küenzlen
Eckehard Scheller

Professionell Dübel setzen

für dummies®

WILEY
WILEY-VCH GmbH

Professionell Dübel setzen für Dummies

Bibliografische Information der Deutschen Nationalbibliothek

Die Deutsche Nationalbibliothek verzeichnet diese Publikation in der Deutschen Nationalbibliografie; detaillierte bibliografische Daten sind im Internet über `http://dnb.d-nb.de` abrufbar.

Coverfoto: Christian Kalkert
Korrektur: Harriet Gehring
Satz: Straive, Chennai, India
Druck und Bindung: CPI Group (UK) Ltd, Croydon, CR0 4YY

Print ISBN: 978-3-527-72179-5
ePub ISBN: 978-3-527-84694-8
C9783527721795_250326

Auf einen Blick

Inhaltsverzeichnis

Einführung

Dübel »berühren« den Lebensalltag nahezu jedes Einzelnen von uns, weshalb wir Dübel als echtes Alltagsprodukt bezeichnen können, quasi als das »Smartphone« der Bauprodukte. Die meisten Menschen machen sich aber – wie unsere Erfahrung leider zeigt – oft viel zu wenig Gedanken über diese Dübel. Sie werden mit dem Gedanken verwendet »es wird schon halten, hat man ja immer schon so gemacht«. Fragen an uns Autoren und anschließende Diskussionen zum Thema Dübeltechnik verlaufen entsprechend häufig wie in folgendem Beispiel und in den vielen weiteren Praxisbeispielen in diesem Buch, die wir Autoren in dieser oder vergleichbarer Art und Weise immer wieder aufs Neue in unserem Alltag erleben:

> »Unser IT-Spezialist muss an seine Stahlbetondecke eine Schaukel befestigen, und in dieser Schaukel sitzen zwei Kids und die Ehefrau. Gewicht circa 100 kg (zusammen). Kannst Du mir als Dübelprofi einen Dübel nennen, damit wir den richtigen verwenden?«

Dabei gibt es fast keinen Menschen, außer vielleicht den Bewohner eines Baumhauses oder Iglus, der nicht zumindest schon einmal einen Bilderrahmen, ein Regalbrett, einen Gegenstand im Badezimmer oder im Wohnzimmer mit irgendeiner Art von Dübeln befestigt hat. Und so finden Sie in diesem Buch viel Wissenswertes und aktuelles »Dübel-Know-how« für Ihren Dübelalltag.

Über dieses Buch

Dieses Buch setzt seinen Schwerpunkt auf die praktische Dübelanwendung, da Sie sich im Praxisalltag wohl eher selten die Frage stellen »Wie funktioniert mein Dübel?«. Sie stellen sich sicher vielmehr die Fragen »Welchen Dübel brauche ich für meine Befestigungsaufgabe und was muss ich dabei beachten?«. Zu dieser Frage »Welchen Dübel wofür?« soll dieses Buch – aufgrund einer oft unüberschaubar scheinenden Menge an Dübelsystemen – Hilfestellung im Alltag geben. Die Theorie zur Funktion eines Dübels wird nur dann kurz erläutert, wenn sie zur Lösung der Befestigungsaufgabe hilfreich ist und zum Verstehen der Lösung der Befestigungsaufgabe beiträgt.

Sie haben sicher schon einmal einen Dübel in der Hand gehabt, weil Sie etwas befestigen wollten. Vielleicht haben Sie auch bereits die Erfahrung gemacht, dass der vorhandene, vielleicht sogar bei einer Markise oder einem Regal mitgelieferte Dübel in der Wand oder Decke einfach nicht gehalten hat? Dann finden Sie sich sicher in der folgenden Kommunikation zum Thema Dübel wieder. Diese Kommunikation wird uns gemeinsam wie ein roter Faden durch dieses Buch führen, da wirklich alle für Sie wichtigen Punkte einer Befestigung in dieser kurzen Geschichte enthalten sind. Diese Diskussion wurde genau so wörtlich mit einer Person aus dem Bekanntenkreis über einen Messengerdienst geführt. Die Person aus dem Bekanntenkreis ist zwar namentlich bekannt, möchte hier aber gerne anonym bleiben (»Anonymus«), siehe hierzu Abbildung 0.1.

Abbildung 0.1: Klimmzugstange mit auf der Wand aufliegenden Stahlprofilen (Foto: keine Nennung gewünscht)

ANONYMUS: »Das ist meine Klimmzugstange, befestigt an einer Altbau-Außenwand, die oberen Dübel haben ganz wunderbar angezogen, die unteren nicht. Das Mauerwerk hat hier scheinbar eine andere Konsistenz, per Klopfen war das leider nicht ermittelbar. Welche Möglichkeit abseits von großzügigem Ausbohren und mit Beton Ausgießen habe ich hier, das vernünftig zum Halten zu bekommen?«

J. KÜENZLEN: »Welche Dübel wurden oben und welche unten verwendet? Was ist es für ein Stein? Lochstein? Wer benutzt die Stange, das heißt, wie wird diese belastet?«

ANONYMUS: »Die Dübel oben und unten wurden vom Hersteller mitgeliefert.«

ANONYMUS: »Stein? Gute Frage, ist schwer zu sagen, das ist das Einzige, was zu erkennen ist, hier die Wand von außen. Ich möchte in meiner Mietwohnung nur ungern den Putz von der Wand entfernen. Die Belastung ist max. 95 kg, statisch, dynamisch bei verschiedenen Aufschwungübungen.«

J. KÜENZLEN: »Dübeltechnik mit Handauflegen also? Ohhhmmmmm. Sorry, das wird so nichts. Ich würde schätzen, es ist ein Stein, dann würde ich diese Dübel weit wegwerfen. Ohne Bohrlöcher kann ich da nichts Genaues sagen, würde bei Stein und der Belastung aber einen Injektionsdübel empfehlen.«

ANONYMUS: »Ja, Stein ist es definitiv, roter Backstein würde ich tippen, jedenfalls kam mir das beim Bohren entgegen. Ich werfe die Dübel direkt weg, wenn ich eine konkrete Idee bekomme, womit ich das besser versuche. Da endet mein gefährliches Halbwissen halt.«

J. KÜENZLEN: »Also Injektionstechnik, so tief wie möglich einkleben.«

ANONYMUS: »Ich will keine Fortbildung machen, sondern eine konkrete Handlungsempfehlung, fast track quasi.«

J. KÜENZLEN: »Also gut, Backstein ohne Löcher? Dann Injektionsmörtel mit Gewindestange und die Stange so tief wie möglich einkleben. Das Bohrloch entsprechend der Montageanleitung ausbürsten und ausblasen.«

Um den Dübel konkret zu empfehlen, hätte nun natürlich noch die Belastung genauer betrachtet werden müssen, es wurde aber »fast track« gewünscht (deutsche Übersetzung für »fast track«: Überholspur) ...

Dieses Buch ist daher mit seiner Systematik ein erstes Hilfsmittel für Ihre Befestigungsaufgabe. Es ist gedacht als Ratgeber für Ihre Planung, Auswahl und vor allem die richtige Montage der Dübelverankerungen.

Das wichtigste und erste Augenmerk gilt dabei in diesem Buch dem Verankerungsgrund, das heißt dem Baustoff, in den Sie den Dübel setzen wollen. Das liegt daran, dass die meisten Dübelsysteme heutzutage individuell auf einen Untergrund abgestimmt und für diesen Verankerungsgrund häufig auch nur erlaubt bzw. geeignet sind, wenn es um professionelle Anwendungen geht.

In diesem Buch werden wir nun den »fast track« verlassen, und Sie werden mehr über die im Beispiel der Klimmzugstange enthaltenen Punkte erfahren, damit Sie künftig wissen, wie Sie Ihre Befestigungsaufgabe lösen können.

Wenn Sie am Ende noch tiefer in das Thema einsteigen wollen, dann gibt es in diesem Fachgebiet einige Fachbücher, die sich umfangreich mit der Dübeltechnik und vor allem der Berechnung, dem Trag- und dem Funktionsverhalten von Dübeln beschäftigen. Dazu gehört beispielsweise auch das Handbuch der Dübeltechnik (Scheller E. & Küenzlen J., Hrsg., 2013) in seiner aktuellen Auflage.

Außerdem verweisen wir in diesem Buch immer wieder auf die Unterlagen der Dübelhersteller, in denen Sie die in diesem Buch genannten Informationen zu den jeweiligen Dübeln finden können. Damit sind im Einzelnen gemeint (es gibt natürlich noch mehr Möglichkeiten):

- ✔ Katalogseiten
- ✔ Internetseiten
- ✔ Prospekte in Papierform oder als PDF
- ✔ Die Verpackung der Dübel oder Kartusche bei Injektionssystemen
- ✔ Beipackzettel, vor allem bei Verbunddübeln
- ✔ Softwaretools der Hersteller, fast immer kostenlos im Internet
- ✔ Allgemeine bauaufsichtliche Zulassungen/allgemeine Bauartgenehmigungen (kurz abZ/aBG); was Sie darunter verstehen können, erläutern wir Ihnen in Kapitel 18 im »Abschnitt Ü-Zeichen – Produktkennzeichnung in Deutschland«

- Europäische Technische Bewertungen (kurz ETA); was Sie darunter verstehen können, erläutern wir Ihnen in Kapitel 18 im Abschnitt »CE-Kennzeichnung – Produktkennzeichnung in Europa«.

Konventionen in diesem Buch

Dieses Buch wurde von uns genau in der Reihenfolge aufgebaut, in der die Fragen bei jeder Befestigungsaufgabe geklärt werden müssen, und zwar immer. Dabei ist es quasi gleichgültig, ob Sie die bereits beschriebene Klimmzugstange, einen Hängeschrank im Bad, einen Flachbildfernseher oder vielleicht einmal einen Industrieroboter mit Dübeln befestigen wollen. Aus diesem Grund können wir auch dieses Buch komplett entlang unseres Beispiels zur Befestigung der Klimmzugstange aufbauen. Die Fragen, die Sie sich zur Lösung Ihrer Befestigungsaufgabe stellen müssen, sind immer und überall die gleichen Fragen, egal vor welcher Befestigungsaufgabe Sie stehen. Sie treten auch immer in der gleichen Reihenfolge auf, da eine Antwort auf eine Frage die nächste bedingt und umgekehrt.

Aus Gründen der besseren Lesbarkeit wurde in diesem Buch zur Bezeichnung von Personen die grammatikalisch maskuline Form gewählt. Gleichwohl beziehen sich die Aussagen auf Angehörige aller Geschlechter.

Törichte Annahmen über den Leser

Wenn wir Autoren Seminare zum Thema Dübeltechnik halten, fragen wir am Anfang immer nach den eigenen Erfahrungen unserer Teilnehmer. Wir denken, dass Sie ähnliche Erfahrungen gemacht haben und das gleiche Ziel verfolgen.

- Sie haben ein technisches Verständnis und entsprechende Erfahrung, beabsichtigen auch deutlich mehr als nur zum Beispiel ein Bild an einer Wand anzubringen, sonst würden Sie sich ja nicht »professionell« mit dem Thema rund um die Dübel befassen wollen.
- Sie haben schon einmal ein Produkt erworben, bei dem Dübel beigepackt waren.
- Sie haben sich Ihre Wand angeschaut und sich überlegt, aus welchem Material die Wand wohl ist.
- Sie haben schon einmal ein Loch in die Wand oder Decke gebohrt und sich gefragt, warum das Bohren so lange dauert oder warum es so schnell geht.
- Sie haben beim Bohren festgestellt, dass das Loch immer breiter und breiter wird.
- Sie wollten einen Gegenstand wie einen Flachbildfernseher, eine Markise oder einen Hängeschrank aufhängen und haben sich gefragt, welcher Dübel wohl der passende ist.

✔ Sie haben Dübel in der Hand gehabt und sich gefragt, wie viel Kilogramm Sie denn jetzt an diesen Dübel hängen können?

Was Sie auch immer befestigen wollen, so sehen wir doch eine Gemeinsamkeit bei allen Befestigungsaufgaben: Ohne ein paar Überlegungen funktioniert es selten oder eigentlich nie beim Dübeln. Sich ein paar Gedanken vor dem ersten Bohrloch zu machen, bringt Sie der richtigen Befestigung näher. Daher gilt der alte Dübelspruch:

Erst grübeln, dann dübeln!

Wie dieses Buch aufgebaut ist

Dieses Buch ist in fünf Teile gegliedert, die der Reihe nach zur Lösung Ihrer Befestigungsaufgabe führen. Sie können jedoch auch nur die Teile berücksichtigen, in denen Sie Antworten auf Ihre offenen Fragen zu Ihrer Aufgabe finden.

Teil I: Verankerungsgrund – Wo soll befestigt werden?

Dieser Teil zeigt auf, was alles zu beachten ist, bevor wir mit der eigentlichen Befestigung starten können. Sie lernen Methoden kennen, wie Sie den Baustoff Ihrer Wand ermitteln können. Ebenfalls wichtig ist die örtliche Gegebenheit Ihrer geplanten Befestigung, die äußeren Einflüsse auf Ihre Dübel. Sind Sie im Innenraum, im Feuchtraum, draußen an der frischen Luft oder sogar in direkter Nähe einer mit Tausalz gestreuten Straße oder in Meeresnähe? Besteht wohlmöglich eine Brandgefahr im Bereich Ihrer Befestigung? Daneben sind auch die Abmessungen Ihrer Wand wichtig für die Befestigung. Wo soll also befestigt werden, am Rand einer Wand, das heißt im Bereich einer Öffnung, oder mitten in der Fläche?

Teil II: Anbauteil bzw. Ankerplatte – Was will ich befestigen?

In diesem Teil schauen wir uns das zu befestigende Teil im Detail an. Wir werden uns damit beschäftigen, ob die Aufgabe mit einem oder mehreren Dübeln gelöst werden kann. Außerdem beschäftigen wir uns mit der Geometrie Ihres zu befestigen Teils: Sind hier bereits Bohrungen für die Dübel vorhanden oder sind wir noch frei in unseren Überlegungen?

Teil III: Dübelsysteme – Welche Dübel stehen Ihnen zur Verfügung?

Jetzt geht es endlich um die Dübel. Wir schauen uns verschiedene Dübelsysteme abhängig vom Baustoff an, in den wir den Dübel setzen wollen, bzw. abhängig davon, was wir an welcher Stelle befestigen wollen. Wir beschäftigen uns damit, wie wir ermitteln, was unser Dübel können muss und wo wir entsprechende Angaben finden. Und zu guter Letzt machen wir uns an die Montage und schauen, was wir dabei unbedingt beachten müssen.

Teil IV: Baurechtliche Grundlagen – Was ist zu beachten?

Bei einem Versagen vieler Ihrer Befestigungsprojekte – wenn Sie nicht gerade eine Zeichnung eines Kindes auf einem Blatt Papier oder eine schöne Ansichtskarte aufhängen wollen – kann es zu Verletzungen oder Sachschäden kommen. Dieser Teil zeigt Ihnen, worauf Sie im Sinne des Baurechtes aufpassen müssen. Es gibt Befestigungen, die eine Auswirkung auf das Leben und die Gesundheit von Menschen haben können. Dazu gehören Geländer, die einen Absturz verhindern sollen, oder auch die Markise auf Ihrer Terrasse. Hier sind einige formale Unterschiede für die Befestigung zu beachten im Vergleich zur Befestigung eines einfachen Fotorahmens in Ihrem Wohnzimmer.

Teil V: Der Top-Ten-Teil

Was man an zehn Fingern abzählt, kann man sich gut merken. Deshalb gibt es hier Alltagshilfen im Zehnerpack: zehn typische Fehlerbereiche, aus denen man lernen kann, mit zehn Tipps für die richtige Dübelauswahl und schließlich zehn Gedanken für den Weg zur richtigen Befestigung.

Symbole, die in diesem Buch verwendet werden

Sie werden fünf Symbolen begegnen, die es Ihnen leichter machen, die jeweils nebenstehende Information effektiv zu verwerten. Im Einzelnen bedeuten sie:

Wenn wir ein Thema für wichtig halten, kann es vorkommen, dass wir uns erlauben, Sie nochmals darauf hinzuweisen.

Manche Themenbereiche sind theoretisch und komplex. Manch einer interessiert sich vielleicht auch für solche Bereiche, weshalb wir ab und zu in die Tiefe gehen.

Wir dübeln ja auch immer wieder selbst oder haben in unserem Alltag fast täglich mit praktischen Anwendungen zu tun. Wenn wir hier einen besonderen Hinweis für Sie haben, finden Sie diesen hier.

Theorie ist nicht alles, weshalb wir immer wieder auch praktische Beispiele einbauen.

Viele Dinge die Sie mit Dübeln befestigen, können Verletzungen oder Sachschäden verursachen, wenn der Dübel nicht hält. Auf besonders wichtige Dinge weisen wir Sie hier noch einmal hin.

Wie es weitergeht

Sicherlich kennen Sie den folgenden Reim:

»Übel, übel!« sprach der Dübel

und verschwand in der Wand,

bis ihn keiner mehr fand.

Damit es nicht so kommt, hat einer der Autoren dem anderen Autor aus diesem Spruch ein Gedicht zum Geburtstag geschrieben:

Abgesang für den Reim
»ÜBEL, ÜBEL! « sprach der DÜBEL

Der altbekannte Dübel-Reim,
ist oft ein Zeichen großer Pein.
Der Heimwerker ihn gern zitiert,
weil er sich sonst ganz schnell blamiert.

Des Ankers Kern wird unterschätzt,
wenn man hier mal nur Blödsinn schwätzt.
Von wegen Schaum und Silikon,
dann wird das halten hier wohl schon.

So ist es eben grade nicht,
denn Dübel-Wissen das ist Pflicht!
Dies schon beim Ankergrund beginnt,
nur wer den weiß, der auch gewinnt!

Auch musst du richtig lernen Bohren,
sonst bist' beim HLz ganz schnell verloren!
Denn bohrst du hier mit Hammerschlag,
verlierst du Haltekraft sehr stark!
(HLz = Hochlochziegel)

Das Bohrmehl muss im Bohrloch weichen,
willst' Dübel-Kraft du hier erreichen.
Drum musst du blasen und auch bürsten,
nur so wirst du zum »Dübel-Fürsten«!

Spezialwerkzeug ist manchmal Pflicht,
vergiss den DREHMO(mentschlüssel) daher nicht.
Denn nicht messbar ist die Kraft,
wenn hier der Oberarm nur schafft!

Und die Moral von solch' Geschichten,
ist nicht der Reim, sondern mein Dichten!
Willst du das Dübel-Übel lösen,
musst du lernen, darfst' nicht dösen!

Eine Dübel-Schulung dann und wann,
hier am besten helfen kann.
Und ist dir das noch nicht »genuch«,
hilft dir das Dummie-Dübelbuch!

Gehen Sie Ihre Befestigungsaufgabe also einfach mit Dübelwissen an. Dabei ist jede Aufgabe immer wieder anders. Ein Patentrezept für alle Aufgaben gibt es sowieso nicht. Es ist immer das gleiche Vorgehen, je öfter Sie in der Praxis dübeln, umso mehr Erfahrung sammeln Sie in der Klärung der notwendigen Fragen. Schlagen Sie dieses Buch auf, so oft es geht. Unterstreichen Sie, was Ihnen wichtig ist. Notieren Sie, was Ihnen auffällt und was Sie zu ergänzen haben. Wenn es am Ende schmutzig vor Bohrstaub und Baustellendreck und aus dem Leim gegangen ist, dann war es gut.

Teil I

Verankerungsgrund – Wo soll befestigt werden?

IN DIESEM TEIL ...

- Lernen Sie Methoden kennen, wie Sie den Baustoff Ihrer Wand oder Decke bestimmen können
- Lernen Sie die Baustoffe kennen, aus denen die meisten Ihrer Wände, Decken oder Böden bestehen
- Erfahren Sie mehr über die äußeren Einflüsse auf Ihre Befestigung wie Feuchtigkeit, Temperatur, Frost oder Brand
- Werden Sie erfahren, welche Abmessungen Ihrer Wand für die Befestigung wichtig sind, das heißt, welche geometrischen Abmessungen Sie ermitteln müssen

IN DIESEM KAPITEL

Womit starten wir die Befestigung?

Welche ersten Fragen stellen wir?

Welche Baustoffe gibt es überhaupt?

Kapitel 1
Wir beginnen unsere Befestigung

Im ersten Schritt machen wir uns nun bei der Planung Ihrer Befestigung Gedanken zum Baustoff, in den Sie den Dübel setzen wollen.

Erste Schritte für eine Befestigung

Unseren manchmal ernüchternden Dübelalltag zeigt plakativ Abbildung 1.1. Eine ähnliche Skizze erreichte vor einiger Zeit tatsächlich einmal einen Kollegen von uns. Die Skizze zeigt in ihrer einfachen Art dennoch die Komplexität der Dübeltechnik und damit den Grund für dieses Buch.

Was möchte der Zeichner der Skizze von uns wissen? Vermutlich interessiert ihn, mit »wie viel Kilogramm« er den Dübel belasten darf, das heißt, was er an den Dübel »hängen« kann und welches Produkt er dafür kaufen soll. Der Zeichner der Skizze erwartet also genau wie Sie eine Dübelempfehlung für die geplante Befestigung.

Um diese Frage fundiert und sicher beantworten zu können, müssen wir jedoch zunächst die geplante Befestigung und die reale Baustellensituation – sehr viel detaillierter als in der Skizze aufgezeichnet (Abbildung 1.1) – klären. Dazu benötigen wir zusätzlich diverse Informationen, wie schon im privaten Beispiel mit der »Klimmzugstange« in unserer Einführung dieses Buches.

Sie erinnern sich sicher an die »Dübeldiskussion« in der Einführung zur Klimmzugstange:

> »Das Mauerwerk hat hier scheinbar eine andere Konsistenz, per Klopfen war das leider nicht ermittelbar. […] das ist das Einzige, was zu erkennen ist, hier die Wand von außen (Abbildung 1.2).«

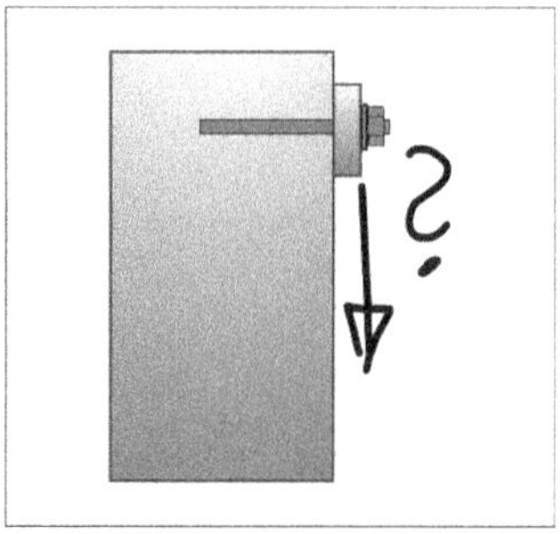

Abbildung 1.1: Handskizze (Scheller)

Abbildung 1.2: Wand von außen (Foto: keine Nennung gewünscht)

Bei vielen Bauwerken lässt sich wie in diesem Beispiel tatsächlich nicht erkennen, um welches Material es sich bei dem vorhandenen Verankerungsgrund handelt, in dem etwas befestigt werden soll, insbesondere bei einem verputzten Untergrund wie in unserem Beispiel.

Eine erste – sehr allgemeine – Einschätzung des Verankerungsgrunds kann durch »Klopfen« an der Wand (oder an der Decke, in der gedübelt werden soll) erfolgen: Eine massive Wand wird sehr dumpf klingen, während eine Leichtbauwand aus Plattenwerkstoffen beim »Anklopfen« einen vergleichsweise hohlen Ton wiedergeben wird. Auch eine verputzte Dämmung auf der Außenwand (ein sogenanntes Wärmedämm-Verbundsystem) oder eine Innendämmung lassen sich durch »Klopfen« ansatzweise erkennen.

Nach »Was soll befestigt werden?« kommt also immer die wichtigste Frage im Bereich der Dübeltechnik: Welcher Verankerungsgrund ist auf der Baustelle vorhanden, aus welchem Material besteht also unsere Wand, unsere Decke oder unser Boden, worin gedübelt werden soll?

Vom Verankerungsgrund hängen wesentlich das zu wählende Dübelsystem und alle weiteren Fragen ab, weshalb wir uns nachfolgend mit den unterschiedlichen Verankerungsgründen beschäftigen wollen und wie man diese – zum Beispiel durch eine vergleichsweise einfache Prüfung vor Ort auf der Baustelle – etwas näher bestimmen kann.

Übersicht über die Baustoffe

Mauerwerk und Beton gehören zu den wichtigsten Verankerungsgründen, in denen Sie vermutlich dübeln werden (Abbildung 1.3), weshalb wir gemeinsam auf diese beiden Baustoffe nachfolgend im Detail weiter eingehen werden.

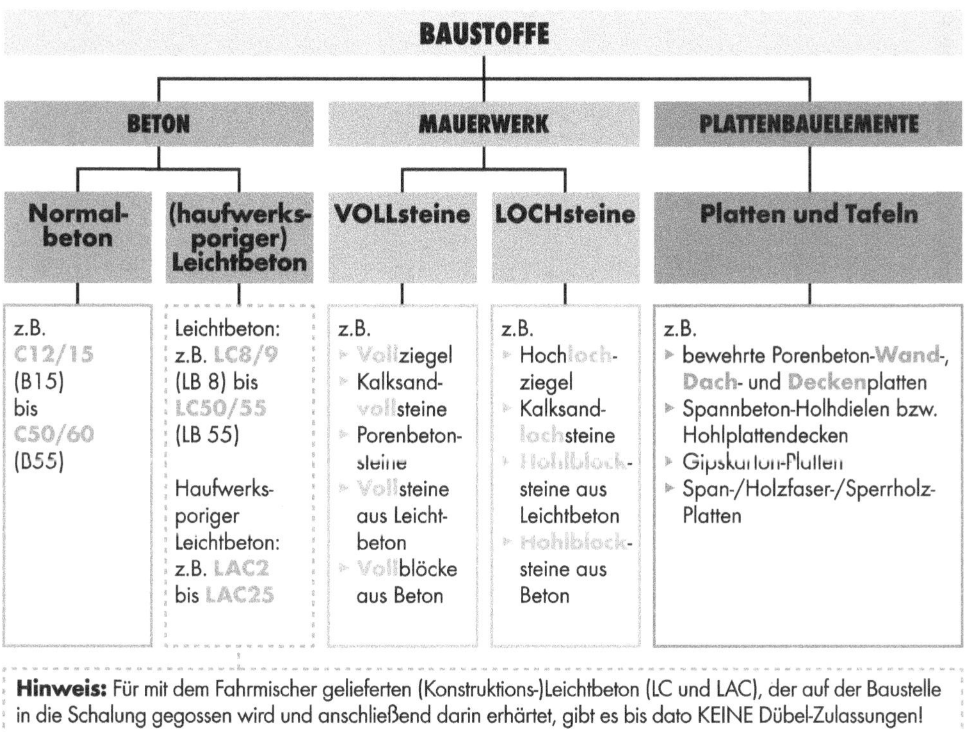

Abbildung 1.3: Übersicht Baustoffe (Grafik: Adolf Würth GmbH & Co. KG)

Auf weitere Materialien wie Plattenwerkstoffe und Natursteine werden wir nur am Rande dieses Buches eingehen und dazu nur einige kurze Hinweise geben.

IN DIESEM KAPITEL

Bauakten und Lieferscheine

Probebohrung

Farbe des Bohrmehls

Kapitel 2
Bestimmung des Verankerungsgrunds auf Ihrer Baustelle

Durch ein »Klopfen« an der Wand auf Ihrer Baustelle können Plattenwerkstoffe oder Dämmungen wie bereits erwähnt recht gut erkannt werden. Bei allen anderen Materialien hilft – so einfach wie es klingt und so regelmäßig die Autoren bei ihren Vorträgen deshalb belächelt werden – eine **Probebohrung** für eine erste Bestimmung des Verankerungsgrunds.

In unserem Beispiel mit der Klimmzugstange in der Einführung dieses Buches kam »das rote Bohrmehl entgegen« und gab damit den ersten Hinweis auf einen Ziegelstein als vorhandenen Verankerungsgrund.

Hätte der »Klimmzugstangen-Monteur« beim Bohren besser aufgepasst und das erste Bohrloch im Drehgang der Bohrmaschine erstellt, das heißt, das Schlagwerk der Bohrmaschine ist ausgeschaltet, dann hätte er diesen Ziegelstein noch etwas weiter bestimmen können:

- War neben dem roten Bohrmehl der Bohrfortschritt langsam und fortlaufend, also ohne ruckartige Stöße, so war der Ziegel vermutlich ein massiver Vollstein. Ein langsamer Bohrfortschritt ist bei eingeschaltetem Schlagwerk der Bohrmaschine nicht zu merken, deshalb nutzen Sie bitte den Drehgang Ihrer Maschine.

- War neben dem roten Bohrmehl der Bohrfortschritt ruckartig, kann man von einem Stein mit Kammern oder Grifflöchern (einem sogenannten Hochlochziegel oder allgemeiner von einem Lochstein) ausgehen.

Die Bestimmung des Verankerungsgrunds auf der Baustelle, auch Baustellen-Verankerungsgrund genannt, sehen wir uns in den beiden folgenden Abschnitten etwas detaillierter an.

Bestimmen Sie den Untergrund bitte immer im Drehgang der Maschine, das heißt, das Hammer- bzw. Schlagwerk der Hammer- bzw. Schlagbohrmaschine muss ausgeschaltet sein, sonst haben Sie kein Gefühl dafür, wie der Verankerungsgrund aufgebaut ist.

Bestimmung des Verankerungsgrunds anhand von Bauunterlagen

Bei einem Neubau können Sie die Informationen zum vorhandenen Verankerungsgrund in der Regel den vorhandenen Bauunterlagen entnehmen. Doch auch für Baumaßnahmen im Bestand können Sie zum Beispiel in den Bauaktenkammern der zuständigen Bauämter manchmal noch alte Planungsunterlagen finden, die Ihnen Angaben zu oder mindestens einen ersten Eindruck von den verwendeten Baumaterialen Ihres Bauwerks geben.

Beton

Für den Verankerungsgrund Beton hilft ein Blick in die Pläne (Positionspläne, Schalpläne oder vor allen Dingen auch Bewehrungspläne) oder die Lieferscheine, mit denen Transportbeton oder auch die Betonfertigteile auf die Baustelle geliefert werden (siehe Abbildung 2.1).

Für die Auswahl und Bemessung von Dübeln im Verankerungsgrund Beton sind vor allen Dingen folgende Parameter wichtig:

- ✔ Druckfestigkeits- bzw. Festigkeitsklasse (siehe hierzu hier in diesem Kapitel den »Abschnitt Druckfestigkeits- bzw. Festigkeitsklassen«) und
- ✔ Rohdichte

Mauerwerk

Für den Verankerungsgrund Mauerwerk sind die verwendeten Mauersteine in den entsprechenden Bauplänen (Positions- und Schalpläne bzw. Rohbauzeichnungen) angegeben, die auch Grundlage für die statische Berechnung des Gebäudes sind.

Mauersteine werden gerade im Neubau immer mit einem Lieferschein auf die Baustelle transportiert. Diesem Lieferschein können Sie die Bezeichnung der tatsächlich angelieferten Mauersteine entnehmen. Zur Lieferung gehört heute im Neubau auch immer verpflichtend eine Leistungserklärung (Abbildung 2.2), die entweder dem Lieferschein beigefügt ist oder in der Regel auch auf der Internetseite des Herstellers der Mauersteine heruntergeladen werden kann. Diese Leistungserklärung enthält in diesem Falle alle wichtigen Informationen für Sie zum Mauerstein wie Abmessungen, Hersteller, Festigkeit usw.

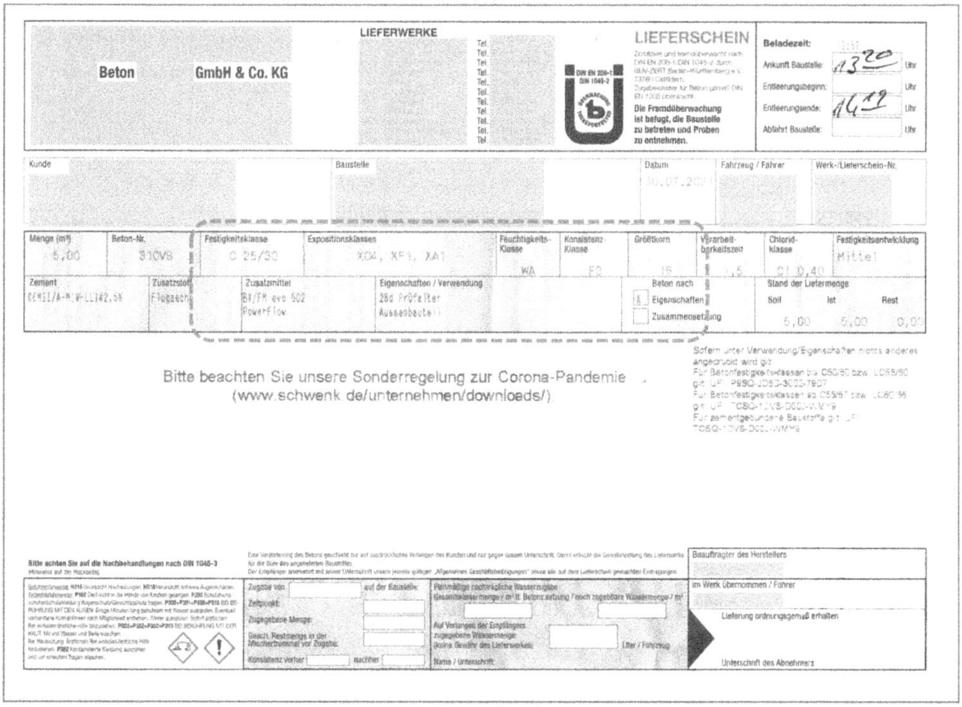

a)

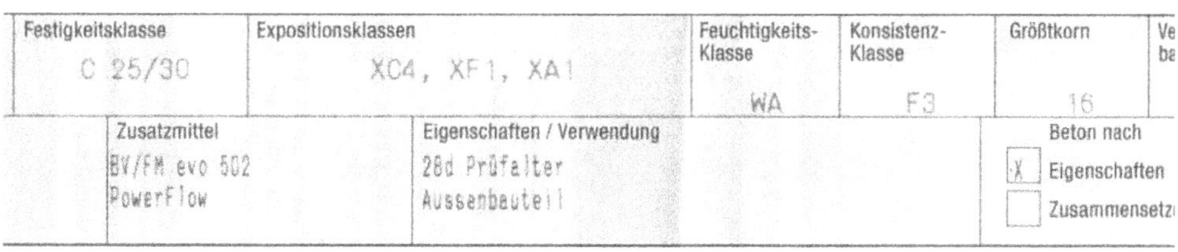

b)

Abbildung 2.1: Beispiel eines Lieferscheins für Transportbeton: Übersicht (a) und Detailausschnitt (b) unter anderem mit Angabe der Festigkeitsklasse (C25/30)

Verschiedene Arten von Mauerwerk

Diese Mauersteine werden in der Regel in

- ✔ Mauersteine nach europäischer Norm oder
- ✔ Mauersteine mit allgemeiner bauaufsichtlicher Zulassung (zum Beispiel mit Dämmstoff gefüllte Hochlochziegel)

unterschieden. Steine nach europäischer Normung erfordern verpflichtend immer eine zugehörige Leistungserklärung. Die Unterlagen (Zulassung, Leistungserklärung, Katalogseiten usw.) der verbauten Mauersteine geben Ihnen detaillierte Informationen zu folgenden

18
Schlagmann POROTON®
Ziegeleistraße 1
84367 Zeilarn
0992-CPR-04-01-001.01.13 DE

EN 771-1:2011+A1:2015
P - Mauerziegel der Kategorie I
248 x 365 x 249 (mm)
DoP - Nr. 36811069R004W1368
Herstellwerk: Zeilarn
Ziegeleistraße 2, 84367 Zeilarn

(Gültig außerhalb der Bundesrepublik Deutschland - in den EU-Staaten)

POROTON® T8® 365

	Sollmaß (mm)	Abmaße Klasse	Abmaße mm	Maßspanne Klasse	Maßspanne mm
Länge	248	Tm	- 10 / + 5	Rm	10
Breite	365	Tm	- 10 / + 8	Rm	12
Höhe	249	Tm	- 1,0/ + 1,0	Rm	1,0

Merkmal	Einheit	Wert
Brutto-Trockenrohdichte (MW)	kg/m³	580
Klasse - Dm	-	-
zul. Abweichung	kg/m³	560 - 600
Netto-Trockenrohdichte	kg/m³	NPD
Brandverhalten	Klasse	NPD
Frostwiderstand	Klasse	F0
Gefährliche Substanzen	nach Z.A 3	NPD
Gehalt an löslichen Salzen	Klasse	S0
Wasseraufnahme	-	NPD
Mittlere Druckfestigkeit senkrecht zur Lagerfuge	N/mm²	≥ 7,0
Mittlere Druckfestigkeit senkrecht zur Lagerfuge - normiert	N/mm²	NPD
Mittlere Druckfestigkeit senkrecht zur Stirnfläche	N/mm²	NPD
Verbundfestigkeit	N/mm²	NPD
Wasserdampfdurchlässigkeit	-	μ = 5 / 10
Dauerhaftigkeit	Klasse	F0
Übliche Feuchtedehnung	mm/m	NPD
anfängliche Wasseraufnahme	kg/(m²*min)	NPD

Ebenheit: ≤ 0,8 mm
Planparallelität: ≤ 0,8 mm
Form und Ausbildung: siehe Lochbild
Mauerziegel Kategorie: P - Kat. I

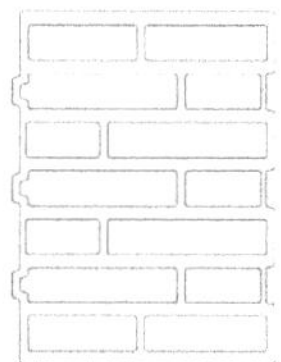

tatsächliche Lochanordnungen können geringfügig abweichen

Merkmal	Einheit	Wert
Mauersteingruppe	-	NPD
Lochanteil	%	NPD
Dicke der Aussenwandung	mm	NPD
Stegdicke	mm	NPD
Einzellochvolumen	%	NPD
Volumen der Grifflöcher	%	NPD
Längsstegdickensumme	%	NPD
Querstegdickensumme	%	NPD
Gesamtlochquerschnitt	%	NPD
Fläche der Grifflöcher	%	NPD
Wärmeleitfähigkeit $\lambda_{10,dry,unit}$	W/(m K)	NPD

Nationale Bestimmungen (Gültig nur in der Bundesrepublik Deutschland):

Bezeichnung: Mauerwerk aus POROTON Planhochlochziegeln mit integrierter Wärmedämmung im Dünnbettverfahren
Zulassung: **Z-17.1-982**
Druckfestigkeit: ≥ 6 N/mm²
Mauerwerksdruckfestigkeit f_k: siehe allg. bauaufsichtliche Zulassung

Bezeichnung: Vorgefertigtes Mauerwerk im Klebeverfahren
Zulassung: **Z-17.1-1135**
Druckfestigkeit: ≥ 6 N/mm²
Mauerwerksdruckfestigkeit f_k: siehe allg. bauaufsichtliche Zulassung

Rohdichte (unverfüllt): 530 kg/m³ (Mittelwert)
Rohdichteklasse (verfüllt): 0,60
Dämmstoff: Perlit
Brandverhalten-Dämmstoff: DIN 4102-B2
Wärmeleitfähigkeit -λ: 0,080 W/(m·K) (Bemessungswert)

Sorptionsfeuchte: NPD Masse-% ($u_{m,80}$)
Feuchteumrechnungsfaktor: NPD Fm

Leistungserklärung-Nr.: 36811069R004W1368 **(Gültig außerhalb der Bundesrepublik Deutschland - in den EU-Staaten)**

1. Produktcode:
P - Mauerziegel der Kategorie I POROTON® T8® 365

2. Verwendungszweck: P - Planziegel, Katgegorie I mit integrierter Wärmedämmung, für tragendes und nichttragendes geschütztes Mauerwerk

3. Hersteller: Schlagmann POROTON® GmbH & Co KG, Ziegeleistraße 1, 84367 Zeilarn

4. Anschrift: Schlagmann POROTON® GmbH & Co KG, Ziegeleistraße 1, 84367 Zeilarn

5. System: System 2+

6. Harmonisierte Norm: EN 771-1:2011+A1:2015
Notifizierte Stelle: NB 0992

7. Erklärte Leistung:

Wesentliche Merkmale		Leistung		Harmonisierte Norm
(Soll) Maße	Länge (mm)	248		EN 771-1
	Breite (mm)	365		
	Höhe (mm)	249		
	Ebenheit (mm)	≤ 0,8		
	Planparallelität (mm)	≤ 0,8		
Grenz-abmaße	Mittelwert	Tm		
	Maßspanne	Rm		
Form und Ausbildung		siehe Lochbild (oben)		
Mauerwerksgruppe:		NPD		EN 1996-1-1
Druckfestigkeit	Kategorie	I		EN 771-1
	Mittelwert (N/mm²)	≥ 7,0		
	Belastungsrichtung:			
	Senkrecht zur Lagerfuge	≥ 7,0		
	Senkrecht zur Stirnfuge	NPD		
Übliche Feuchtedehnung		NPD		
Verbundfestigkeit (N/mm²)		NPD		EN 998-2
Gehalt an aktiven löslichen Salzen	Klasse	S0		EN 771-1
Brandverhalten - Klasse:		NPD		
Wasseraufnahme (Masse%)		NPD		
Wasserdampfdurchlässigkeit		μ 5/10		EN 1745
Bruttotrockenrohdichte	Mittelwert (kg/m³)	580		
	Abmaßklasse	Dm		EN 771-1
Netto-Trockenrohdichte:		NPD		
	Form, Ausbildung Maße und Grenzabmaße	Siehe oben		
Wärmeleitfähigkeit: $\lambda_{10,dry,unit}$		NPD		
Frostwiderstand	Klasse	F0		
Gefährliche Substanzen		NPD		

Die Leistung des vorstehenden Produkts entspricht der/den erklärten Leistung(en) nach Nummer 7. Für die Erstellung der Leistungserklärung im Einklang mit der Verordnung (EU) Nr. 305/2011 ist allein der oben genannte Hersteller verantwortlich.

Unterzeichnet für den Hertsteller und im Namen des Herstellers von:

Zeilarn, 01.02.2018

Johannes Edmüller, Geschäftsführer
i. A. Peter Dorfner, Qualitätssicherung

Schlagmann Poroton® GmbH & Co. KG, Ziegeleistraße 1, 84367 Zeilarn
E-Mail: info@schlagmann.de (08572 / 17-0)

Abbildung 2.2: Leistungserklärung eines Mauersteins (Quelle: Schlagmann Poroton)

Parametern, die eine wichtige Rolle für die Auswahl und Bemessung von Dübeln im Verankerungsgrund Mauerwerk spielen:

- ✔ Baustoff (Mauerziegel, Kalksandstein, Leicht-, Poren- oder Normalbeton)
- ✔ Struktur (Vollsteine, Hohl- und Lochsteine mit oder ohne Dämmstofffüllung)
- ✔ Geometrie (Steinabmessungen, Loch- und Stegabmessungen)
- ✔ Rohdichte
- ✔ Druckfestigkeit

Bestimmung des Verankerungsgrunds ohne Bauunterlagen

Beim Bauen im Bestand ist es im Vergleich zu einem Neubau häufig sehr schwierig bis unmöglich, den tatsächlich vorhandenen Verankerungsgrund über die Bauunterlagen zu definieren. Die Bauakten sind in der Regel unvollständig und nicht so präzise wie bei heutigen Neubauten. Vielleicht ist Ihnen auch der Rechercheaufwand für eine einfache Befestigung zu groß. Dann zeigen wir Ihnen nachfolgend eine Möglichkeit zur ersten Bestimmung des Verankerungsgrunds.

Probebohrung

Bei alten Mauerwerksbauten treffen Sie häufig auch auf verputztes Mauerwerk – wie in unserem Beispiel mit der Klimmzugstange (Abbildung 1.2), das heißt, Sie sehen die Steine gar nicht. Dies erschwert Ihnen eine exakte Bestimmung des Verankerungsgrunds zusätzlich und kann für Sie auch manche Überraschung bereithalten. Das Gebäude in Abbildung 2.3 wurde in diesem kleinen Abschnitt aus vier verschiedenen Mauersteinen errichtet.

Erste Hinweise auf den tatsächlich vorhandenen Verankerungsgrund gibt in diesen Fällen daher am besten eine Probebohrung direkt auf der Baustelle. Eine solche Probebohrung sollten Sie vorzugsweise bereits in der »Planungsphase« Ihrer Befestigungsaufgabe durchführen.

Eine Probebohrung dient zuerst einmal nur der Bestimmung des Verankerungsgrunds. Halten Sie deshalb bitte etwas Abstand zu den späteren – eigentlichen – Dübelsetzstellen ein. Führen Sie eine Probebohrung nach Möglichkeit an einer Stelle durch, die Sie danach durch das Anbauteil, das Sie »andübeln« wollen, verdecken können.

a)

b)

Abbildung 2.3: Fassade mit und ohne Putz (Fotos: Küenzlen)

Erstellen Sie also bei der Probebohrung im Drehgang ein Bohrloch, können Sie auf Grundlage des vorhandenen Bohrmehls, das Ihnen »entgegenkommt«, und des Bohrfortschritts bereits eine erste Abschätzung über den tatsächlich vorhandenen Verankerungsgrund bzw. den Baustoff treffen (siehe Tabelle 2.1 und Abbildung 2.4). Details zu den einzelnen Baustoffen, aus denen die Mauersteine bestehen können, erfahren Sie in den Kapiteln 3, 4 und 5.

Bohrfortschritt (Drehbohren)	Untergrund	Farbe des Bohrmehls	Wahrscheinlicher Verankerungsgrund/Baustoff
fortlaufend langsam	Vollmaterial	grau	Beton, Betonstein
		rot	Ziegel, Klinker
		weiß	Kalksandstein
fortlaufend schnell		weiß	Porenbeton
ruckartig	Hohlmauerwerk	grau	Hohlblockstein aus (Leicht-)Beton
		rot	Hochlochziegel
		weiß	Kalksand-Lochstein

Tabelle 2.1: Ermittlung des Verankerungsgrunds durch Probebohrung (Scheller E. & Küenzlen J., Hrsg., 2013, S. 41)

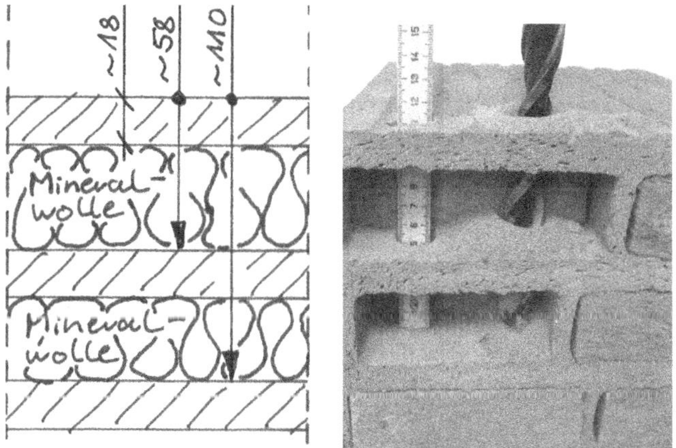

a) Skizze zur Probebohrung; Maße in mm (Skizze: Scheller)

b) Bohrung (rotes Bohrmehl, ruckartiger Bohrfortschritt (Foto: Scheller))

Abbildung 2.4: Schematische Darstellung einer Probebohrung mit Ermittlung der Lochsteg-Geometrie

So führen Sie eine Probebohrung korrekt durch

Wählen Sie für die Probebohrung einen kleinen Bohrer (zum Beispiel Bohrernenndurchmesser $d_0 = 8$ mm), so ist es mit ein wenig Übung sogar möglich, sich wenigstens einen subjektiven Eindruck über die Druckfestigkeit des vorhandenen Mauersteins zu verschaffen, insbesondere dann, wenn Sie nicht so viel Druck auf die Bohrmaschine ausüben. Dies ist zum Beispiel besonders gut bei Mauerwerk aus Porenbetonsteinen möglich, den Bohrer mit 8 mm können Sie hier bei einem Stein mit einer geringen Festigkeit auch bei ausgeschalteter Bohrmaschine in die Wand »eindrücken«.

Zeigt Ihre Probebohrung bei Verwendung des 8-mm-Bohrers einen ruckartigen Bohrfortschritt, ergibt es Sinn, dass Sie auf einen größeren Bohrer wechseln. Mit einem Bohrerdurchmesser $d_0 \geq 18$ mm können Sie im Drehgang zumindest näherungsweise die Breite der Kammern im Stein und die Dicke der inneren Wände des Steines ermitteln, indem Sie beispielsweise wie folgt eine Probebohrung vornehmen und wie in Abbildung 2.4a) dargestellt skizzieren:

1. Sobald Sie

   a. den Außensteg, das heißt den ersten Steg Ihres Steins überhaupt durchgebohrt haben,
   b. die Bohrmaschine abgeschaltet und
   c. den Bohrer wieder aus dem Bohrloch herausgezogen haben,

   können Sie die Dicke des Außenstegs und den Abstand von der Steinoberfläche bis zum ersten Innensteg mit einem einfachen Zollstock (Meterstab) messen.

2. Anschließend wird die Probebohrung sinngemäß fortgesetzt, der erste Innensteg durchbohrt und der Abstand von der Steinoberfläche bis zum zweiten Innensteg gemessen (Abbildung 2.4b).

3. Dieser Vorgang wird mindestens so lange wiederholt, bis bei der Messung die spätere Einbindetiefe des verwendeten Dübelsystems erreicht wird.

Ein gutes Hilfsmittel für solche Probebohrungen sind moderne Mehrzweckbohrer mit extra scharfen Hartmetallschneiden (Abbildung 2.5).

Abbildung 2.5: Moderner Mehrzweckbohrer mit Bohrernenndurchmesser $d_0 = 18$ mm (Foto: Adolf Würth GmbH & Co. KG)

Mit so einem Mehrzweckbohrer können Sie bei richtiger Handhabung Bohrlöcher ohne große Beschädigungen an den Stegen von Hohl- und Lochsteinen bohren, sodass Sie auf diese Weise auch problemlos sehr filigrane Lochsteg-Geometrien von Hochlochziegeln bestimmen können (Abbildung 2.6).

Abbildung 2.6: Probebohrung zur Ermittlung der Lochsteg-Geometrie in einem filigranen Hochlochziegel mit einem modernen Mehrzweckbohrer (Foto: Scheller)

IN DIESEM KAPITEL

Beton

Normalbeton

Leichtbeton

Druckfestigkeitsklassen

Kapitel 3
Verankerungsgrund Beton

Im vorherigen Kapitel 2 haben Sie erfahren, dass die hauptsächlichen Baustoffe, in die Sie Dübel setzen werden, Beton und Mauerwerk sind und wie Sie diese im ersten Schritt grob unterscheiden können. Im nachfolgenden Abschnitt »Der Baustoff Beton im Detail« erfahren Sie mehr über den Baustoff Beton, um später den am besten passenden Dübel auswählen zu können. Mauerwerk schauen wir uns in Kapitel 4 »Verankerungsgrund Mauerwerk« an.

Der Baustoff Beton im Detail

Ein Kollege der Autoren definierte einmal Beton auf seine ganz persönliche einfache Art und Weise:

> *»Beton ist immer gräulich und gerissen!«*

So einfach diese Beschreibung auch sein mag, enthält sie doch bereits wesentliche Informationen zu diesem Baustoff, wie Sie gleich weiter lesen werden.

Nach DIN EN 206 (2017, S. 10) ist Beton eine Mischung aus Zement, grober und feiner Gesteinskörnung und Wasser. Dabei sind insbesondere der – in den meisten Fällen – graue Zement aber auch die Gesteinskörnung für die Farbe dieses Baustoffs verantwortlich.

Seine Eigenschaften erhält Beton durch Hydratation des Zements, das heißt durch einen chemisch-physikalischen Vorgang zwischen Zement und Wasser. Als Gesteinskörnung gelten nach DIN EN 206 (2017, S. 29) natürliche normale Gesteinskörnungen als »allgemein geeignet«.

> In der Regel wird Beton in flüssigem Zustand im Fahrmischer als Frischbeton auf die Baustelle geliefert und dort zum Beispiel in eine Wand-, Stützen- oder Deckenschalung eingebracht. Nach dem Verdichten des Frischbetons und Glätten der sichtbaren Oberflächen härtet der Beton mit der Zeit aus.

Neben der sehr einfachen Beschreibung des Kollegen (»Beton ist immer gräulich und gerissen!«) finden Sie in den Unterlagen der Hersteller für Ihren Dübel eine sehr viel detailliertere Definition dieses als Verankerungsgrund für Dübel sehr wichtigen Baustoffs. So steht in der Europäischen Technischen Bewertung (kurz ETA) des Dübels W-FAZ (ETA W-FAZ, 2018, S. 12, Anhang B 1) – die hier rein beispielhaft angeführt werden soll – zum Verankerungsgrund Beton, für den der Dübel zugelassen ist, folgende Definition:

- ✔ Verdichteter, bewehrter oder unbewehrter Normalbeton (ohne Fasern) nach EN 206:2013
- ✔ Festigkeitsklasse C20/25 bis C50/60 nach EN 206:2013
- ✔ Gerissener oder ungerissener Beton

Sowohl die einfache Beschreibung des Kollegen als auch die fachlich detaillierte Definition helfen uns, den Verankerungsgrund Beton richtig zu verstehen, weshalb die einzelnen Begrifflichkeiten bzw. Eigenschaften in den nächsten Abschnitten näher erläutert werden.

Gerissener (Stahl-)Beton

Wir beginnen mit dem Zitat des Kollegen aus dem Abschnitt zuvor, weil es in seiner Einfachheit einen wesentlichen Aspekt auf den Punkt bringt und sich gut merken lässt, weshalb wir es gleich noch einmal wiederholen:

> *»Beton ist immer gräulich und gerissen!«*

Das mit der Farbe Grau erschließt sich ja meist auf den ersten Blick, obwohl es inzwischen auch Betone in diversen Einfärbungen gibt. Was aber ist bei diesem Baustoff unter »gerissen« zu verstehen?

Die Frage beantwortet sich mit dem Begriff »Stahlbeton«, wie Beton häufig auch bezeichnet wird. Diese Bezeichnung kommt daher, dass viele Bauteile (zum Beispiel Wände, Stützen, Decken, Unterzüge) nicht nur aus »reinem« Beton, sondern auch aus darin liegendem Stahl, der sogenannten »Bewehrung« bzw. dem »Bewehrungsstahl«, bestehen. In der Fachsprache wird daher auch vom Verbundwerkstoff Stahlbeton oder bewehrtem Beton gesprochen. In Fußböden von Industriehallen kann diese Bewehrung auch über Stahlfasern erfolgen. Da wir nicht davon ausgehen, dass Sie in solchen Hallenböden dübeln wollen, gehen wir auf dieses Thema nicht weiter ein.

> ⚠ Stahlbeton-Bauteile mit sehr dichter Bewehrung, in denen nachträglich Anbauteile mit Dübeln befestigt werden sollen, erfordern eine sehr sorgfältige (Vor-)Planung der Dübeltechnik, da die in der Regel statisch erforderlichen Bewehrungseisen nicht angebohrt bzw. durchtrennt werden dürfen (siehe Kapitel 16 im Abschnitt »Lage des Bohrlochs«).

Im Beispiel Abbildung 3.1 ist eine nachträgliche Dübelbefestigung von unten in den Unterzug – ohne Schädigung der eingelegten Bewehrung – im Prinzip nicht mehr möglich. Die Lösung für eine möglicherweise erforderliche Befestigung an diesem Unterzug könnte gegebenenfalls eine seitliche Montage eines geeigneten Anbauteils sein, das – wie auch die Dübel – entsprechend durch einen (Tragwerks-)Planer dimensioniert und bemessen werden müsste.

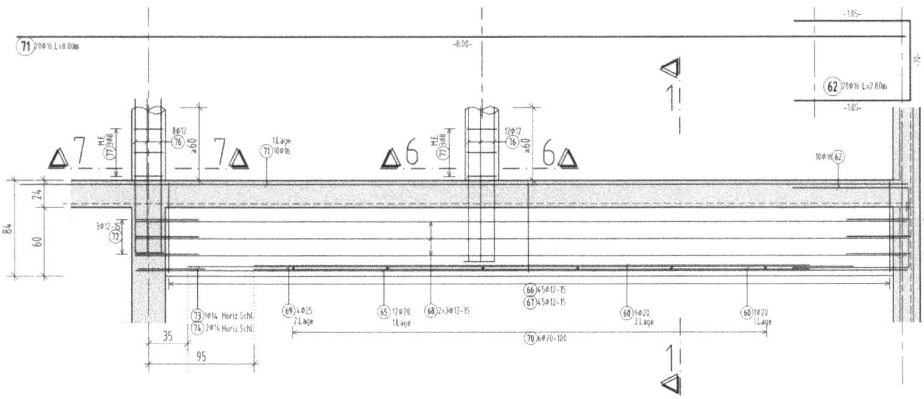

a) »Ansicht«

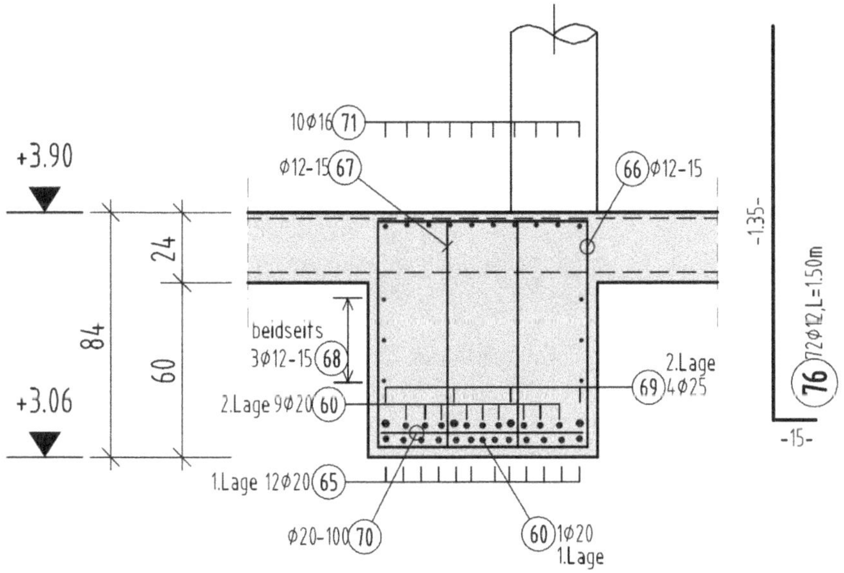

b) Schnitt 1-1

Abbildung 3.1: Ausschnitt aus einem Bewehrungsplan für einen Unterzug aus Stahlbeton (Quelle: SFB Saradshow Fischedick Berlin Bauingenieure GmbH)

Bewehrung

Die Bewehrung ist notwendig, da Beton einerseits eine sehr hohe Druckfestigkeit entwickeln kann (vergleiche Tabelle 3.1), seine Zugfestigkeit anderseits nur im Bereich von zehn Prozent der Druckfestigkeit liegt. Diesen Unterschied können Sie sich einfach dadurch vorstellen, dass Sie versuchen, an einem kurzen Stab aus Beton zu ziehen bzw. diesen zu zerdrücken. Sie könnten diesen deutlich schneller abreißen als zerdrücken. Der Bewehrungsstahl hat im Gegensatz zum Beton eine sehr hohe Zugfestigkeit, diesen können Sie deutlich schwerer abreißen als einen Stab aus Beton.

Druckfestigkeitsklasse	Charakteristische Mindestdruckfestigkeit von Zylindern $f_{ck,cyl}$ in N/mm^2	Charakteristische Mindestdruckfestigkeit von Würfeln $f_{ck,cube}$ in N/mm^2
C8/10	8	10
C12/15	12	15
C16/20	16	20
C20/25	20	25
C25/30	25	30
C30/37	30	37
C35/45	35	45
C40/50	40	50
C45/55	45	55
C50/60	50	60

Tabelle 3.1: Druckfestigkeitsklassen für Normalbeton nach DIN EN 206 Tabelle 12

Maßgebend für die Tragfähigkeit der Dübel in Beton bzw. Stahlbeton ist allerdings die Zugfestigkeit des Betons, da über Dübel in der Regel nur Zugkräfte in den Beton eingeleitet werden.

Druckkräfte werden dagegen eher selten über Dübel in den Beton eingeleitet. Diese Aufgabe übernimmt in der Regel das Anbauteil, also die Konstruktion, die Sie befestigen wollen. In unserem Beispiel mit der Klimmzugstange sind das zum Beispiel die beiden auf der Wand aufliegenden Stahlprofile (siehe Abbildung 3.2).

Diese Stahlprofile werden im unteren Bereich über die beiden diagonalen Streben durch die Belastung des Sportlers auf Druck beansprucht. Diese Druckkräfte werden nicht erst über die Dübel, sondern direkt über die Stahlprofile, die im Prinzip jeweils eine sogenannte »Ankerplatte« (siehe Kapitel 8) darstellen, in die Wand bzw. in den Verankerungsgrund eingeleitet.

Auch in Bauteilen aus Stahlbeton, wie beispielsweise einer Betondecke oder dem in Abbildung 3.1 dargestellten Unterzug, wirken sehr hohe Zugkräfte im Querschnitt des Bauteils, die der Beton allein nicht aufnehmen kann und deshalb auf den Bewehrungsstahl übertragen muss. Wie Abbildung 3.3 vereinfacht zeigt, treten dann – bei Überschreiten

Abbildung 3.2: Klimmzugstange mit auf der Wand aufliegenden Stahlprofilen (Foto: keine Nennung gewünscht)

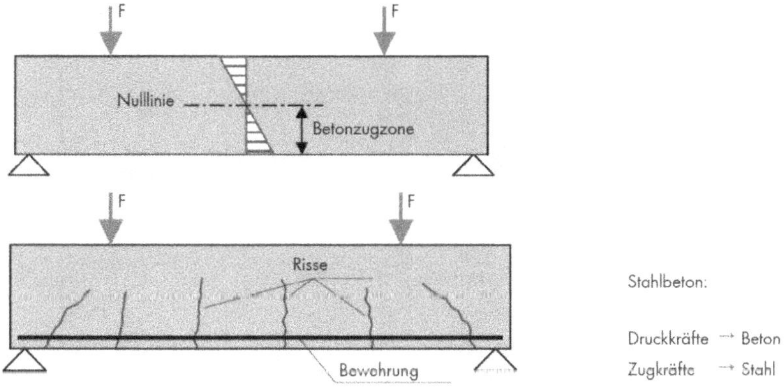

Abbildung 3.3: Grundprinzipien des Stahlbetonbaus (Grafik: Adolf Würth GmbH & Co. KG)

der Zugtragfähigkeit des Betons – »Risse« auf. Hier kommen nun die Bewehrungsstäbe im wahrsten Sinne des Wortes zum Tragen. Damit diese aber ihre Aufgabe erfüllen können, muss der Beton zunächst planmäßig erst einmal reißen, weshalb wir von gerissenem Beton sprechen.

Das bedeutet, dass es im Beton immer und planmäßig »Risse« gibt, damit das »System« Stahlbeton überhaupt funktioniert. Dabei reden wir hier nicht über ungeplante übergroße Risse wie in Abbildung 3.4 dargestellt, sondern über kaum sichtbare Risse, die in ihrer Breite begrenzt werden wie Abbildung 3.5 zeigt.

Abbildung 3.4: Ungeplanter Riss in Beton ohne Bewehrung (Collage: Scheller)

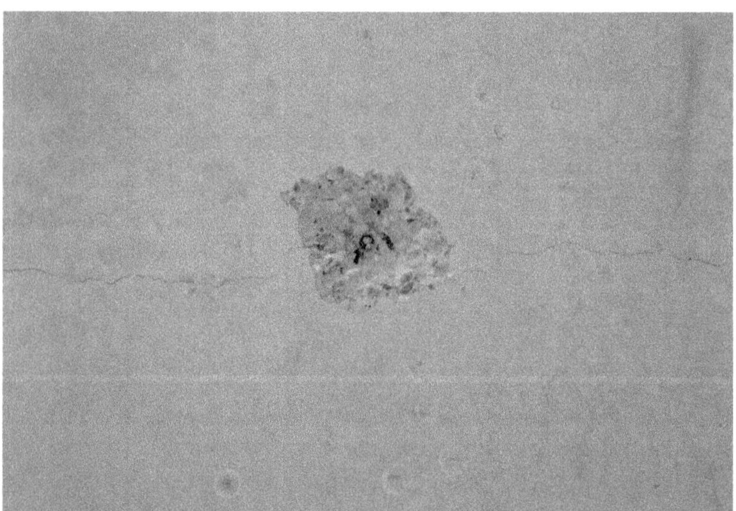

Abbildung 3.5: »Gerissener Beton« mit Rissverlauf durch die Setzstelle des Befestigers (Foto: Küenzlen)

In den meisten baupraktischen Fällen wird die Beschränkung der Breite der Risse auf w_{max} = 0,3 mm empfohlen (siehe Abbildung 3.5). Auf Ausnahmen bei den Rissbreiten gehen wir hier aus Übersichtsgründen nicht ein. Diese planmäßigen Risse mit einer beschränkten Rissbreite können von Dübeln »ausgeglichen« werden, wenn das jeweilige Dübelsystem für Verankerungen im gerissenen Beton geprüft und die Risstauglichkeit nachgewiesen wurde. Diese Information finden Sie immer in den Unterlagen der Dübelhersteller.

Ungerissener Beton

Im vorhergehenden Abschnitt haben wir uns mit »gerissenem« Beton beschäftigt. In den Produktunterlagen der Hersteller für Dübelsysteme findet sich allerdings häufig die Bezeichnung »Dübel für gerissenen und ungerissenen Beton«. Was ist nun ungerissener Beton und wie passt das mit der vereinfachten Aussage »Beton ist immer gräulich und gerissen!« zusammen?

Im Bereich der Dübeltechnik kann diese Frage relativ einfach beantwortet werden: Jeder Beton ist so lange »gerissen«, bis jemand den rechnerischen Nachweis nach DIN EN 1992-4 (2019, S. 35) erbringen kann, dass der Beton »ungerissen« ist.

Der rechnerische Nachweis ist nur mit großem Aufwand zu führen. Aus diesem Grund ist es am einfachsten, immer Dübel zu verwenden, die für »gerissenen« (Stahl-)Beton geeignet sind, und in der Baupraxis nie von ungerissenem Beton auszugehen.

Verschiedene Arten von Beton

Unter dem allgemeinen Oberbegriff Beton gibt es nun verschiedene genauere Definitionen. Diese genaueren Definitionen sind gerade für unsere Dübelauswahl sehr wichtig, weshalb wir sie uns nachfolgend einmal genauer anschauen.

Normalbeton

Unter Normalbeton (Abbildung 3.6) versteht DIN EN 206 (2017, S. 17) einen Beton mit einer Rohdichte im ofentrockenen Zustand größer als 2000 kg/m^3 und maximal 2600 kg/m^3. Eine höhere Rohdichte wird als Schwerbeton bezeichnet, eine niedrigere als Leichtbeton. DIN EN 1992-4 (2019, S. 11) schränkt den rechnerischen Nachweis von Dübeln auf Normalbeton ohne Fasern ein, weshalb zum Beispiel bei Normalbeton mit Stahlfasern als Zuschlag weitere Überlegungen angestellt werden müssen. Auf diese Überlegungen gehen wir in diesem Buch nicht weiter ein, da Sie in Ihrer Anwendung im Alltag – wie bereits erwähnt – vermutlich nicht auf einen Beton mit Fasern oder einen Schwerbeton treffen werden.

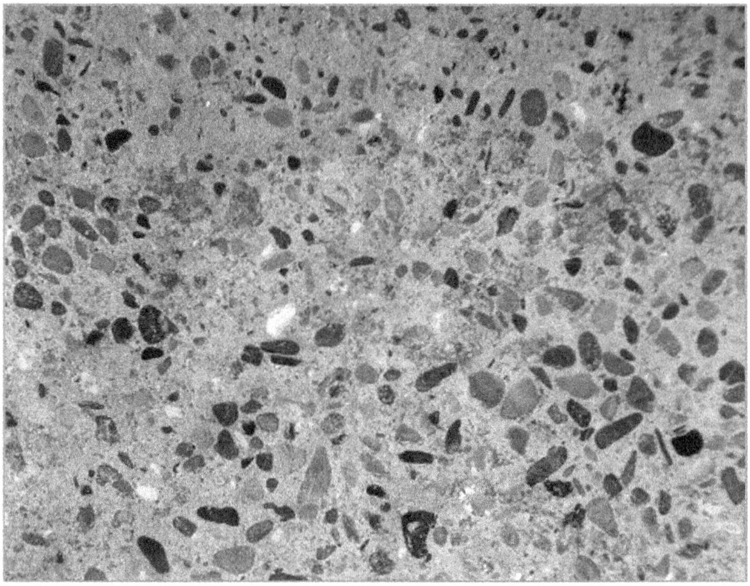

Abbildung 3.6: Schnitt durch ein Bauteil aus Normalbeton (Foto: Adolf Würth GmbH & Co. KG)

Leichtbeton

Haben Sie Hydrokulturpflanzen zu Hause? Oder erinnern Sie sich noch an Zimmerpflanzen, die früher häufig braune, sehr leichte »Kügelchen« anstelle von Blumenerde im Blumentopf hatten?

Diese sehr leichten »Blähton-Kügelchen« sind – vereinfacht gesagt – der Zuschlag von Leichtbeton (Abbildung 3.7); siehe dazu hier in diesem Kapitel den Abschnitt »Der Baustoff Beton im Detail«.

a) Blähton oder Blähschiefer

b) Hydrokultur

Abbildung 3.7: Zuschlag für Leichtbeton: »Blähton-Kügelchen« (Fotos: Scheller)

Unter Leichtbeton versteht DIN EN 206 (2021, S. 17) daher einen Beton mit einer Rohdichte im ofentrockenen Zustand von mindestens 800 kg/m^3 und maximal 2000 kg/m^3. Diese – gegenüber Normalbeton zum Teil wesentlich geringere – Rohdichte wird durch die Wahl des Zuschlags bestimmt. Während der Zuschlag für Normalbeton im Wesentlichen aus Kies und Sand besteht (»grobe und feine Gesteinskörnung«; siehe Abbildung 3.6), besteht der Zuschlag für Leichtbeton aus Gesteinskörnungen mit hoher Porosität, wie zum Beispiel Bims, Blähton oder Blähschiefer (»Blähton-Kügelchen«).

Leichtbeton unterscheiden wir in die folgenden zwei Arten:

- »Gefügedichter Leichtbeton« (abgekürzt mit »LC«; aus dem Englischen: Lightweight Concrete): Bei gefügedichtem Leichtbeton werden die Zuschläge vollständig vom Zement umschlossen, sodass – wie bei einem Normalbeton – keine Lufträume zwischen den einzelnen Zuschlagskörnern verbleiben, wodurch ein »dichtes« Gefüge entsteht (Abbildung 3.8a).
- »Haufwerksporiger Leichtbeton« (abgekürzt mit »LAC«; aus dem Englischen: Lightweight Aggregate Concrete): Haufwerksporiger Leichtbeton unterscheidet sich von gefügedichtem Leichtbeton dadurch, dass die Zwischenräume zwischen den Zuschlägen nur unvollständig mit Zement gefüllt sind, sodass Luftzwischenräume (»Haufwerksporen«) zwischen den einzelnen Zuschlagskörnern verbleiben (Abbildung 3.8b).

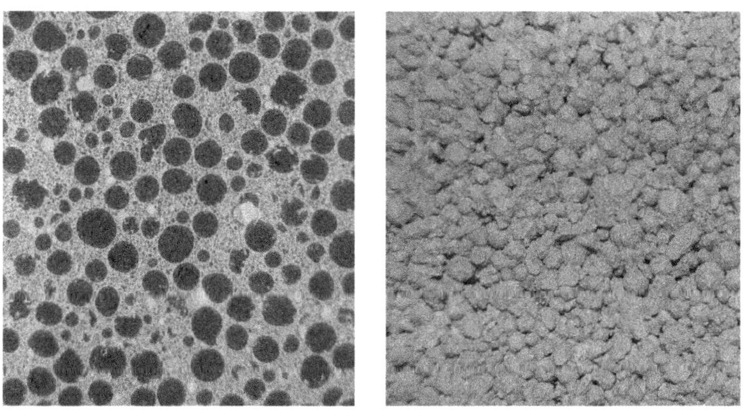

a) Gefügedichter Leichtbeton b) Haufwerksporiger Leichtbeton

Abbildung 3.8: Unterscheidung von Leichtbeton (Fotos: Küenzlen)

Druckfestigkeits- bzw. Festigkeitsklassen

Beton unterscheidet sich nicht nur auf Grund seines Gewichtes wie bei Normal- und Leichtbeton, sondern auch aufgrund seiner Festigkeit. Diese wird in Klassen angegeben und ist für unsere Dübel besonders wichtig, weshalb wir uns dieses Thema nachfolgend näher anschauen.

Normalbeton

Bei der Lieferung des Betons auf die Baustelle mit einem Fahrmischer muss auf dem Lieferschein die Druckfestigkeits- bzw. Festigkeitsklasse des Betons ausgewiesen werden. Damit können Sie überprüfen, ob der angelieferte Beton auch dem Beton entspricht, der in den Schal- und Bewehrungsplänen des Tragwerksplaners (Statikers) vorgeschrieben ist. Im Beispiel eines Lieferscheins für Transportbeton in Abbildung 2.1 (siehe Kapitel 2 im Abschnitt »Beton«) ist als Festigkeitsklasse »C25/30« angegeben. Diese Angabe der Druckfestigkeitsklasse erklärt Abbildung 3.9 am Beispiel eines Normalbetons C20/25.

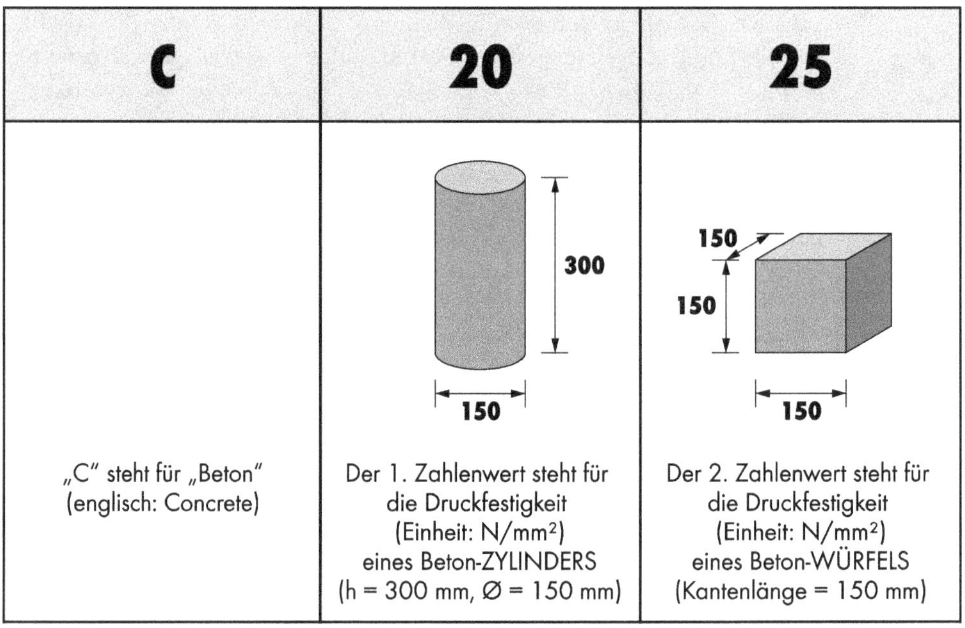

Abbildung 3.9: Erläuterung der Bezeichnung der Druckfestigkeitsklassen für Normalbeton nach DIN EN 206 am Beispiel eines Normalbetons »C20/25« (Grafik: Adolf Würth GmbH & Co. KG)

Bei der Angabe der Druckfestigkeit nach Abbildung 3.9 handelt es sich um die sogenannte charakteristische Betondruckfestigkeit f_{ck}, die nach DIN EN 206 (2017, S. 18) als Mindestwert

- ✔ der charakteristischen Zylinderdruckfestigkeit $f_{ck,cyl}$ (Zylinder mit 150 mm Durchmesser und 300 mm Länge) und/oder
- ✔ der charakteristischen Würfeldruckfestigkeit $f_{ck,cube}$ (Würfel mit Kantenlänge 150 mm)

bezeichnet wird.

Das bedeutet, dass für die Ermittlung der Betondruckfestigkeit extra Probekörper betoniert werden (Zylinder oder Würfel), die nach dem Aushärten in einer Würfeldruckmaschine »abgedrückt« bzw. bis zum Versagen belastet werden (Abbildung 3.10).

Abbildung 3.10: Würfeldruckmaschine, in der ein Betonwürfel bis zum Versagen belastet wurde (Foto: Thomas Kuhn)

Geprüft wird die Betondruckfestigkeit bei extra hergestellten Probekörpern nach 28 Tagen (DIN EN 206, 2017, S. 27).

Diese Festlegung ist von großer Bedeutung, da auch die in den Unterlagen der Hersteller für die Dübel geforderte Festigkeitsklasse für Normalbeton in der Regel erst nach 28 Tagen normativ bestimmt werden kann. Folglich kann auch erst nach 28 Tagen sichergestellt werden, dass der Dübel in den richtigen Verankerungsgrund eingebaut wird; denn in der Regel hat der Beton erst nach 28 Tagen die Festigkeitsklasse erreicht, die den in den Unterlagen der Hersteller angegeben Tragfähigkeiten des jeweiligen Dübels zugrunde liegen.

Ist der auf der Baustelle verbaute Beton noch keine 28 Tage alt, sollte vor der Montage von Dübeln mit dem Planer und/oder einem Gutachter Rücksprache gehalten werden, da gegebenenfalls gesonderte Beurteilungen erforderlich sind und nicht ohne Weiteres nach Herstellerunterlagen gearbeitet werden kann.

Die aktuellen Druckfestigkeitsklassen nach Norm zeigt Tabelle 3.1 im Abschnitt »Bewehrung«. Ein rechnerischer Nachweis der Dübel nach DIN EN 1992-4 (2019, S. 11) ist aktuell für die Klassen C12/15 bis einschließlich C90/105 möglich. Für viele Dübelsysteme finden Sie allerdings nur für Verankerungen in Beton der Druckfestigkeitsklassen C12/15 bzw. C20/25 bis C50/60 Angaben in den Unterlagen der Hersteller.

In älteren Bauunterlagen (Plänen, Statiken, Lieferscheinen, etc.) findet man für Beton auch noch andere Bezeichnungen der Druckfestigkeitsklasse (siehe zum Beispiel in Schnell, J. et. al, 2009), zum Beispiel »B 225« (1943–1972; DDR bis 1980), »Bn 250« (1972–1978), »B 25« (1978–2001) oder »Bk 25 (DDR 1980–1990).

Je nach Zeitraum und entsprechend geltender Normung wurden seinerzeit die der jeweiligen Festigkeitsklasse entsprechenden Betondruckfestigkeiten auch anhand von Würfeln mit 200 mm Kantenlänge ($f_{cube200}$) ermittelt. Sie können also in älteren Plänen und sonstigen alten Bauunterlagen diese Angabe finden. Diese Festigkeiten können Sie zum Beispiel nach EOTA EAD 330232-01-0601 (2021, S. 65, Abschnitt B.3.1.2.5) mit Gleichung (1) auf das aktuelle Maß für einen Würfel mit 150 mm Kantenlänge ($f_{cube150}$) umrechnen.

$$f_{cube150} = 1/0{,}95 \cdot f_{cube200} \qquad \text{Gl. 1}$$

mit:

$f_{cube150}$ Nennwert der charakteristischen Betondruckfestigkeit (basierend auf Würfeln mit Kantenlänge 150 mm)

$f_{cube200}$ Nennwert der charakteristischen Betondruckfestigkeit (basierend auf Würfeln mit Kantenlänge 200 mm)

Leichtbeton

Tabelle 3.2 zeigt die aktuellen Druckfestigkeitsklassen für (Konstruktions-)Leichtbeton nach DIN EN 206, Tabelle 13. Die Bezeichnung der Klassen erfolgt sinngemäß wie für Normalbeton, mit dem Unterschied, dass die Klassen nicht nur mit »C« (aus dem Englischen: Concrete, auf Deutsch »Beton«), sondern mit »LC« (aus dem Englischen: Lightweight Concrete) abgekürzt werden. Vergleichen Sie nun die Tabelle 3.2 weiter mit Tabelle 3.1 (siehe im Abschnitt »Bewehrung«), können Sie feststellen, dass Leichtbeton ähnliche Druckfestigkeiten erreichen kann wie Normalbeton.

In den Unterlagen der Hersteller werden Sie jedoch relativ wenig Angaben zu (Konstruktions-)Leichtbeton, also Beton, der in eine Schalung gegossen wird, finden. Sie werden in der Regel nur Angaben zu Mauersteinen aus Leichtbeton finden, dazu jedoch später in Kapitel 4 im Abschnitt »Leichtbetonsteine: Vollblöcke und Hohlblöcke« mehr. Sie dürfen beides jedoch nicht verwechseln!

Druckfestigkeitsklasse	Charakteristische Mindestdruckfestigkeit von Zylindern $f_{ck,cyl}$ in N/mm²	Charakteristische Mindestdruckfestigkeit von Würfeln $f_{ck,cube}$ in N/mm²
LC8/9	8	9
LC12/13	12	13
LC16/18	16	18
LC20/22	20	22
LC25/28	25	28
LC30/33	30	33
LC35/38	35	38
LC40/44	40	44
LC45/50	45	50
LC50/55	50	55
LC55/60	55	60

Tabelle 3.2: Druckfestigkeitsklassen für Leichtbeton nach DIN EN 206, Tabelle 13

IN DIESEM KAPITEL

Mauerwerk

Ziegel

Hochlochziegel

Kalksandstein

Porenbeton

Kapitel 4
Verankerungsgrund Mauerwerk

Im vorherigen Kapitel haben Sie viel über Beton erfahren. Jetzt widmen wir uns dem wichtigen Verankerungsgrund Mauerwerk. In diesem Kapitel erfahren Sie Details zum Thema Mauerwerk, um später den am besten passenden Dübel auswählen zu können. Mauerwerk besteht dabei aus einzelnen Mauersteinen mit Fugen zwischen den Steinen. Die Steine werden in der Regel mit vermörtelten oder auch unvermörtelten Stoß- und Lagerfugen mit einem sogenannten »Versatz« (das heißt nicht direkt übereinander) übereinandergesetzt, vereinfacht gesagt »gestapelt«.

Mauersteine im Allgemeinen

Nachfolgend lernen Sie die Mauersteine aus den unterschiedlichen Baustoffen kennen, die derzeit am häufigsten auf Baustellen als Verankerungsgrund für Dübel vorgefunden werden können. Eine entsprechend allgemeine Übersicht zeigt Ihnen Abbildung 4.1.

Die Entwicklung im Bereich der Mauersteine geht ständig weiter. So gibt es mittlerweile als eine der neuesten Entwicklungen zum Beispiel auch Mauersteine aus getrocknetem Lehm, sogenannte Lehmziegel. Aus Übersichtsgründen wird hier auf diese Mauersteine allerdings nicht weiter eingegangen.

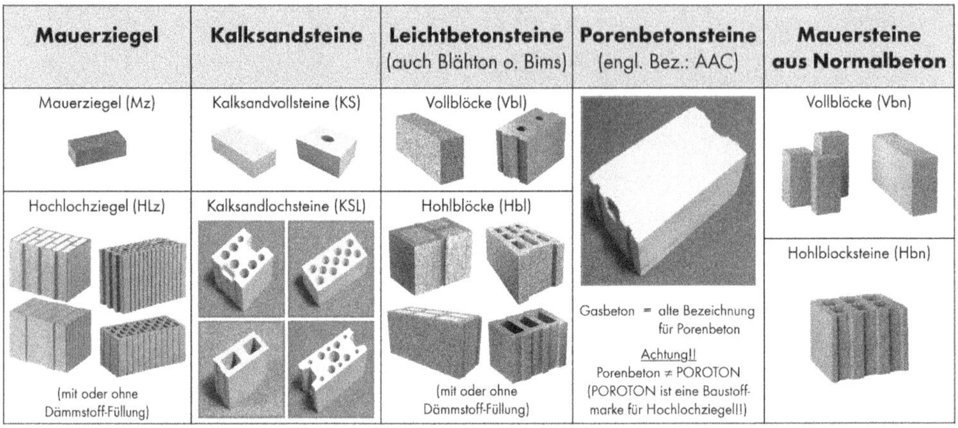

Abbildung 4.1: Übersicht Baustoffe für Mauersteine

Wie bereits in Kapitel 2 im Abschnitt »Mauerwerk« ausgeführt, unterscheiden sich Mauersteine insbesondere durch die Parameter

- ✔ Baustoff (Mauerziegel, Kalksandstein, Leichtbeton, Porenbeton oder Normalbeton),
- ✔ Struktur (Vollsteine, Hohl- und Lochsteine mit oder ohne Dämmstofffüllung),
- ✔ Geometrie (Steinabmessungen, Loch- und Stegabmessungen) sowie vor allem durch
- ✔ Rohdichte und
- ✔ Druckfestigkeit.

Vermörtelte und unvermörtelte Fugen

Neben den zuvor genannten und nachfolgend etwas ausführlicher vorgestellten Mauersteinen besteht Mauerwerk aus vermörtelten oder nicht vermörtelten Stoß- und Lagerfugen zwischen den einzelnen Steinen (siehe Abbildung 4.2). Die Mauersteine werden dabei mit einem sogenannten Versatz im Verband übereinandergesetzt. Die Größe bzw. Breite des Versatzes wird durch das sogenannte »Überbindemaß« in der jeweils geltenden Mauerwerksnormung vorgegeben.

Für das Setzen Ihres Dübels ist es sehr wichtig, dass Sie darauf achten, ob Sie den Dübel in eine vermörtelte Fuge oder einen Mauerstein setzen. In vermörtelten Fugen halten Ihre Dübel in der Regel weniger gegenüber dem Mauerstein selbst. Bei Kunststoffdübeln geht man sogar von einer Reduzierung von 50 Prozent aus, wenn der Dübel in einer Fuge sitzt!

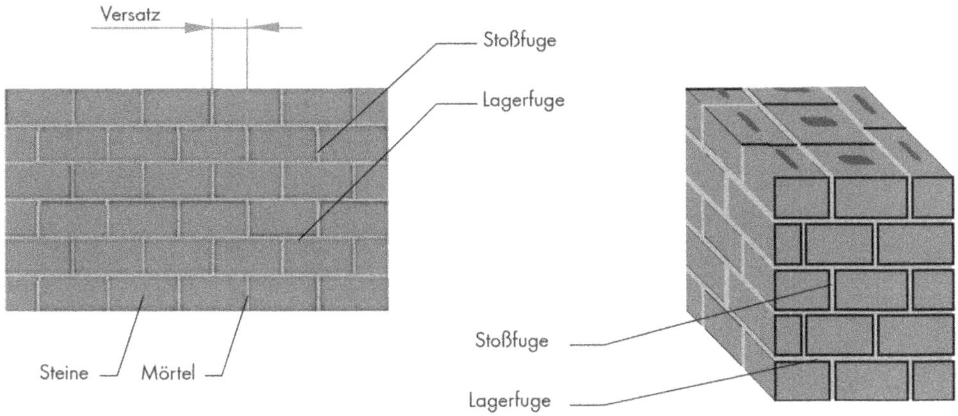

Abbildung 4.2: Begriffe im Zusammenhang mit einer gemauerten Wand mit Fugen (Grafik: Adolf Würth GmbH & Co. KG)

Die horizontale Mörtelfuge kann dabei als »normale« Lagerfuge mit einer Dicke von circa 10 bis 12 mm ausgeführt werden. Bei dieser Fugenausbildung können Unebenheiten der Steine ausgeglichen werden, womit die Druckkräfte aus dem Lastabtrag der Mauerwerkswand oder der Stütze bzw. dem Pfeiler aus Mauerwerk gleichmäßig bis in die Fundamente des Bauwerks weitergeleitet werden können. Bei dieser Lagerfugendicke spricht man bei Hochlochziegeln zum Beispiel von »Blocksteinen«.

Wird die Lagerfuge nur als eine sehr dünne sogenannte »Dünnbettfuge« im Millimeterbereich ausgeführt, dürfen die Mauersteine nur unwesentliche Unebenheiten aufweisen. Bei dieser Lagerfugendicke spricht man dann bei Hochlochziegeln mit geschliffenen Seiten auch von »Plansteinen«.

Kalksandsteine haben produktionsbedingt bereits sehr ebene Seitenflächen und müssen nicht geschliffen werden.

Im Gegensatz zu den horizontalen vermörtelten Lagerfugen sind die vertikalen Stoßfugen oft verzahnt bzw. nicht vollständig vermörtelt, da die Steine nur aneinandergestoßen werden.

Abbildung 4.2 zeigt die wichtigsten verschiedenen Begriffe, die zuvor erläutert wurden, anhand eines Mauerwerksverbands, dessen horizontale Lagerfugen und vertikale Stoßfugen vermörtelt sind.

In der Praxis werden sehr oft Dübel in Fugen von Betonfertigteilen montiert. Diese Art Fugen ist hier definitiv nicht gemeint (Abbildung 4.3)! Für Fugen in Betonfertigteilen gibt es keine geeigneten Dübelsysteme. Sollte Ihre Befestigung in Betonbauteilen genau an der Stelle liegen, planen Sie bitte direkt um, das Thema Fugen in diesem Abschnitt hilft bei einem derartigen Problem nicht weiter und hat mit derartigen Fugen nichts zu tun.

Abbildung 4.3: Dübel in der Fuge eines Betonfertigteiles (Foto: Küenzlen)

Mauersteine im Detail

In den nachfolgenden Abschnitten lernen Sie verschiedene Arten von Mauersteinen kennen. Zum einen unterscheiden wir in Voll- und Lochsteine und zum anderen die Materialien, aus denen die Mauersteine hergestellt werden. Diese Unterscheidung ist dann wichtig, wenn Sie in den Unterlagen der Hersteller nach Informationen für geeignete Dübelsysteme suchen.

Mauerziegel: Vollziegel und Hochlochziegel

Mauerziegel bestehen traditionell aus gebranntem Lehm und Ton. Heutzutage werden diesen Mauersteinen zum Beispiel auch Sägespäne beigemengt, die während des Brennvorgangs verbrennen und (insbesondere) den (Hochloch-)Ziegeln eine gewisse Porosität und damit eine geringere Rohdichte und damit wiederum bessere Wärmedämmeigenschaften geben.

Die gängigen Mauerziegel und deren Abkürzungen

- ✔ im Altbau (Vollziegel, Ziegelsteine, Vollsteine oder auch Klinker) und
- ✔ im Neubau (gefüllte und ungefüllte Hochlochziegel)

sind exemplarisch in Abbildung 4.4 dargestellt.

a) Vollziegel (Mz)

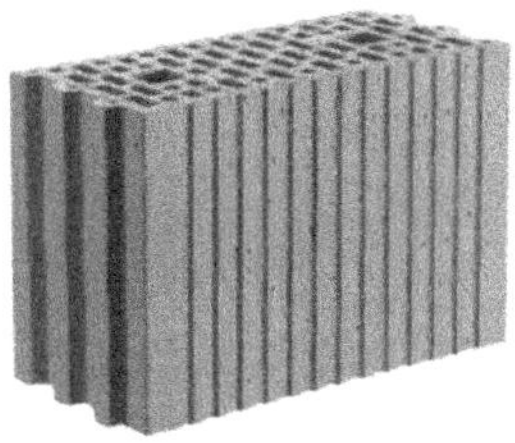

b) Hochlochziegel (HLz)

c) HLz mit Mineralwollefüllung

d) HLz mit Perlitefüllung

Abbildung 4.4: Beispiele für Mauerziegel

Kalksandsteine: Kalksandvollsteine und Kalksandlochsteine

Kalksandsteine bestehen – wie der Name bereits sagt – aus Kalk und Sand. Abbildung 4.5 zeigt exemplarisch zwei Kalksandvollsteine und zwei Kalksandlochsteine.

Bei der Ansicht von Abbildung 4.6a) und 4.6b) fragen Sie sich sicher, ob es sich bei diesen Mauersteinen nicht auch um Lochsteine handelt. Die Löcher in der jeweiligen Lagerfläche dienen hier entweder als Grifflöcher (Abbildung 4.6a) zum besseren Anfassen bzw. leichteren Anheben der Steine oder als Aufnahmelöcher für ein modernes Steinhebegerät, womit die relativ großen und schweren Vollsteine mit einem Kran versetzt werden können, was die Gesundheit (den Rücken) des Maurers schonen soll (Abbildung 4.6b).

Entscheidend, ob es sich bei einem Mauerstein um einen Vollstein oder um einen Lochstein handelt, ist das normativ vorgegebene Verhältnis der Lochfläche ($A_{Grifflochfläche}$) zur gesamten Lagerfläche ($A_{Lagerfläche,gesamt}$). Ist – zum Beispiel hier bei Kalksandsteinen – der Grifflochflächenanteil kleiner als 15 Prozent der gesamten Lagerfläche, so ist der Stein immer noch ein Vollstein (Abbildung 4.7).

In der Dübeltechnik kommt es weniger oder gar nicht auf den Prozentsatz $A_{Grifflochfläche}$ / $A_{Lagerfläche,gesamt}$ der Mauersteine an!

Bei der Montage von Metall-Injektionsankern zur Verankerung in Mauerwerk ist es zunächst unerheblich, ob ein Mauerstein nach Norm ein Vollstein oder ein Lochstein ist. Entscheidend beim Einsatz dieser Dübelsysteme ist, dass – sobald (Griff-)Löcher von Ihnen angebohrt werden – der Einsatz von zugehörigen Siebhülsen (zu den Details der Dübelsysteme kommen wir erst später, Näheres dazu im Kapitel 14 im Abschnitt »Metall-Injektionsanker«) und auch von einem entsprechend größeren Bohrer erforderlich wird!

a) Kalksandvollstein (KS)

b) Kalksandvollstein mit Griffloch (KS)

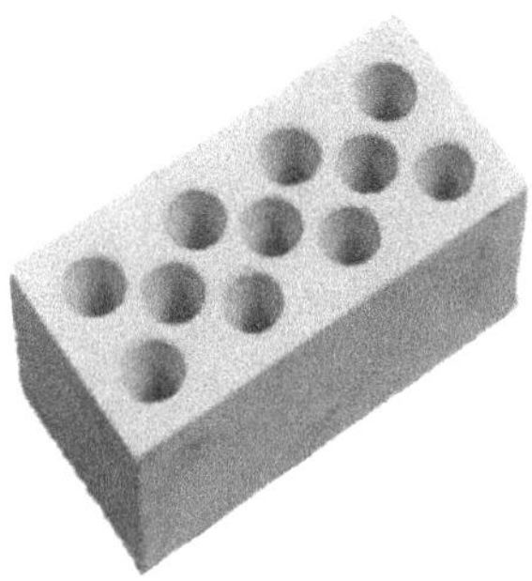

c) Kalksandlochstein (KS L)

d) Kalksandlochstein (KS L)

Abbildung 4.5: Beispiele für Kalksandsteine

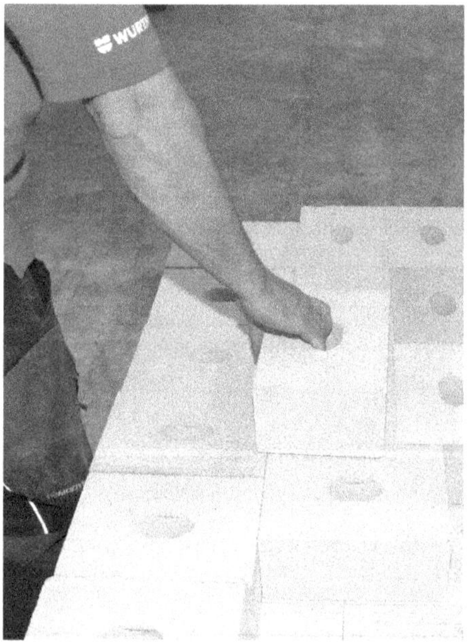

a) Griffloch im Kalksandvollstein

b) Kalksandvollstein mit modernem Steinhebegerät

Abbildung 4.6: Kalksandvollstein oder Kalksandlochstein? (Fotos: Immel)

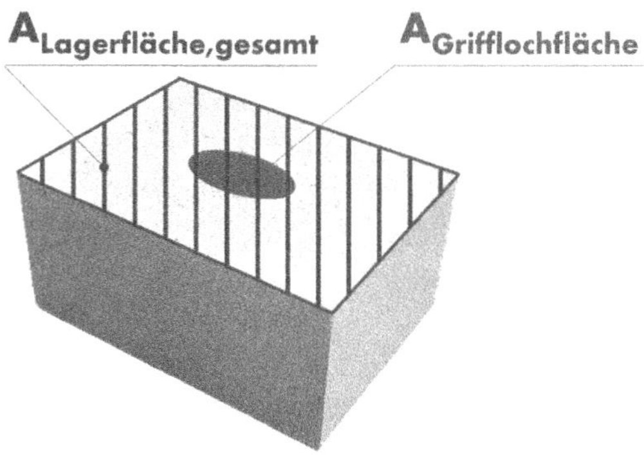

Abbildung 4.7: Lagerfläche (gesamt) und Grifflochfläche bei einem Kalksandstein (Collage: Scheller)

Auch Vollsteine können Löcher haben!

Leichtbetonsteine: Vollblöcke und Hohlblöcke

Bezüglich der Zusammensetzung von Leichtbetonsteinen (die auch nur als Verankerungsgrund »Blähton« oder »Bims« bezeichnet werden) wird im Wesentlichen auf die Ausführungen in Kapitel 3 im Abschnitt »Leichtbeton« zu haufwerksporigem Leichtbeton verwiesen. Abbildung 4.8 zeigt Ihnen exemplarisch zwei Vollblöcke aus Leichtbeton (Vollsteine) und zwei Hohlblöcke aus Leichtbeton (Lochsteine).

a) Vollblock aus Leichtbeton (Vbl)

b) Vollblock aus Leichtbeton (Vbl)

c) Hohlblock aus Leichtbeton (Hbl)

d) Hohlblock aus Leichtbeton (Hbl) mit Mineralwolle-Füllung

Abbildung 4.8: Beispiele für Leichtbetonsteine

Aufgrund der vergleichsweise niedrigen Rohdichte werden diese Mauersteine – wie auch Hochlochziegel (siehe hier in Kapitel 4 im Abschnitt »Mauerziegel: Vollziegel und Hochlochziegel«) und Porenbetonsteine (siehe hier im Kapitel 4 im Abschnitt »Porenbetonsteine«) – immer gerne dann eingesetzt, wenn an die gemauerte Wand Anforderungen an den Wärmeschutz gestellt werden. Wie bei den Hochlochziegeln werden Hohlblöcke aus Leichtbeton daher mittlerweile auch mit Dämmstofffüllungen angeboten (Abbildung 4.8d).

Porenbetonsteine

Für Porenbetonsteine bzw. für Porenbeton im Allgemeinen werden Sie heutzutage auch die englische Bezeichnung Autoclaved Aerated Concrete (»AAC«) finden.

Immer wieder wird »Porenbeton« auch mit »Poroton« verwechselt, wobei »Poroton« der Name einer Marke, das heißt die Bezeichnung von Produkten und der Name eines Verbandes (bzw. einer Interessensvertretung) ist und immer nur etwas mit Ziegelsteinen und somit nichts mit Porenbeton zu tun hat.

Die historische Bezeichnung für Porenbeton, die Sie in alten Bauunterlagen noch antreffen können, war »Gasbeton«, da dieser Baustoff zu circa 80 Prozent aus sehr kleinen (Luft-) Poren (Gas) besteht. Die weiteren Bestandteile von Porenbeton sind Quarzsand, Kalk, Zement oder gebrannter Kalk sowie Anhydrit oder Gips. Der Kalk kann auch durch Zement ersetzt werden. Die (Luft-)Poren entstehen durch die Zugabe von Aluminiumpulver, das – wie die Hefe bei einem Kuchenteig – als Treibmittel wirkt.

Zur Vereinfachung der Unterscheidung von Porenbetonsteinen und Kalksandsteinen kann man sich merken, dass Porenbeton – salopp gesagt – nichts anderes als »großformatiges Katzenstreu« ist. (Sowohl) Porenbeton (als auch Katzenstreu) kann man dann sehr gut an den kleinen (Luft-)Poren erkennen (Abbildung 4.9b).

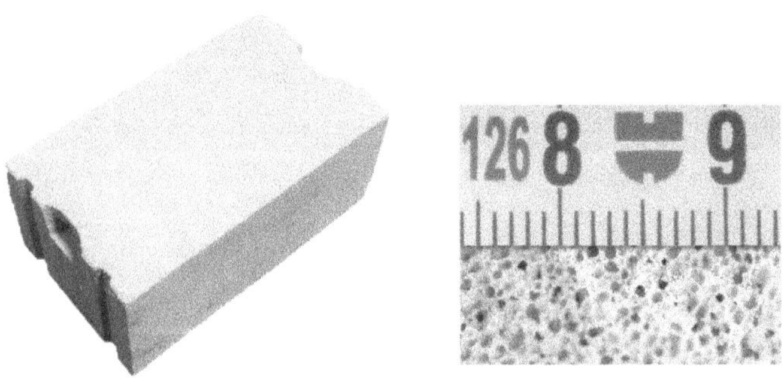

a) Vollstein aus Porenbeton (Beispiel) b) (Luft-)Poren (Foto: Scheller)

Abbildung 4.9: Porenbeton(-stein)

Bei gleichen Abmessungen wird der Porenbetonstein – aufgrund seiner deutlich geringeren Rohdichte – viel leichter sein als der Kalksandstein. Porenbetonmauerwerk wird im Wesentlichen aus Vollsteinen (Abbildung 4.9a) – aus Plansteinen (siehe hier in Kapitel 4 im Abschnitt »Vermörtelte und unvermörtelte Fugen«) mit Dünnbettmörtel – hergestellt.

Porenbeton: Wand-, Decken- und Dachplatten

Aus Porenbeton werden nicht nur Plansteine hergestellt, sondern zum Beispiel auch ganze Wand-, Decken- und Dachplatten. Diese Platten werden im Rahmen des Vorfertigungsprozesses im Werk – wie aus dem Stahlbetonbau in Kapitel 3 im Abschnitt »Gerissener (Stahl-)Beton« bekannt – mit einer innenliegenden Bewehrung ausgeführt (Abbildung 4.10). Dieser Bewehrungsstahl ist erforderlich, weil die Platten je nach Einbaulage auch durch Wind (Wandplatten) oder durch Eigenwicht, Verkehrslast (zum Beispiel Personen), Wind- und Schneelasten (Decken- und Dachplatten) auf (Durch-)Biegung beansprucht werden (Abbildung 4.11, 4.12 und 4.13). Wie beim Stahlbeton (siehe Kapitel 3 im Abschnitt »Gerissener (Stahl-)Beton«) muss dann auch der Porenbeton »reißen«, damit die Bewehrung aktiviert wird und die auftretenden Zugkräfte aus der Plattenbiegung aufgenommen werden können.

Abbildung 4.10: Porenbetonplatte mit Bewehrung (Foto: Scheller)

Bei der Montage von Dübelsystemen in Porenbeton Dachplatten und -Deckenplatten müssen Sie besonders darauf achten, dass Sie die Stähle im Innern auf gar keinen Fall anbohren dürfen, da ansonsten die Tragfähigkeit der ganzen Decke zerstört werden kann. Aus diesem Grund müssen Sie die Stähle vor der Dübelmontage – zum Beispiel durch ein Bewehrungssuchgerät – lokalisieren (vergleiche Abbildung 4.14).

Abbildung 4.11: Porenbeton-Wandplatte (Foto: Xella-Bilddatenbank)

Abbildung 4.12: Porenbeton-Deckenplatte (Foto: Xella-Bilddatenbank)

Abbildung 4.13: Porenbeton-Dachplatte (Foto: Xella-Bilddatenbank)

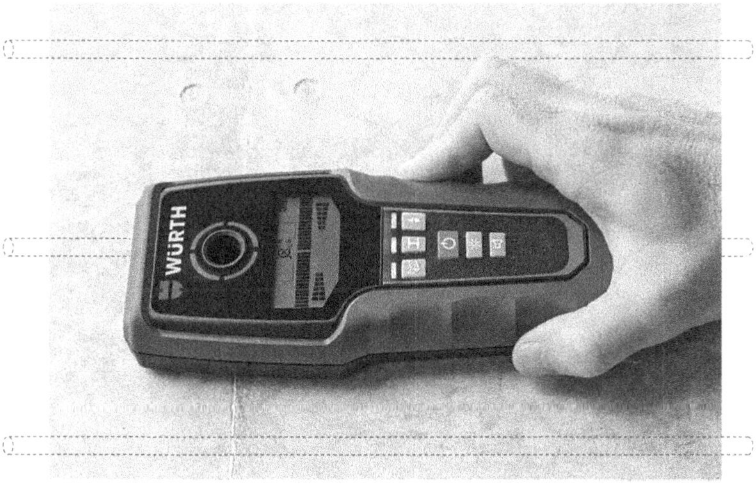

Abbildung 4.14: Bewehrungssuchgerät (Foto: Adolf Würth GmbH & Co. KG)

Mauersteine aus Normalbeton: Vollblöcke und Hohlblocksteine

Mauersteine aus Beton bestehen vereinfacht gesagt aus Normalbeton ohne Bewehrung (siehe Kapitel 3 im Abschnitt »Der Baustoff Beton im Detail«). Aufgrund der hohen Rohdichte werden diese Mauersteine – wie auch Kalksandsteine (siehe in Kapitel 3 im Abschnitt »Kalksandsteine: Kalksandvollsteine und Kalksandlochsteine«) – immer gerne dann eingesetzt, wenn für die gemauerte Wand Schallschutzanforderungen gestellt werden, zum Beispiel eine Trennwand zwischen Doppelhaushälften. Abbildung 4.15 zeigt exemplarisch zwei Vollblöcke aus Beton und einen Hohlblockstein aus Beton.

a) Vollblöcke aus Beton (Vbn) b) Vollblock aus Beton (Vbn) c) Hohlblocksteine aus Beton (Hbn)

Abbildung 4.15: Beispiele für Mauersteine aus Normalbeton

Naturstein

Natursteine sind – wie der Name schon sagt – natürlichen Ursprungs. Sie können also keine gleichmäßige reproduzierbare Zusammensetzung dieser Steine erwarten wie bei den zuvor genannten Mauersteinen, die im Gegensatz zu Natursteinen künstlich hergestellt werden.

Zum Thema »Bewertung von Befestigungen in Naturstein« (siehe zum Beispiel Abbildung 4.16) wie zum Beispiel Marmor, Sandstein, Granit gibt es keine allgemein gültigen Regelungen und damit auch in der Regel keine Angaben in den Unterlagen der Hersteller der Dübelsysteme zur Montage von beispielsweise Geländern. Daher sollten Sie sich hier Gedanken machen, ob die Befestigung im Naturstein wirklich erforderlich ist oder ob es andere Lösungen geben kann.

Abbildung 4.16: Befestigung im Naturstein (Foto: Küenzlen)

IN DIESEM KAPITEL

Gipsplatten

Gipskartonplatten

Gedämmte Untergründe

Zweischalige Wandkonstruktionen

Kapitel 5
Weitere Verankerungsgründe

Neben Beton und Mauerwerk werden Sie im Wohnungsbau auch sehr oft leichte Trennwände finden. Diese bestehen meist aus Gipsplatten mit einer entsprechenden Unterkonstruktion. Gerade für die Befestigung von Möbeln oder im Badezimmer kann dieser Verankerungsgrund eine Herausforderung darstellen, weshalb wir uns diesen nachfolgend im Detail anschauen. Außerdem werfen wir einen Blick auf Befestigungen in Dämmstoffen.

Gipsplatten

Trennwände und Vorsatzschalen aus Gipsplatten sind in DIN 18183-1 geregelt und kommen seit Jahrzehnten für den Innenausbau von Wohn- und Bürogebäuden zur Anwendung. Dabei unterscheidet DIN 18183-1

- ✔ Gipsplatten nach DIN 18180 in Verbindung mit DIN EN 520 und
- ✔ Gipsplatten mit Vliesarmierung nach DIN EN 15283-1, sofern diese die Mindestbruchlasten und die Mindest-E-Modul-Werte für Gipsplatten analog zu DIN 18180:2014-09, Tabelle 2 einhalten.

»Gipsplatten nach DIN EN 520« wurden bisher nach DIN 18180 als »Gipskartonplatten« bezeichnet, diese Bezeichnung wird wohl auf den meisten Baustellen am geläufigsten sein. Wir werden hier jedoch den aktuellen Begriff Gipsplatte verwenden. Hiermit sind Platten mit einem Gipskern gemeint, der flächig beidseitig mit Karton umhüllt ist (siehe Abbildung 5.1). Aus Übersichtsgründen wird im Folgenden nur auf diese »Gipsplatten« näher eingegangen.

Abbildung 5.1: Gipsplatten (Foto: Adolf Würth GmbH & Co. KG)

Sie können es sich sicher einfach vorstellen bzw. haben die Erfahrung bereits vielleicht sogar schon selbst gemacht, dass Gipsplatten keinen einfachen Verankerungsgrund für einen Dübel darstellen. Auch ein Küchenoberschrank (Abbildung 5.2) kann gewaltigen Schaden oder Verletzungen auslösen, wenn die Befestigung versagt.

Abbildung 5.2: Küchenoberschrank (Foto: Scheller)

a) b)

Abbildung 5.3: Ausbruch eines Metallhohlraumdübels aus einer Gipsplatte (Fotos: Scheller)

In Gipsplatten bieten Dübelsysteme, die eine möglichst große Auflagefläche hinter der Gipsplatte haben, die höchsten Tragfähigkeiten. Abbildung 5.3 zeigt den Ausbruch eines Hohlraumdübels aus einer Gipsplatte.

Für Befestigungen in Gipsplatten ist DIN 18183-1 zu beachten. Das Kapitel 4.6 der Norm enthält Vorgaben zu »Konsollasten«, wie beispielsweise dem Küchenoberschrank aus Abbildung 5.2. Danach dürfen

- ✔ Einfachständerwände und Doppelständerwände mit zug- und druckfest verbundenen Ständern bis P = 1,5 kN/m,
- ✔ freistehende Vorsatzschalen sowie Doppelständerwände mit getrennten Ständern dagegen nur mit P = 0,4 kN/m

belastet werden (Abbildung 5.4).

Eine Abweichung von genannten Konsollasten ist dann möglich, wenn die Standsicherheit der Wand zum Beispiel nach DIN 4103-1 nachgewiesen wurde (DIN 18183-1:2018-05, S. 21).

Leichte Konsollasten

Konsollasten bis 0,4 kN/m dürfen an jeder beliebigen Stelle der Wand (Trennwand bzw. Vorsatzschale aus Gipsplatten) eingeleitet werden. Die verpflichtend einzuhaltenden Grenzwerte für die Exzentrizität e und die angreifende Last P mit dem entsprechenden Hebelarm l zeigt Abbildung 5.4.

Eine Veränderung der Last P bzw. Exzentrizität e von Abbildung 5.4 darf bei Lasten bis P = 0,4 kN/m unter den Bedingungen von Gerade 2 nach Abbildung 5.5 erfolgen.

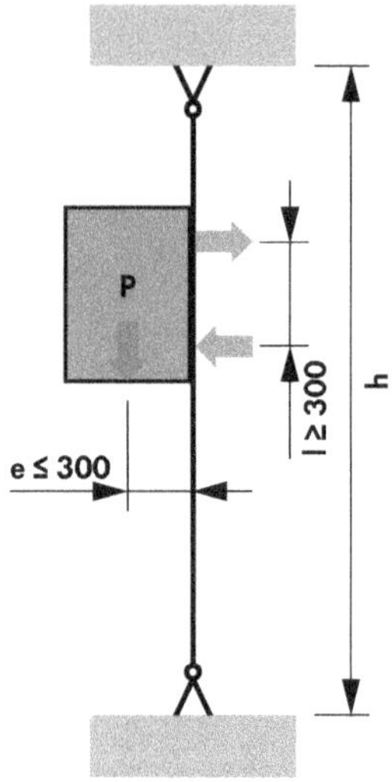

P = Konsollast

e = Exzentrizität des Lastangriffspunktes

l = Hebelarm der resultierenden Horizontalkräfte

h = Wandhöhe

Abbildung 5.4: Konsollast P, Exzentrizität e des Lastangriffspunktes und Hebelarm l der resultierenden Horizontalkräfte nach DIN 18183-1 (2018; Bild 22, S. 21 – Grafik hier: Adolf Würth GmbH & Co. KG)

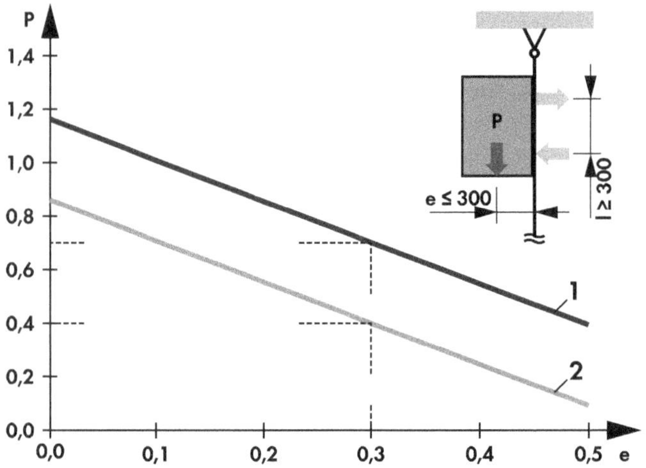

Gerade 1 = Last P über 0,4 kN/m bis 0,7 kN/m

Gerade 2 = Last P bis 0,4 kN/m

P = Konsollast in kN/m

e = Exzentrizität in m

l = Hebelarm in m

Abbildung 5.5: Zulässige Konsollast P je Wandseite und Abstand des Lastangriffspunktes e von der Wandoberfläche nach DIN 18183-1 (2018, Bild 22, S. 23; Grafik hier: Adolf Würth GmbH & Co. KG)

Sonstige Konsollasten

Konsollasten über 0,4 kN/m bis 0,7 kN/m dürfen in Einfachständerwänden an jeder beliebigen Stelle eingeleitet werden, wenn die Beplankung mindestens 18 mm dick ist. Dasselbe gilt für Doppelständerwände, wenn die Ständer kraftschlüssig verbunden sind. Abweichungen sind nach Gerade 1 in Abbildung 5.5 möglich.

Die Lasten für Hänge-WCs, Waschtische oder Boiler im Bereich zwischen 0,7 kN/m und 1,5 kN/m sind über spezielle Profile, Traversen oder Tragständer in die Unterkonstruktion einzuleiten. Doppelständerwände müssen zugfest, zum Beispiel durch Laschen, miteinander verbunden sein.

Weiter muss beispielsweise bei der Befestigung eines Hängeschrankes der Mindestachsabstand zwischen den einzelnen Befestigungsmitteln eingehalten werden (siehe Abbildung 5.6c). Genaueres regeln dabei immer die individuellen Angaben der Hersteller.

a) Aufhängung auf Schrankrückseite

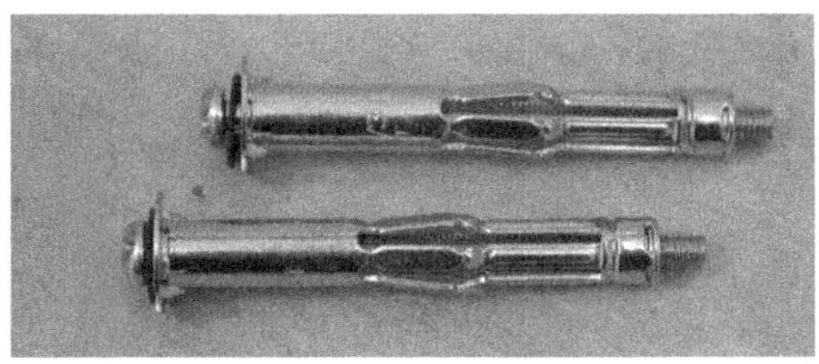

b) Metallhohlraumdübel (unverspreizt)

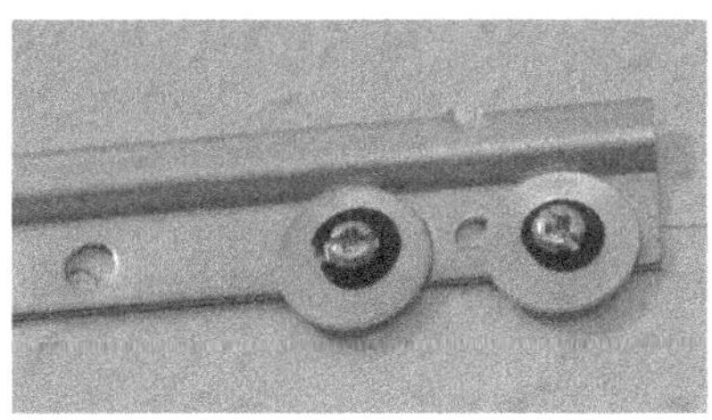

c) In der Gipsplatte einer Trockenbauwand befestigte Wandschiene zum Einhängen der Aufhängung, siehe a)

Abbildung 5.6: Befestigung eines Küchenschranks im Detail (Fotos: Scheller)

Nachträglich gedämmte Untergründe

Ob Ihre Wand oder Decke, in die Sie befestigen wollen, nachträglich gedämmt wurde, lässt sich einfach durch Klopfen feststellen. Verputzte Dämmstoffe klingen deutlich »hohler« als massive Bauteile aus Beton oder Mauerwerk. Auch die in Kapitel 2 im Abschnitt »Probebohrung« beschriebene Probebohrung kann Ihnen hier mehr Informationen verschaffen.

In Kapitel 4 (in den Abschnitten »Mauerziegel: Vollziegel und Hochlochziegel«, »Leichtbetonsteine: Vollblöcke und Hohlblöcke« und »Porenbetonsteine«) wurden Mauersteine vorgestellt, die eine ausreichend hohe Wärmedämmung entweder durch

- ✔ eine entsprechende Füllung oder durch
- ✔ eine geringe Rohdichte (Porenbeton/Leichtbeton) bzw. durch
- ✔ dünne Steinstege mit dazwischenliegenden Hohlkammern (Hochlochziegel)

erreichen.

Eine weitere Möglichkeit, einen Verankerungsgrund energetisch zu ertüchtigen, das heißt, seine Wärmedämmeigenschaften zu verbessern, ist das Aufbringen einer (zusätzlichen) Dämmung, zum Beispiel aus Mineral-/Steinwolle- oder Polystyrolplatten. Spezielle Dübelsysteme ermöglichen die Befestigung für »geringe« Lasten wie zum Beispiel ein Regenfallrohr oder ein Hausnummernschild direkt im Dämmstoff (siehe Abbildung 5.7).

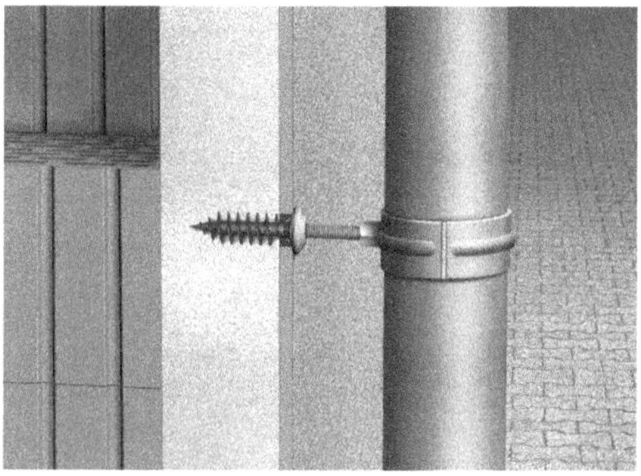

a)

a)

Abbildung 5.7: Beispiele für Befestigungen in Dämmstoffen für geringe Lasten (Bilder: Adolf Würth GmbH & Co. KG)

Wenn Sie Vordächer, Geländer oder Markisen (Abbildung 5.8) an gedämmten Verankerungsgründen befestigen wollen, dann stellen diese Befestigungen deutlich »höhere« Lasten als ein Regenfallrohr oder ein Hausnummernschild dar (Abbildung 5.7). Derartige Konstruktionen dürfen Sie nur im tragenden Wandbildner, also zum Beispiel im Beton oder im Mauerwerk hinter der Dämmung verankern, vorausgesetzt natürlich, dass dieser Verankerungsgrund ausreichend tragfähig ist. Diese Befestigungen dürfen Sie nicht im Dämmstoff verankern.

Moderne Dübelsysteme ermöglichen Ihnen in diesem Anwendungsfall die Befestigung im tragenden Mauerwerk oder wie in Abbildung 5.9 in der Stirnseite einer Betondecke mittels Ankerstange und Injektionsmörtel. Zusätzlich verfügen derartige Systeme über eine thermische Trennung in Bezug auf die Ankerstange. Das bedeutet, dass zwischen der Ankerstange im Verankerungsgrund und der Ankerstange zur Befestigung des Anbauteils ein Kunststoffkonus angeordnet ist.

a) Markise (Foto: Adolf Würth GmbH & Co. KG)

b) Vordach (Foto: Vybiralik)

Abbildung 5.8: Befestigungen an einer (nachträglich) gedämmten Fassade

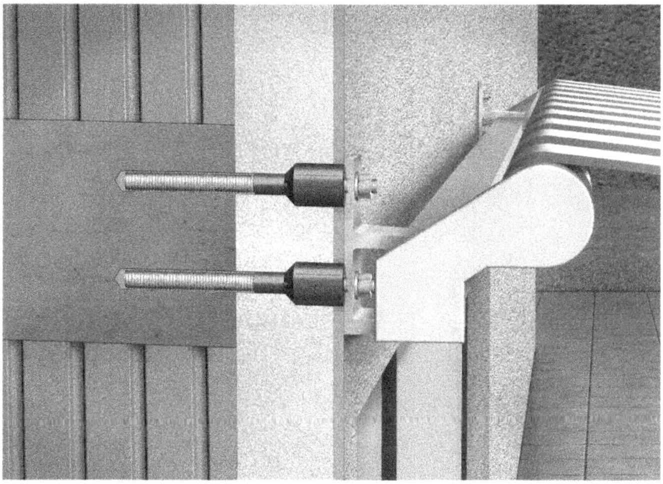

Abbildung 5.9: Befestigungslösung mit thermischer Trennung (Bild: Adolf Würth GmbH & Co. KG)

Zweischalige Wandkonstruktionen oder auch zweischaliges Mauerwerk

Als dritte Möglichkeit der Wandausbildung – neben den einschaligen und gedämmten Konstruktionen, die Sie bereits in den vorherigen Abschnitten kennengelernt haben – gibt es auch zweischalige Wandkonstruktionen, die häufig als sogenanntes »zweischaliges Mauerwerk« ausgeführt werden. Dieser Wandaufbau findet sich in Deutschland vor allem in den nördlichen Bundesländern.

Abbildung 5.10 zeigt ein Beispiel für zweischaliges Mauerwerk, das nach DIN EN 1996-2/NA:2012-01 (Nationaler Anhang zu Eurocode 6) aus einer tragenden Innenwand (Innenschale), einem Schalenzwischenraum und einer nichttragenden Außenwand (Außenschale) besteht:

- ✔ Die Innenschale wird auch als »Tragschale« oder »Hintermauerwerk« bezeichnet.
- ✔ Der Schalenzwischenraum kann ohne, ganz oder teilweise mit einer Wärmedämmschicht ausgeführt werden.
- ✔ Die Außenschale gibt es in der Regel in den Ausführungen »Verblendschale« bzw. »Klinkerschale« oder »geputzte Vormauerschale«.

Abbildung 5.10: Beispiel für eine zweischalige Wandkonstruktion: Innenschale bzw. Tragschale aus Porenbetonmauerwerk, Wärmedämmung, Luftschicht und Außenschale bzw. Klinkerschale (Foto: Küenzlen)

⚠ Sofern Sie in zweischaligem Mauerwerk beispielsweise wie in Abbildung 5.11 Balkonanlagen (oder auch Markisen und Vordächer wie in Abbildung 5.8) befestigen wollen, darf die Befestigung nur im sogenannten tragenden Hintermauerwerk bzw. in der Tragschale erfolgen.

Eine Einleitung von Zuglasten in die Vormauerschale – auch Klinkerschale genannt – ist nicht erlaubt; hier ist nur die Einleitung von »reinen« Windlasten »zulässig«.

a) Befestigung an der Wandkonstruktion (gestrichelte Kreise)

b) Ansicht der Vorsatzschale von unten mit Konsolen zur Aufnahme der Vertikallasten (vergleiche die Pfeile in Bild a)

Abbildung 5.11: Balkonanlage befestigt an einer zweischaligen Wandkonstruktion (Fotos: Küenzlen)

Aufgrund des meist relativ großen Schalenzwischenraums – bedingt durch die Dämmung und/oder Hinterlüftung des Zwischenraums – ist die Einleitung von Querlasten also Lasten senkrecht zur Mittelachse Ihres Dübels oft problematisch. Wirken diese Querlasten nur in Richtung des Fundaments, können Sie die Überlegung anstellen, dass die Befestigung auf die Klinkerschale »aufgelegt« wird. Insbesondere bei Injektionsdübeln darf dann aber keine kraftschlüssige Verklebung erfolgen (siehe Kapitel 14 im Abschnitt »Metall-Injektionsanker«). Gleichzeitig müssen Sie aber auch darauf achten, dass es keine Querlasten nach oben in Richtung des Daches durch beispielsweise Wind geben darf.

Eine sichere Lastweiterleitung in das Fundament des Gebäudes über die äußere Schale (Klinker) müsste dann im Detail durch die Beantwortung der folgenden Fragen geprüft werden, was Sie vielleicht besser dem Profi überlassen sollten:

- Ist der Versatz im Mauerwerk geeignet bzw. das Überbindemaß eingehalten, eine solche Einzellast nach unten weiterzuleiten (siehe in Kapitel 4 im Abschnitt »Vermörtelte und unvermörtelte Fugen«)?
- Sind Konsolen (siehe Abbildung 5.11) tragfähig genug, zusätzliche Lasten aufzunehmen?

Die Einleitung von Querkräften (in Richtung des Fundaments), zum Beispiel aus Markisen oder Vordächern, in nichttragende Außenwände (Außenschalen) von zweischaligem Mauerwerk kann also auf Grundlage genauerer Betrachtungen und entsprechender statischer Nachweise erfolgen. Ist dies nicht möglich, sind die Dübel auf Querlast mit Hebelarm, also auf »Biegung«, nachzuweisen.

Problematisch werden abhebende Querkräfte nach oben, zum Beispiel durch Winddruck von unten auf ein Vordach. Diesen Querkräften steht nur das Gewicht der Klinkerschicht oberhalb der Befestigung als »Gegengewicht« entgegen. Werden hier die Querlasten zu groß, kann es zu einem Schaden an der Klinkerschale kommen.

IN DIESEM KAPITEL

Klimabedingungen

Feuchtigkeit

Tausalz

Brand

Frost

Kapitel 6

Umgebung – Welche äußeren Einflüsse liegen vor?

Bevor wir uns in Teil III ab Kapitel 11 ein geeignetes Dübelsystem für unsere jeweilige Befestigungsaufgabe auswählen können, müssen wir uns noch Gedanken über die äußeren Einflüsse auf unseren Dübel machen. Die verschiedenen Einflüsse auf Ihre Befestigung lernen Sie nachfolgend kennen.

Das jetzt folgende Kapitel können Sie sich vielleicht sparen, wenn Sie im privaten Wohnzimmer – einem so definierten »trockenen Innenraum« – »nur« Ihre Klimmzugstange befestigen wollen (siehe Abbildung 3.2 in Kapitel 3 im Abschnitt »Gerissener (Stahl-)Beton«).

Kurze Einführung in die Umgebungsbedingungen

Erinnern wir uns daran, dass bei unserem Klimmzugstangen-Beispiel ein Injektionssystem (was das ist, finden Sie in Kapitel 14 im Abschnitt »Metall-Injektionsanker«) empfohlen wurde, weil es sich bei dem Verankerungsgrund wahrscheinlich um Mauerwerk handelt. In diesem Fall müssen während der Montage und während der späteren Nutzung des Dübels (zum Beispiel Klimmzüge oder Aufschwungübungen) Temperaturen beachtet werden. Da wir uns in einem trockenen Innenraum, einem Wohnzimmer mit normalen Innenraumtemperaturen befinden, ist der Temperatureinfluss in der Regel aber unproblematisch (siehe hier im Kapitel 6 im Abschnitt »Temperatur«).

Soll die Klimmzugstange mit einem Injektionssystem im Außenbereich montiert werden, ist wenigstens für die Montage im Winter gegebenenfalls Frost zu beachten (siehe hier in Kapitel 6 im Abschnitt »Frost«).

Verlassen wir das Beispiel der Klimmzugstange, müssen wir uns weitere Gedanken über die Umgebung machen (Abbildung 6.1):

- ✔ Muss unser Dübel im Brandfall eine gewisse Zeit noch seine Funktion erfüllen, weil Sie zum Beispiel in einem Fluchtweg etwas befestigen wollen?

  Dann müssen Sie klären, ob es dafür einen Nachweis gibt, den schon nicht mehr alle Systeme erfüllen können, da beispielsweise Kunststoffdübel (mehr dazu in Kapitel 13) in diesem Bereich nur einen sehr kleinen Anwendungsbereich haben.

- ✔ Verlassen wir das trockene Wohnzimmer, sind wir zum Beispiel draußen an der Außenatmosphäre oder in einem Feuchtraum, ja vielleicht sogar in einem Schwimmbad, einem Straßentunnel, einem Parkhaus oder an der Küste?

  Dann müssen wir uns über die Materialauswahl des Dübels sehr umfangreich Gedanken machen, was unsere Auswahl weiter einschränkt, da beispielsweise nicht alle Dübelsysteme im richtigen Material für die Montage in einem Schwimmbad, Straßentunnel oder Küstennähe geliefert werden.

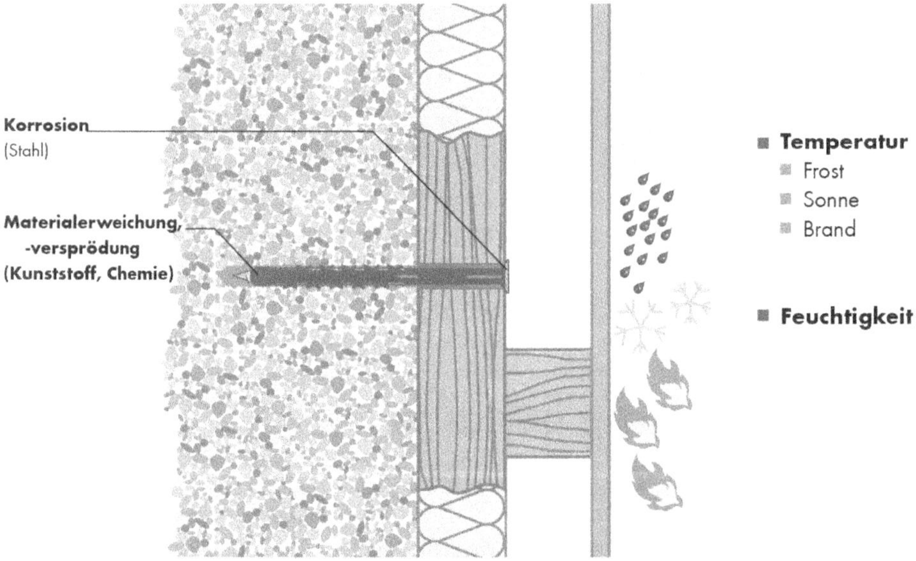

Abbildung 6.1: Äußere Umgebungseinflüsse auf einen Dübel (Bild: Adolf Würth GmbH & Co. KG)

Temperatur

Im Bereich der Dübeltechnik sind unterschiedliche Temperaturen und Temperaturbereiche zu beachten. Ihnen ist sicher ohne weitere Erklärungen verständlich, dass ein »reiner«

Metalldübel auf Temperaturänderungen – außer unter Brandbeanspruchung (siehe hier im Kapitel 6 im Abschnitt »Brand«) – nicht wesentlich reagieren wird, ein Kunststoffdübel oder ein chemischer Injektionsdübel aber durchaus deutliche Tragfähigkeitsunterschiede bei unterschiedlichen Temperaturen aufweisen kann.

Sie finden deshalb für hochwertige Kunststoffdübel und Injektionssysteme in den entsprechenden Unterlagen der Hersteller immer Angaben zur Montagetemperatur. Hierbei kann zum Beispiel die minimale Montagetemperatur bei Kunststoffdübeln bis zu −40 C° betragen; sie wird vom Hersteller im Rahmen von Prüfungen individuell festgelegt. Injektionssysteme können teilweise bereits ab einer minimalen Montagetemperatur von −20 °C verwendet werden.

Neben der Montage spielt auch die spätere Nutzung der Befestigung eine Rolle. Daher gibt es für hochwertige Kunststoffdübel und Injektionssysteme auch definierte Temperaturbereiche, in denen diese Dübelsysteme während ihrer Nutzung verwendet werden können.

In den Unterlagen der Hersteller wird für Kunststoffdübel und Injektionssysteme dafür mindestens ein Temperaturbereich zum Teil werden aber auch mehrere Temperaturbereiche angegeben. Diese Angabe besteht je Temperaturbereich in der Regel aus einem Wertepaar, der

- ✔ maximalen Langzeittemperatur und der
- ✔ maximalen Kurzzeittemperatur.

Bei Injektionssystemen in Beton kann die maximale Kurzeittemperatur durchaus bei +120 °C (siehe zum Beispiel ETA W-VIZ, 2023, S. 10) oder sogar auch bei +160 °C (siehe zum Beispiel ETA WIT-UH 300, 2020, S. 10) liegen. Bei Kunststoffdübeln dagegen geht diese maximale Kurzeittemperatur in der Regel nicht über +80 °C (siehe zum Beispiel ETA W-UR/SHARK UR, 2021, S. 10) hinaus.

BEISPIEL

Diese maximale Kurzeittemperatur von +80 °C ergab bzw. ergibt sich aus einer der Standardanwendung von Kunststoffdübeln, der Befestigung von Fassadenunterkonstruktionen. Diese Konstruktionen sind ein gutes Beispiel bzw. eine nachvollziehbare Erklärung dafür, weshalb für die genannten Dübelsysteme für jeden »zulässigen« Temperaturbereich ein Wertepaar angegeben wird:

- ✔ Im Jahresdurchschnitt, das heißt über einen »langen« Zeitraum, wird die Temperatur für die Befestigung der Fassadenunterkonstruktion in der Regel +50 °C nicht überschreiten. Dies ist daher für viele Kunststoffdübel die »maximale Langzeittemperatur«.
- ✔ Im Hochsommer, in der Mittagszeit, kann dieser Wert hinter einer dunklen, zum Beispiel schwarzen Fassadenplatte für »kurze« Zeit aber durchaus Werte von bis zu +80 °C erreichen, weshalb auch dieser Wert als »maximale Kurzzeittemperatur« mit angegeben wird.

Bei Injektionssystemen gibt es zusätzlich auch immer noch eine »maximale Verarbeitungszeit« und eine »minimale Aushärtezeit« (siehe zum Beispiel ETA W-VIZ, 2023, S. 12):

- ✔ Gerade bei hohen Temperaturen im Bereich der Montage kann es von Vorteil sein, ein System zu wählen, das eine etwas größere Zeitspanne für die Verarbeitung zulässt. Vor allem bei größeren Bohrdurchmessern und/oder größeren Setztiefen kann die maximale Verarbeitungszeit von zum Beispiel einer Minute bei +30 °C sehr knapp bemessen sein, um das Bohrloch zu verfüllen und die Ankerstange vollständig einzubringen.
- ✔ Bei niedrigen Temperaturen (zum Beispiel im Winter) weisen viele Injektionssysteme dagegen deutlich längere Aushärtezeiten aus.

Grundsätzlich sind von Ihnen also sowohl die »maximale Verarbeitungszeit« als auch die »minimale Aushärtezeit« eines Injektionssystems zu beachten, da die meisten Injektionssysteme in der Regel erst nach Ablauf der Aushärtezeit belastet werden dürfen.

Die maßgebliche Temperatur muss im Bohrloch bestimmt werden (Abbildung 6.2), da es durchaus Situationen gibt, in denen die Temperatur im Inneren eines Bauteils, beispielsweise einer Wand, deutlich tiefer sein kann als in der Umgebung bzw. in der umgebenden Luft.

Für die Messung der Temperatur im Bohrloch eignet sich am besten ein Laserthermometer.

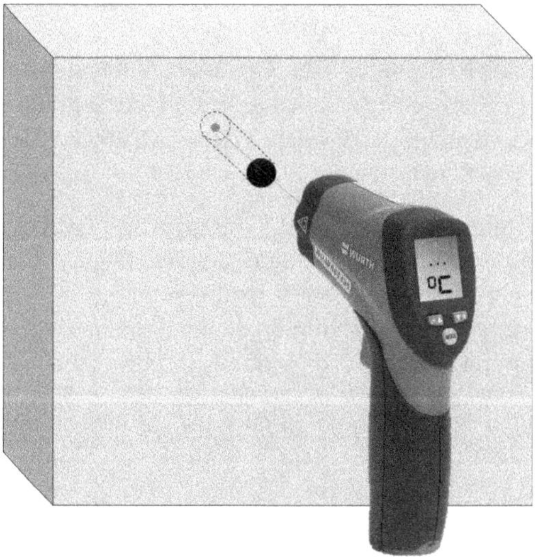

Abbildung 6.2: Bestimmung der Temperatur immer im Bohrloch am besten mit einem Laserthermometer (Foto: Adolf Würth GmbH & Co. KG; Collage: Scheller)

Frost

Wie bereits erwähnt ist für Injektionssysteme und Kunststoffdübel auch eine minimale Montagetemperatur zu beachten.

Bei Temperaturen unter 0 °C gilt es, ebenfalls ein Augenmerk auf eindringendes Wasser in das jeweilige Bohrloch zu haben. Dies kann beispielsweise bei sehr kleinen Randabständen und Bohrlöchern, die (insbesondere senkrecht) »nach unten« gerichtet sind, zu massiven Schäden durch Frost führen (siehe Abbildung 6.3).

Abbildung 6.3: Durch Eisdruck »gesprengter« Betonwürfel (Foto: Thomas Kuhn)

»Bei Dübeln, die Temperaturen unter 0 °C ausgesetzt werden, sind Maßnahmen zu ergreifen, um ein Eindringen von Wasser in das Bohrloch und eine anschließende örtliche Rissbildung im Beton infolge Eisdrucks zu vermeiden« (DIBt Hinweise, 2010, S. 6).

Aus diesem Grund sind hier chemische Dübel (mehr dazu in Kapitel 12) mit geringem Schwindverhalten des Mörtels zu empfehlen, damit in das jeweilige Bohrloch kein Wasser eindringen kann.

Grundsätzlich ist bei der Erstellung von Bohrlöchern immer darauf zu achten, »dass Bewehrungsstäbe in der Nähe des Bohrlochs nicht beschädigt werden« (siehe in Kapitel 16 im Abschnitt »Lage des Bohrlochs« bzw. siehe DIBt Hinweise, 2010, S. 6).

Neben dem Eisdruck kann eindringendes Wasser ansonsten auch zur Korrosion, das heißt zum Rosten der Bewehrung führen, wenn diese beispielsweise beim Erstellen des Bohrlochs »berührt« und damit im Bereich des Bohrlochs frei gelegt wurde.

Abgesehen davon, dass im schlimmsten Fall die Bewehrung so stark korrodiert und damit versagen könnte, bedeutet »Rostbildung« – wie das Frieren von Wasser im Bohrloch – ebenfalls eine Volumenvergrößerung, die bei schmalen Bauteilen und/oder sehr kleinen Randabständen ebenfalls zu Rissen und späteren gravierenden Schäden im Bauteil führen kann.

Brand

In der Regel enthalten die Unterlagen der Hersteller für Metall und Injektionsdübel für den Einsatz in Beton die entsprechenden Rechenwerte für den Nachweis der Dübel unter Brandeinwirkung.

Für Befestigungen in Mauerwerk wurden und werden immer noch sogenannte Brandprüfberichte und vereinzelt nationale Zulassungen (Näheres dazu finden Sie in Teil IV) verwendet, um die entsprechenden Nachweise führen zu können. Hier gibt es mittlerweile aber auch schon die ersten ETAs (Näheres dazu finden Sie in Teil IV), denen wiederum die Rechenwerte für den Nachweis der Dübel unter Brandeinwirkung entnommen werden können.

Gerade in Rettungs- und Fluchtwegen kann die Funktion von Dübeln unter Brandeinwirkung von großer Bedeutung sein. Auch bei der Befestigung von Kabeln mit Funktionserhalt oder Sprinkleranlagen kommt dem Tragverhalten der Dübel unter Brandeinwirkung eine große Bedeutung zu. Die Dübel müssen im Brandfall noch eine gewisse Zeit »funktionieren«, um eine Rettung der Bewohner oder der Mitarbeiter (Abbildung 6.4) zu ermöglichen. Wenn Sie sich in diesem Thema nicht wirklich sattelfest fühlen, möchten wir Ihnen ans Herz legen, einen Profi für Ihre Befestigungsaufgabe hinzuziehen.

Im Gegensatz zum Einsatz der Dübel für normale Umgebungstemperaturen geht man im Brandfall davon aus, dass die Tragfähigkeit des Dübels durch den Brand reduziert wird, da die Tragfähigkeit aller Baustoffe unter zunehmender Temperatur abnimmt.

Das heißt, für den Brandfall werden die möglichen Lasten der Dübel reduziert.

Man kann sich jedoch einfach vorstellen, dass gerade Kunststoffdübel im Brandfall nur sehr geringe Tragfähigkeiten aufweisen. Hier sind daher – in Mauerwerk – in der Regel Injektionssysteme zu bevorzugen.

Abbildung 6.4: Brand eines Unternehmens in Backnang im Jahr 2006 (Foto: Küenzlen)

Korrosion

Sie hatten mit Sicherheit schon einmal »Rost« an Ihrem Fahrzeug? Vielleicht war dieser »Rost« auch schon einmal das Lebensende Ihres Fahrzeugs durch den TÜV?

Ähnliche Phänomene gibt es auch für die Dübel. Da Sie mit einer Befestigung nicht alle zwei Jahre zum TÜV müssen, sondern diese in manchen Fällen viele Jahrzehnte ohne Prüfung funktionieren soll, müssen Sie diesem Thema besondere Beachtung schenken, was wir nachfolgend gemeinsam tun wollen.

Hinweise in den »Zulassungen« für Dübel

Die Regelungen bzw. Hinweise zum Thema Korrosion in den Unterlagen der Hersteller sind zum Teil unterschiedlich, da sie abhängig sind vom jeweiligen Stand der Unterlagen, zum Teil aber auch inhaltlich nahezu wortgleich. Exemplarisch zeigen wir Ihnen hier die recht einfach gehaltene Einteilung zur Verankerung im Beton (siehe ETA W-FAZ, 2018, S. 12):

- ✔ Bauteile unter Bedingungen trockener Innenräume

  (Stahl verzinkt, nichtrostender Stahl oder hochkorrosionsbeständiger Stahl)

- ✔ Bauteile im Freien, einschließlich Industrieatmosphäre und Meeresnähe oder Bauteile in Feuchträumen, wenn keine besonders aggressiven Bedingungen vorliegen

  (nichtrostender Stahl oder hochkorrosionsbeständiger Stahl).

- ✔ Bauteile im Freien und in Feuchträumen, wenn besonders aggressive Bedingungen vorliegen

  (hochkorrosionsbeständiger Stahl)«

»Aggressive Bedingungen sind zum Beispiel ständiges, abwechselndes Eintauchen in Seewasser oder der Bereich der Spritzzone von Seewasser, chlorhaltige Atmosphäre in Schwimmbadhallen oder Atmosphäre mit extremer chemischer Verschmutzung (zum Beispiel in Straßentunneln, in denen Enteisungsmittel verwendet werden).«

In diesem Bereich kann die falsche Materialauswahl in der Katastrophe enden. Wenn Sie sich also unsicher sind, ziehen Sie hier für Ihre Befestigungsaufgabe bitte immer einen Profi zurate!

In den zuvor zitierten Hinweisen in den »Zulassungen« für Dübel werden quasi drei Stufen des Korrosionsschutzes im Bereich der Dübeltechnik definiert:

- ✔ Im Bereich trockener Innenräume können Sie im Prinzip alle Stahlqualitäten verwenden.

  Hier werden in der Regel aber – allein schon aus Kostengründen – nur Dübel aus verzinktem Stahl (in den meisten Fällen galvanisch verzinkter Stahl) zum Einsatz kommen. Nach DIN EN 1993-1-4:2015-10, S.28 gilt für den trockenen Innenraum folgende Definition:

  > »Ein Innenraum ist ein Bereich, der entweder belüftet oder beheizt wird oder sich innerhalb geschlossener Türen befindet. Parkhäuser, Verladerampen oder andere Bauwerke mit großen Öffnungen sollten als Außenbereiche gelten.«

- ✔ Bei Feuchtigkeit bzw. Bauteilen im Freien sind Dübel aus galvanisch verzinktem Stahl in der Regel nicht mehr ausreichend.

  Hier müssen Sie Dübel aus nichtrostendem Stahl (zum Beispiel Stahl mit der Werkstoffnummer 1.4401, 1.4404. 1.4571 oder 1.4362; umgangssprachlich »A4-Stahl«) verwenden.

- ✔ Sind Dübel Chloriden und/oder anderen Schadstoffen ausgesetzt, ist nichtrostender Stahl häufig nicht mehr ausreichend und Sie müssen zwingend Dübel aus hochkorrosionsbeständigem Stahl (zum Beispiel Stahl mit der Werkstoffnummer 1.4529 oder 1.4565; umgangssprachlich »HCR-Stahl«) einsetzen.

Chloride und andere Schadstoffe

Abbildung 6.5 zeigt eindrucksvoll einen galvanisch verzinkten Bolzenanker, der nicht in Beton eingebaut wurde, sondern nur wenige Jahre draußen in Meeresnähe gelagert wurde.

Abbildung 6.5: Galvanisch verzinkter Bolzenanker nach einigen Jahren Lagerung in Meeresatmosphäre (Foto: Küenzlen)

Die Befestigung eines Geländers direkt im Spritzwasserbereich an der Meeresküste zeigt Abbildung 6.6. Das Geländer selbst ist feuerverzinkt und zeigt keine Korrosionsspuren. Die Dübel dagegen sind bereits stark angegriffen.

Abbildung 6.6: Galvanisch verzinkter Dübel in Meeresnähe zur Befestigung einer feuerverzinkten Konstruktion (Foto: Küenzlen)

Abbildung 6.6 zeigt deutlich den Unterschied der Schutzwirkung einer Feuerverzinkung im Vergleich zu einer galvanischen Verzinkung (Abbildung 6.7). Die Zinkschichtdicke bei einer Feuerverzinkung (35 – 50 µm) beträgt circa das Zehnfache der Dicke einer galvanischen Verzinkung (5 µm).

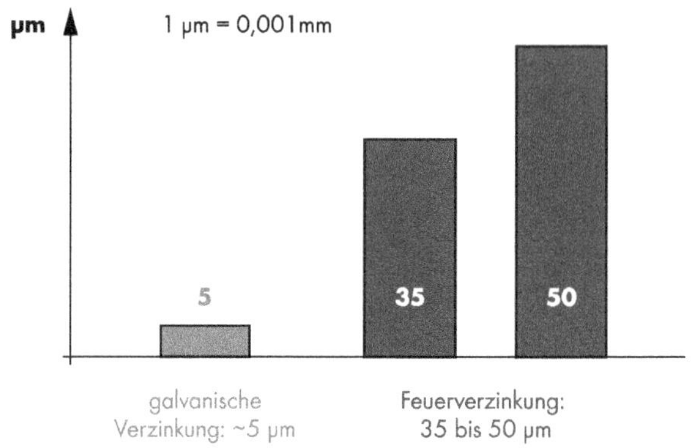

Abbildung 6.7: Schichtdicken von Verzinkungen im Verhältnis (Grafik: Adolf Würth GmbH & Co. KG)

Durch Trocknungsvorgänge können sich bei einer solch üblichen Dübelbefestigung zwischen Anbauteil, Muttern und U-Scheiben Chloride in den schmalen Spalten ansammeln bzw. aufkonzentrieren.

Dagegen können vergleichsweise große und glatte Oberflächen wie die des Geländers mit der »dicken« Feuerverzinkung bei Regen einfach(er) »abgewaschen« werden, womit eine Anreicherung von Chloriden reduziert (oder sogar verhindert) wird.

IN DIESEM KAPITEL

- Bauteil
- Nichttragende Schicht
- Bauteildicke
- Randabstand
- Achsabstand

Kapitel 7
Bauteilabmessungen – Wo montiere ich den Dübel?

Neben dem Verankerungsgrund und den äußeren Bedingungen sind natürlich auch die Abmessungen unseres Verankerungsgrunds und vor allem die Lage der Befestigung von entscheidender Bedeutung. Sie müssen sich deshalb auch besondere Gedanken machen, wenn Ihre Befestigung zum Beispiel am Rand einer Wand, also im Bereich einer Fensteröffnung oder an einer Gebäudeecke angeordnet werden soll. Im nachfolgenden Kapitel werden wir uns mit diesen Abmessungen näher beschäftigen.

Wichtige Begriffe und Maße im Bereich der Dübeltechnik

Wie Sie bereits festgestellt haben, ist auch im Bereich der Dübeltechnik eine Fachsprache erforderlich, wenn wir beispielsweise die Unterlagen der Dübelhersteller oder die An- bzw. Vorgaben eines Planers richtig verstehen wollen.

Ein »beliebtes« Missverständnis besteht zum Beispiel darin, dass der Dübelmonteur richtig vom »Bauteil« spricht, in dem Dübel montiert werden sollen (also zum Beispiel eine Wand oder eine Decke), der zuständige Planer darunter aber die Konstruktion versteht, die mit dem Verankerungsgrund verbunden werden soll.

Abbildung 7.1 zeigt daher, dass im Bereich der Dübeltechnik das

- ✔ Bauteil und das
- ✔ Anbauteil

unterschieden werden.

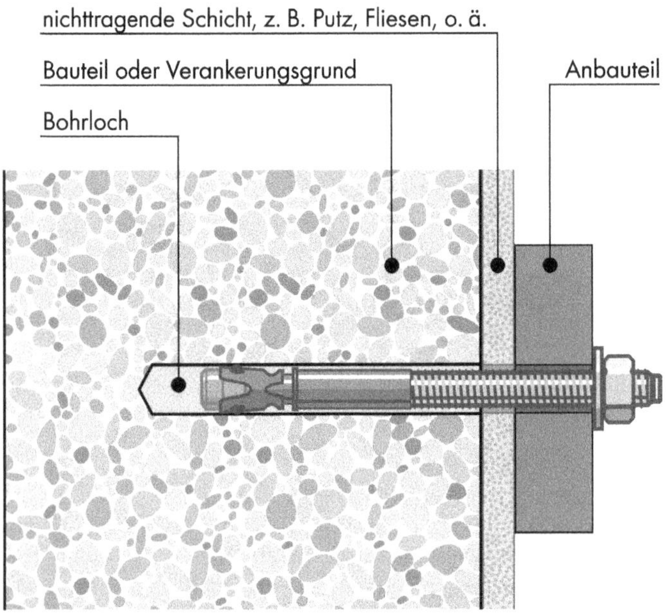

Abbildung 7.1: Definition wichtiger Begriffe: Unterscheidung »Bauteil« und »Anbauteil« im Bereich der Dübeltechnik (Grafik: Adolf Würth GmbH & Co. KG)

Vor dem Bauteil oder dem tragenden Verankerungsgrund – zum Beispiel einer Wand, einer Stütze oder einer Decke, worin »gedübelt« werden soll – kann eine sogenannte »nichttragende Schicht« angeordnet sein, die zum Beispiel aus Putz, Fliesenkleber und den Fliesen selbst bestehen kann.

Als Ergänzung zu Abbildung 7.1 werden in Abbildung 7.2 die wichtigsten Maße im Bereich der Dübeltechnik definiert, wobei wir Sie auf zwei Besonderheiten hinweisen müssen:

- ✔ Die **Setztiefe** (h_{nom}) beschreibt die Einbaulänge zu Beginn der Montage, zum Zeitpunkt des (Ein-)Setzens des Dübels in den Verankerungsgrund. Während der weiteren Montage bestimmter Dübeltypen kann sich die Lage des Dübels nach dem (Ein-)Setzen noch etwas verändern.
- ✔ Aus dem gleichen Grund kann die effektive bzw. wirksame **Verankerungstiefe** (h_{ef}) bei bestimmten Dübeltypen auch nur ein eher »theoretischer« Wert sein, der nur den »Zulassungen« bzw. den Produktunterlagen der Dübelhersteller entnommen, nicht aber auf der Baustelle oder am Dübel selbst nachgemessen werden kann.

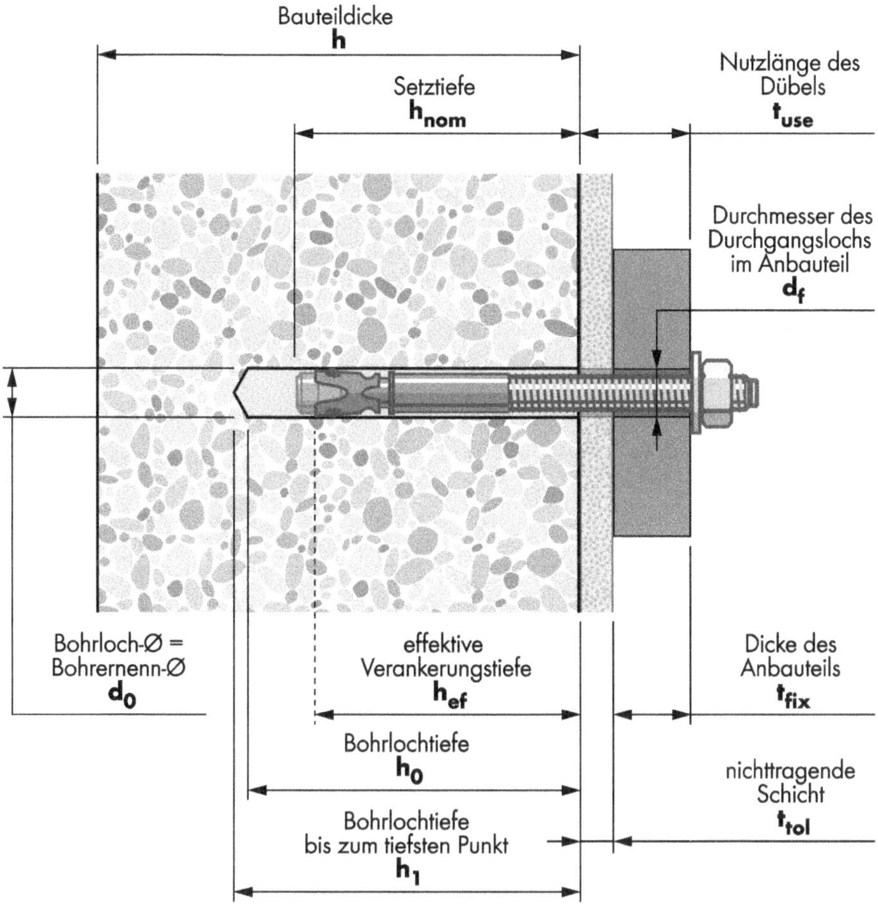

Abbildung 7.2: Definition der wichtigsten Maße im Bereich der Dübeltechnik (Grafik: Adolf Würth GmbH & Co. KG)

Die genannten Werte für die Setztiefe und/oder die Verankerungstiefe finden Sie immer in den Unterlagen der Hersteller.

Die Bezeichnung »nichtragend« im Begriff »nichttragende Schicht« ist hier »Programm«! Auch wenn zum Beispiel ein Putz und/oder Fliesen, die auf dem eigentlichen Verankerungsgrund aufgebracht sind, noch so »hart« und »fest« sein mögen, per Definition haben sie keinen Anteil an der Tragfähigkeit des Dübels.

Die anrechenbare Setztiefe (h_{nom}) bzw. die effektive Verankerungstiefe (h_{ef}) eines Dübels beginnt immer erst an der Oberfläche des eigentlichen Bauteils bzw. des tragenden Verankerungsgrunds!

Nichttragende Schichten dürfen Sie nicht mit zum tragenden Bauteil/Verankerungsgrund dazurechnen!

Nachfolgend erfahren Sie im Detail – jeweils getrennt für die Verankerungsgründe Beton und Mauerwerk – noch etwas detaillierter die Bedeutung folgender Begriffe:

- ✔ (Mindest-)Bauteildicke:

  Welche Abmessungen hat das Bauteil, zum Beispiel die Decke, die Wand oder die Stütze, in dem gedübelt werden soll (siehe hier im Kapitel 7 im Abschnitt »(Mindest-) Bauteildicke«)?

  Dazu gehört im Bereich der Dübeltechnik auch die Positionierung der Dübel im Bauteil, weshalb auch die beiden folgenden Maße wichtig sind:

- ✔ Randabstand:

  Wie groß sind die Abstände der Dübel zu den Rändern eines Bauteils (siehe hier im Kapitel 7 im Abschnitt »Randabstand (c)«)?

- ✔ Achsabstand:

  Wie groß sind die Abstände der Dübel untereinander in einem Bauteil (siehe hier im Kapitel 7 im Abschnitt »Achsabstand (s)«)?

Mit dem Anbauteil oder der sogenannten Ankerplatte, das heißt dem Teil, das Sie am Verankerungsgrund befestigen wollen, befassen wir uns anschließend in Kapitel 8.

(Mindest-)Bauteildicke

Jedes Bauteil wie zum Beispiel eine Mauerwerkswand oder auch eine Betondecke hat eine bestimmte Dicke oder auch eine Decken- bzw. Wandstärke.

Vielleicht hatten Sie ja schon einmal Kontakt zu diesem Thema und Ihnen ist das beim Heimwerken zu Hause auch schon einmal passiert?

Sie bohren in der Wand des einen Zimmers ein Loch, um dort einen Dübel zu setzen, und plötzlich durchbricht der Bohrer die viel zu dünne Wand und die Bohrerspitze schaut im daneben liegenden Zimmer auf einmal aus der Wand heraus … übel, übel!

Für jeden Dübel bzw. jede Dübellänge, den bzw. die Sie einsetzen wollen, gibt es deshalb in der Regel eine zugehörige Mindestbauteildicke, die nicht unterschritten werden darf. Dabei ist die Mindestbauteildicke größer als die Setztiefe (h_{nom}) des Dübels (siehe Abbildung 7.2), damit zum Beispiel auch das zuvor beschriebene Durchbohren eines Bauteils nicht passieren kann.

Die weiteren Details dazu erklären wir Ihnen in den nachfolgenden Abschnitten.

Beton

Unabhängig vom Dübel hat jedes Bauteil eine bestimmte Bauteildicke. In den Unterlagen der Dübelhersteller findet sich dazu in der Regel eine »Mindestbauteildicke« (h_{min}), das heißt die Angabe, wie dick das Bauteil sein muss, in das der Dübel montiert werden darf.

Diese Mindestbauteildicke wird für den Verankerungsgrund Beton durch Montageversuche im Labor ermittelt (Abbildung 7.3).

Abbildung 7.3: Montageversuch zur Ermittlung der Mindestbauteildicke und des Mindestrand- bzw. Achsabstands (Foto: Scheller)

Der Hintergrund dieser Versuche sind auch Trends, sowohl in der Architektur als auch in der Gesellschaft, immer filigraner und ressourcenschonender bauen zu können. Aus »Dübelsicht« wird entsprechend versucht, die Mindestbauteildicken – wie das Wort bereits sagt – auf ein Mindestmaß zu reduzieren. Gleichzeitig sollen dabei aber auch möglichst hohe Lasten – im Sinne der Effizienz – in das jeweilige Bauteil eingeleitet werden können.

In Konsequenz sind die Angaben dazu in den Unterlagen der Hersteller der Dübel heutzutage meist bereits am Limit der Möglichkeiten in Bezug auf die Montage angekommen.

Das bedeutet für Sie, dass eine Verringerung der Mindestbauteildicke in der Praxis schnell zu einem Schaden führen kann, selbst dann, wenn Sie alle restlichen Montageparameter einhalten.

Abbildung 7.3 zeigt nicht etwa gerissenen Beton, wie wir ihn in Kapitel 3 im Abschnitt »Gerissener (Stahl-)Beton« beschrieben haben, sondern beispielhaft die Rissbildung direkt nach der Montage von zwei Dübeln, *ohne* das die beiden Dübel belastet wurden.

Dieser »reine« Montageversuch, wie er üblicherweise von einem Hersteller im Rahmen der Prüfung eines Dübels durchgeführt wird, macht deutlich, dass mindestens einer der drei Parameter

- (Mindest-)Bauteildicke,
- (minimaler) Randabstand (siehe hier in Kapitel 7 im Abschnitt »Randabstand (c)«) oder
- (minimaler) Achsabstand (siehe hier in Kapitel 7 im Abschnitt »Achsabstand (s)«)

nicht beachtet wurde. Für weitere erfolgreiche Versuche im Rahmen der Prüfung der Dübel durch den Hersteller hätte daher mindestens einer der drei genannten Parameter vergrößert werden müssen.

Mauerwerk

In Mauersteinen bezieht sich die Bauteildicke im Bereich der Dübeltechnik meist auf die kleinste Wandstärke, also in der Regel eine Steinbreite der geprüften Mauersteine. Es kann jedoch gerade bei sehr alten historischen Gebäuden auch mehrere Reihen Steine hintereinander geben. Dann handelt es sich fast immer um Vollziegel in einem kleinen Format (siehe in Kapitel 4 im Abschnitt »Mauerziegel: Vollziegel und Hochlochziegel«).

Bei der Kurzbezeichnung der Bauteildicke muss man bei Mauerwerk ein bisschen aufpassen. Im reinen Mauerwerksbau finden Sie Abkürzungen wie die Dicke der Wand (t) und lichte Höhe einer Wand bzw. lichte Geschosshöhe (h), vergleiche DIN EN 1996-1-1 (2013, S. 21 und 23).

In der Dübeltechnik und damit in den meisten Unterlagen der Hersteller wird nach DIBt TR 054 (2019, S. 4) bzw. DIBt TR 064 (2019, S. 5) – wie für Verankerungen im Beton – die

- ✔ Dicke des Bauteiles aus Mauerwerk (Wand) mit »h« und die
- ✔ Mindestbauteildicke des Mauerwerks mit »h_{min}«

bezeichnet.

Randabstand (c)

Sie werden in der Praxis Ihren Dübel entweder mitten in die Fläche einer Wand, einer Decke oder des Bodens setzen oder an eine Kante. Dies kann zum Beispiel in der Nähe einer Fensteröffnung oder auf einer Betonwand – in der »Stirnseite« – der Fall sein. Hier haben wir es dann mit dem Abstand zum Rand, das heißt zur Kante, zu tun, dem Randabstand. Dabei gibt es Unterschiede für die Verankerungsgründe Beton und Mauerwerk. Diese werden wir uns nachfolgend im Detail anschauen.

Beton

Der Randabstand, abgekürzt mit dem Buchstaben »c«, ist der Abstand zwischen Bohrlochmittelpunkt und Bauteilrand. Je nach Richtung wird er mit dem Index 1 oder 2 bezeichnet (Abbildung 7.4), da bei der Montage in einer Bauteilecke durchaus zwei unterschiedliche Randabstände beachtet werden müssen.

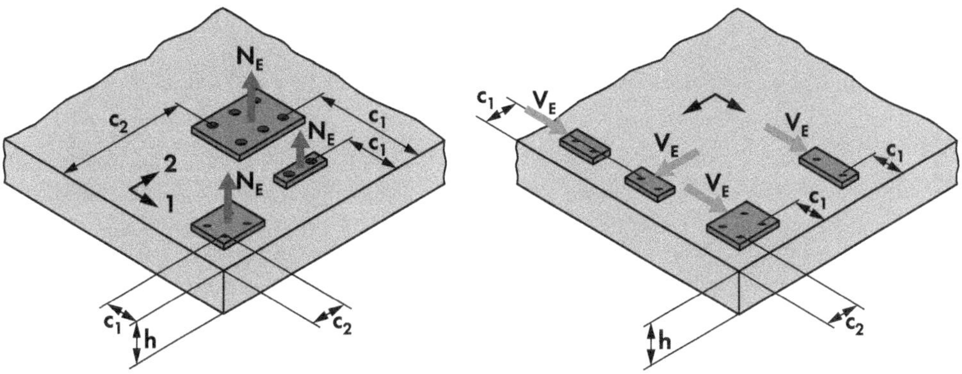

a) Zuglast (N) b) Querlast (V)

Abbildung 7.4: Definition der Randabstände bei a) Zuglast und b) Querlast nach DIN EN 1992-4 (2019, S. 29) (Grafik hier: Adolf Würth GmbH & Co. KG)

Bei Querlasten (V) erhält die Richtung senkrecht zum Bauteilrand den Index 1, für welchen Rand der statische Nachweis geführt wird. Die Richtung senkrecht zu Richtung 1 erhält den Index 2.

Neben den Randabständen in unterschiedliche (Last-) Richtungen werden per Definition zwei »Arten« von Randabständen unterschieden, die in den beiden Folgeabschnitten erläutert werden.

Minimaler Randabstand (c_{min})

Der minimale Randabstand (c_{min}) bezeichnet den kleinstmöglichen Abstand, mit dem der Dübel zum Bauteilrand montiert werden kann. Dieser wird – wie bereits in Abbildung 7.3 gezeigt – von den Herstellern durch Montageversuche an einem Anbauteil mit zwei Dübeln ermittelt und stellt in der Regel ein absolutes Limit in Bezug auf die Montage zweier Dübel dar.

Der minimale Randabstand (c_{min}) wird in in den entsprechenden Unterlagen der Dübelhersteller ausgewiesen; er darf im Regelfall von Ihnen aus Gründen der Sicherheit nicht unterschritten werden.

Charakteristischer Randabstand (c_{cr})

Neben dem minimalen Randabstand ist der charakteristische Randabstand (c_{cr}) von Bedeutung. Dieser Randabstand ist im Gegensatz zum minimalen Randabstand ein theoretischer Wert zur Berechnung der Tragfähigkeit eines Dübels.

Dieser theoretische Wert wurde aus zahlreichen Laborversuchen abgeleitet. Dabei wurden Dübel ohne Randeinfluss, also Dübel, die – ausreichend weit von Bauteilrändern entfernt – in ein Betonbauteil eingebaut waren, bis zum Versagen auf Zug belastet. Vielfach versagte in diesen Versuchen der Verankerungsgrund Beton, der – wie wir in Kapitel 3 im Abschnitt »Gerissener (Stahl-)Beton« festgestellt haben – nur eine vergleichbar geringe Zugfestigkeit hat.

Das Versagensbild eines solchen Zugversuchs zeigt beispielhaft Abbildung 7.5 in Form eines Betonausbruchkegels, dessen Radius im Durchschnitt mit dem Produkt $1{,}5 \cdot h_{ef}$ beschrieben werden kann (mit h_{ef} = effektive bzw. wirksame Verankerungstiefe des Dübels).

Abbildung 7.5: Vollständiger Betonausbruch eines Metalldübels (Foto: Petter)

Mehr als diesen Radius kann ein einzelner Dübel im Verankerungsgrund Beton nicht »aktivieren« bzw. »ausnutzen«.

Die Höchstlast eines Einzeldübels im Beton kann nur dann erreicht werden, wenn der Dübel zu Bauteilrändern (und anderen Dübeln) mindestens den oben genannten Radius als Abstand hat, den charakteristischen Randabstand $c_{cr} = 1{,}5 \cdot h_{ef}$.

Für eine Dübelbefestigung kann der charakteristische Randabstand (c_{cr}) – eine entsprechende Dübelbemessung vorausgesetzt – im Regelfall bis auf den minimalen Randabstand (c_{min}) reduziert werden. Damit kann sich aber nicht mehr der volle Betonausbruchkegel ausbilden, wie Abbildung 7.6 zeigt.

Dadurch reduziert sich die Tragfähigkeit des Dübels, weshalb der charakteristische Randabstand (c_{cr}) in manchen Literaturquellen auch als »kritischer Randabstand« bezeichnet wird.

Diese Reduzierung der Tragfähigkeit muss bei der Dübelbemessung unbedingt berücksichtigt werden.

Dass ein Dübel zwischen dem charakteristischen Randabstand (c_{cr}) und dem minimalen Randabstand (c_{min}) in der Regel keine volle Tragfähigkeit besitzt, stellt den »Regelfall« dar. Es gibt jedoch Ausnahmen.

Es kann bei einem Dübel, der bei der Montage sehr große Spreizkräfte entwickelt, vorkommen, dass der charakteristische Randabstand kleiner ist als der minimale Randabstand, da der Dübel aufgrund der großen Spreizkräfte nicht näher am Rand montiert werden kann (siehe Kapitel 11 im Abschnitt »Einschlagdübel«).

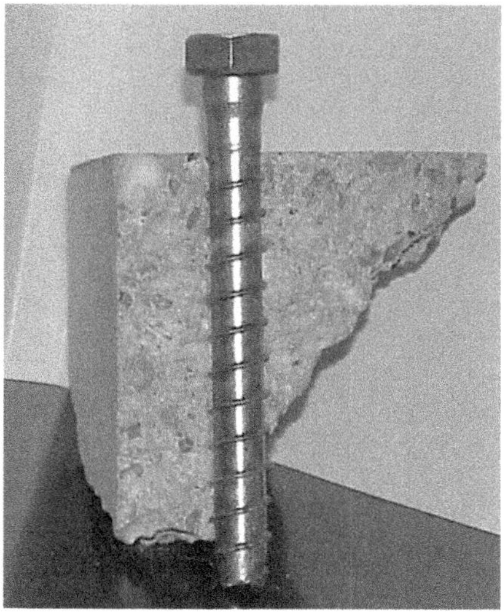

Abbildung 7.6: Reduzierter Ausbruchkegel einer Befestigung mit geringem Randabstand (Foto: Küenzlen)

Mauerwerk

In Mauerwerk unterscheiden sich die Begrifflichkeiten etwas vom Beton.

Hier kann es vorkommen, dass das »Bauteil« ein einziger Stein im Wandverband ist, wenn die vertikalen Fugen im Verband nicht mit Mörtel ausgefüllt sind. Das heißt, nach DIBt TR 54 (2019, S. 4) entspricht der Randabstand c hier dem Randabstand zum freien Rand des Mauersteins.

Dieser freie Rand kann also entweder die Wandkante oder die nächstliegende vertikale Fuge sein, die nicht mit Mörtel ausgefüllt ist.

Hier ist dann der minimale Randabstand c_{min} entweder zur Wandkante oder zur nicht ausgefüllten vertikalen Fuge einzuhalten. Das bedeutet, dass die Fugen dann als freie Kante zu betrachten sind und der Mindestabstand zur Fuge $c \geq c_{min}$ sein muss (Abbildung 7.7).

Auch in Mauerwerk gibt es im Bereich der Dübeltechnik einen charakteristischen Randabstand, der mit $c_{cr} = 1{,}5 \cdot h_{ef}$ definiert wird (mit h_{ef} = effektive bzw. wirksame Verankerungstiefe des Dübels).

Auch hier können Sie davon ausgehen, dass ein einzelner Dübel nur dann die maximale Tragfähigkeit im Verankerungsgrund erreicht, wenn c_{cr} eingehalten wird, da nur dieser Randabstand einen vollständigen kegelförmigen Steinausbruch (Abbildung 7.8) zulässt.

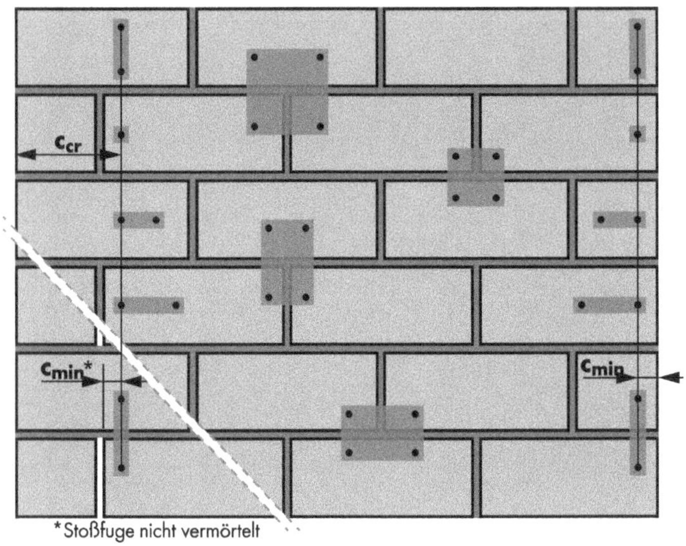

c_{cr} = Charakteristischer Randabstand
c_{min} = Minimaler Randabstand

Abbildung 7.7: Darstellung der Randabstände in einem Mauerwerksverband für Metall-Injektionsanker (Grafik: Adolf Würth GmbH & Co. KG)

Abbildung 7.8: Vollständiger Steinausbruch eines Injektionsdübels in Mauerwerk (Foto: Küenzlen)

Mehr als einen Ausbruchkegel mit dem Radius $1{,}5 \cdot h_{ef}$ kann ein einzelner Dübel auch im Verankerungsgrund Mauerwerk nicht »aktivieren« bzw. »ausnutzen«.

Achsabstand (s)

Sie werden in der Praxis häufig nicht nur einen, sondern mehrere Dübel setzen. Hier haben wir es dann mit dem Abstand zwischen den Dübeln zu tun, dem Achsabstand. Dabei gibt es Unterschiede für die Verankerungsgründe Beton und Mauerwerk. Diese werden wir uns nachfolgend im Detail anschauen.

Beton

Der Achsabstand, abgekürzt mit dem Buchstaben »s«, ist der Abstand zwischen Bohrlochmittelpunkt eines Dübels und dem Bohrlochmittelpunkt des nächstgelegenen Dübels. Je nach Richtung wird er mit dem Index 1 oder 2 bezeichnet (Abbildung 7.9), da bei der Montage einer Dübelgruppe aus beispielsweise vier Dübeln durchaus unterschiedliche Achsabstände beachtet werden müssen.

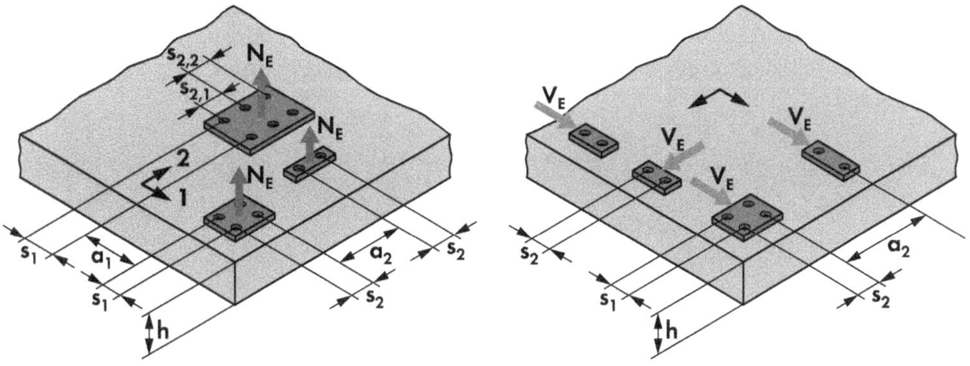

a) Zuglast (N) b) Querlast (V)

Abbildung 7.9: Definition der Achsabstände bei a) Zuglast und b) Querlast nach DIN EN 1992-4 (2019, S. 29) (Grafik hier: Adolf Würth GmbH & Co. KG)

Bei Querlasten (V) erhält die Richtung senkrecht zum Bauteilrand den Index 1, für welchen Rand der statische Nachweis geführt wird. Die Richtung senkrecht zu Richtung 1 erhält den Index 2.

Neben den Achsabständen in unterschiedliche (Last-)Richtungen werden – sinngemäß wie bei den Randabständen – per Definition zwei »Arten« von Achsabständen unterschieden, die in den beiden Folgeabschnitten erläutert werden.

Minimaler Achsabstand (s_{min})

Der minimale Achsabstand (s_{min}) bezeichnet den kleinstmöglichen Abstand, mit dem

- ✔ Dübel innerhalb einer Dübelgruppe oder
- ✔ mehrere Einzeldübel/Gruppen zueinander

montiert werden können.

Dieser minimale Achsabstand wird – wie bereits in Abbildung 7.3 gezeigt – von den Herstellern durch Montageversuche mit einem Anbauteil mit zwei Dübeln ermittelt und stellt in der Regel ein absolutes Limit in Bezug auf die Montage zweier Dübel dar.

Der minimale Achsabstand (s_{min}) wird in den Unterlagen der Dübelhersteller ausgewiesen; er darf im Regelfall von Ihnen nicht unterschritten werden.

Charakteristischer Achsabstand (s_{cr})

Neben dem minimalen Achsabstand ist der charakteristische Achsabstand (s_{cr}) von Bedeutung. Dieser Achsabstand ist im Gegensatz zum minimalen Achsabstand ein theoretischer Wert zur Berechnung der Tragfähigkeit eines Dübels. Auch dieser theoretische Wert wurde aus zahlreichen Laborversuchen abgeleitet (vergleiche hier im Kapitel 7 im Abschnitt »Charakteristischer Randabstand (c_{cr})«).

Abbildung 7.10 zeigt schematisch die Anordnung eines Einzeldübels und einer Dübel-Vierergruppe, für die sich jeweils die vollen Betonausbruchkegel unter Zugbelastung ausbilden können.

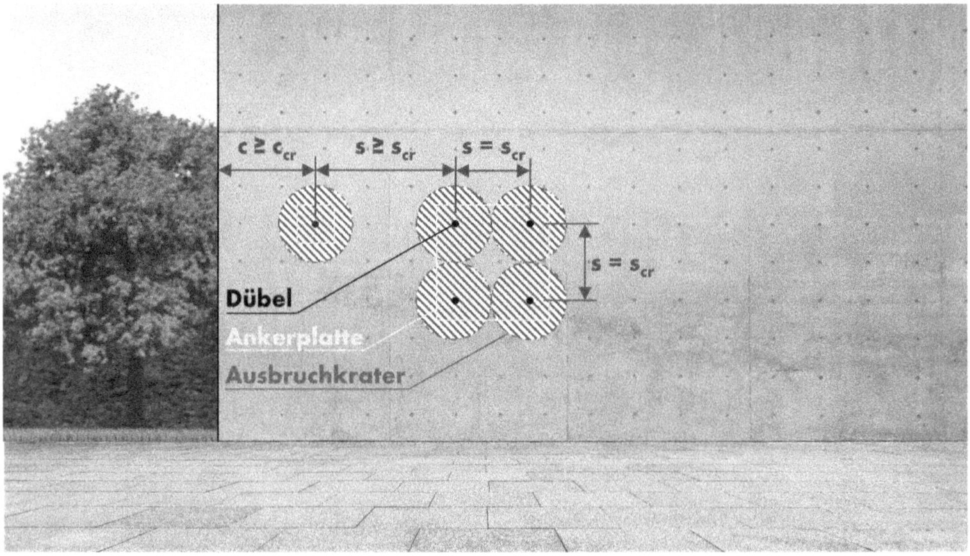

Abbildung 7.10: Einzeldübel und Dübel-Viergruppe: Einhaltung der charakteristischen Rand- und Achsabstände (Foto: Adolf Würth GmbH & Co. KG; Collage: Scheller)

Sollen zwei »benachbarte« Dübel in einem Betonbauteil jeweils die volle Tragfähigkeit im Verankerungsgrund »aktivieren« bzw. »ausnutzen«, so müssen beide Dübel mindestens so weit voneinander entfernt sein, dass sich bei jedem Dübel der volle Betonausbruchkegel mit dem Radius 1,5 · h_{ef} ausbilden kann. Das bedeutet, dass die Dübelachsen mindestens einen Abstand vom Zweifachen des Radius des Betonausbruchkegels haben müssen, den charakteristischen Achsabstand $s_{cr} = 2 \cdot (1{,}5 \cdot h_{ef})$ bzw. $s_{cr} = 3{,}0 \cdot h_{ef}$.

Für eine Dübelbefestigung kann der charakteristische Achsabstand (s_{cr}) – eine entsprechende Dübelbemessung vorausgesetzt – im Regelfall bis auf den minimalen Achsabstand (s_{min}) reduziert werden. Damit können sich aber nicht mehr die vollen Betonausbruchkegel der »benachbarten« Dübel ausbilden. Je näher die Dübel zusammenrücken, desto mehr vom Verankerungsgrund müssen sie sich »teilen«, wie Abbildung 7.10 zeigt. Dadurch reduziert sich die Tragfähigkeit der »benachbarten« Dübel, weshalb der charakteristische Achsabstand (s_{cr}) in manchen Literaturquellen auch als »kritischer Achsabstand« bezeichnet wird.

Diese Reduzierung der Tragfähigkeit muss bei der Dübelbemessung unbedingt berücksichtigt werden.

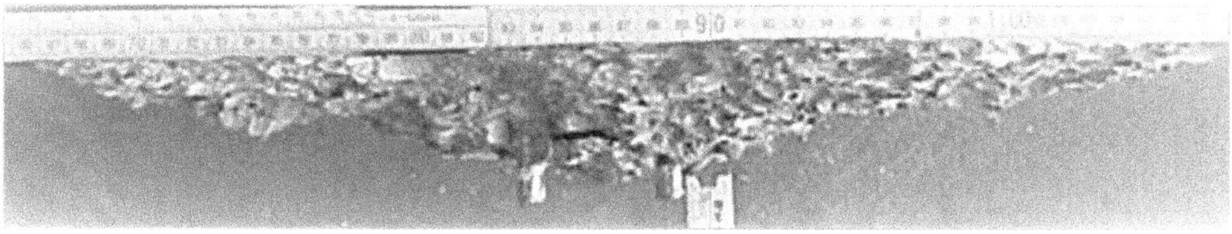

Abbildung 7.11: Betonausbruchkörper einer Dübel-Vierergruppe mit einem Achsabstand $s_{vorh} < s_{cr}$: Überlagerung der Ausbruchkegel – Reduzierung des tragenden Verankerungsgrunds jedes einzelnen Dübels (Foto: Küenzlen)

In den Unterlagen der Dübelhersteller finden Sie in der Regel nur, was Ihr Dübel bei charakteristischem Achsabstand (s_{cr}) halten kann. Sie finden keine Werte für Haltekräfte zwischen minimalem Achsabstand (s_{min}) und s_{cr}! Diese Werte werden in der Praxis mittels einer Software der Dübelhersteller berechnet – bemessen – und nur in sehr seltenen Fällen noch als Tabellen angeboten.

BEISPIEL

Diese Bemessung kann dann manchmal auch ergeben, dass ein einzelner Dübel mit großer Verankerungstiefe ohne Randeinfluss eine höhere Tragfähigkeit hat (weil sich der volle Betonausbruchkegel ausbilden kann) als vier Dübel mit geringerer Verankerungstiefe in einer Ankerplatte mit sehr geringem Achsabstand, bei dem sich vier Ausbruchkegel überschneiden.

Weitere Beispiele, bei dem sich die Betonausbruchkegel voll ausbilden können bzw. sich überschneiden, sind schematisch in Abbildung 7.12 dargestellt.

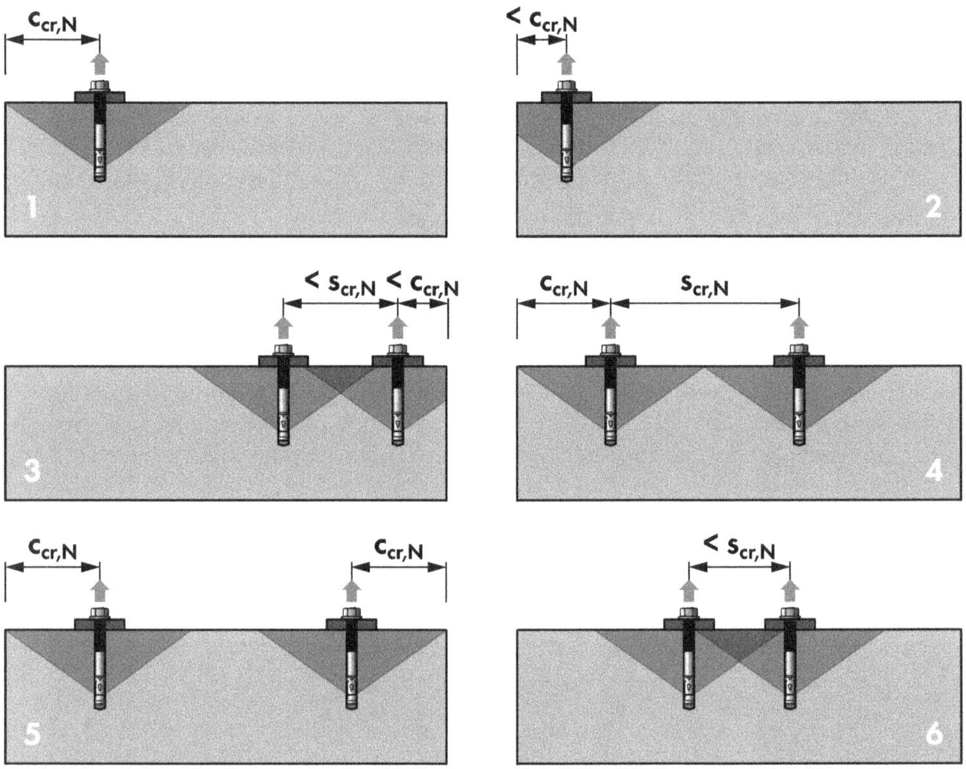

Abbildung 7.12: Beispiele für die vollständige Ausbildung von Betonausbruchkegeln (1, 4, 5), die die volle Tragfähigkeit der einzelnen Dübel ermöglichen, und Beispiele für die Überschneidung oder das Abschneiden von Betonausbruchkegeln (2, 3, 6), die oder das zu einer reduzierten Tragfähigkeit der einzelnen Dübel führt (Grafik: Adolf Würth GmbH & Co. KG)

Mauerwerk

Für Befestigungen in Mauerwerk gibt es – wie für Verankerungen in Beton – einen minimalen Achsabstand (s_{min}) und einen charakteristischen Achsabstand (s_{cr}).

Der charakteristische Achsabstand wird aber nach DIBt TR 54 (2019, S. 4) zusätzlich auch noch nach Lage zur Fuge unterschieden (siehe in Abbildung 7.13).

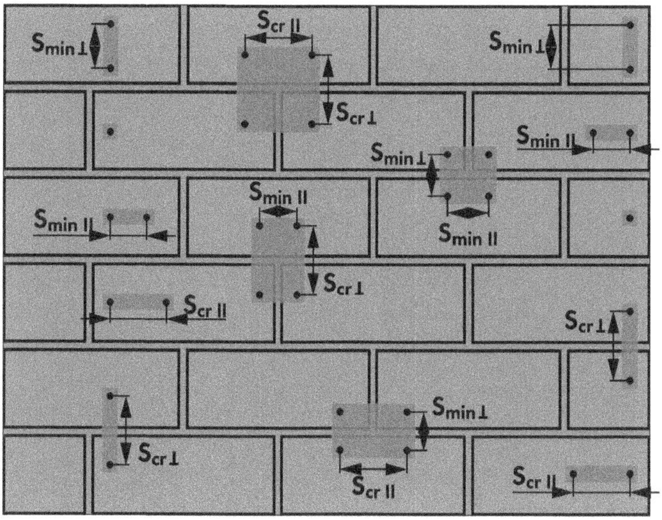

s_{cr} = Charakteristischer Achsabstand
s_{min} = Minimaler Achsabstand
$s_{cr,||}$ ($s_{min,||}$) = Charakteristischer (minimaler) Achsabstand für Anker parallel zur horizontalen Lagerfuge angeordnet
$s_{cr,\perp}$ ($s_{min,\perp}$) = Charakteristischer (minimaler) Achsabstand für Anker senkrecht zur Lagerfuge angeordnet

Abbildung 7.13: Darstellung der Achsabstände in einem Mauerwerksverband für Metall-Injektionsanker (Grafik: Adolf Würth GmbH & Co. KG)

Regelungen für professionelle Kunststoffdübel

Die Bezeichnungen der Bauteilabmessungen für professionelle Kunststoffdübel sind in Abbildung 7.14 dargestellt. Hierbei ist Folgendes zu beachten:

- ✔ Der Achsabstand benachbarter Dübel einer Dübelgruppe wird mit dem Buchstaben »a« bezeichnet.
- ✔ Für Verankerungen in Beton wird nicht zwischen s_1 und s_2 unterschieden. In den Unterlagen der Dübelhersteller für Kunststoffdübel wird der Achsabstand innerhalb einer Dübelgruppe für Verankerungen in Beton in der Regel nur mit s angegeben.

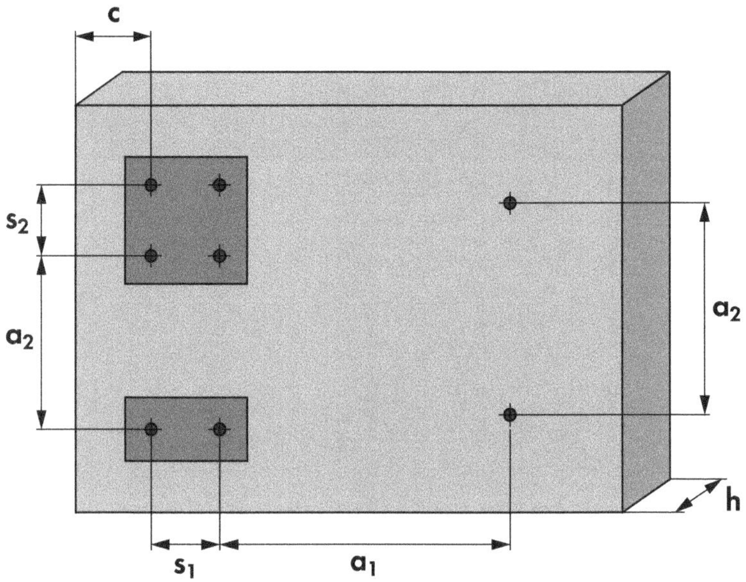

Abbildung 7.14: Definition der Bauteilabmessungen für zugelassene Kunststoffdübel nach EOTA EAD 330284-00-0604 (2021) (Grafik hier: Adolf Würth GmbH & Co. KG)

Teil II
Anbauteil bzw. Ankerplatte – Was will ich befestigen?

IN DIESEM TEIL ...

- ✔ Lernen Sie Ihr zu befestigendes Teil mit anderen Augen zu sehen
- ✔ Beschäftigen Sie sich mit den vorgesehenen Bohrungen im Teil, das Sie befestigen sollen
- ✔ Lernen Sie die Begriffe »Einzelbefestigung« und »Mehrfachbefestigung« in den Unterlagen der Hersteller einzuordnen
- ✔ Lernen Sie verschiedene Arten der Montage kennen

IN DIESEM KAPITEL

- Geometrie des Anbauteils
- Durchgangsloch
- Lochspiel
- Durchsteckmontage
- Vorsteckmontage
- Abstandsmontage

Kapitel 8
Grundlagen zum Anbauteil

In diesem Kapitel beschäftigen wir uns endlich mit dem Anbauteil bzw. der Ankerplatte, also mit der Konstruktion, die Sie befestigen wollen: Lassen Sie sich eine Klimmzugstange vom Schlosser Ihres Vertrauens individuell anfertigen oder möchten Sie wie in unserem Eingangsbeispiel »einfach« nur eine Klimmzugstange befestigen, die Sie ansonsten komplett vorgefertigt im Geschäft gekauft haben? Die wichtigsten Parameter Ihres Anbauteils stellen dann der Durchmesser der Bohrung, das heißt das Durchgangsloch, dar und die Anordnung der Dübel, wenn es mehr als nur einen Dübel im Anbauteil gibt.

In den vorhergehenden Kapiteln haben wir uns schwerpunktmäßig mit dem Thema »Verankerungsgrund« und den dazugehörigen Fragen beschäftigt:

- ✔ Welcher Verankerungsgrund ist auf der Baustelle vorhanden?
- ✔ Umgebung: Welche äußeren Einflüsse liegen vor?
- ✔ Bauteil-Geometrie: Wo im Verankerungsgrund wird unsere Befestigung angeordnet (in der Fläche oder am Rand)?

Es gibt noch kein Anbauteil

Wenn Ihre persönliche Klimmzugstange (siehe Einführung) bzw. Ihr Anbauteil erst noch hergestellt werden soll, sind die nachfolgenden Schritte häufig einfacher, als wenn Sie ein bereits fertiges Anbauteil im Versandhaus oder Baumarkt kaufen.

Denn wird das Anbauteil individuell für den jeweiligen Anwendungsfall für Sie hergestellt, dann können Sie – zu mindestens in der Theorie – *vor* der Konstruktion alle Lasten (Einwirkungen) bestimmen, die später bei der Benutzung auf die Klimmzugstange oder – allgemein – auf das Anbauteil wirken.

Erst wenn Ihnen alle Einwirkungen bekannt sind, kann für Ihre Befestigungsaufgabe ein Dübelsystem bemessen werden, das dann auch auf den tatsächlich vorhandenen Verankerungsgrund abgestimmt ist.

Aus dieser Bemessung bzw. Berechnung ergeben sich dann

- ✔ die Anzahl der Dübel,
- ✔ die Dübelgröße (Durchmesser) und deren Setztiefe bzw. Verankerungstiefe,
- ✔ der Achsabstand der Dübel,
- ✔ die Größe der Durchmesser der Durchgangslöcher im Anbauteil bzw. in der Ankerplatte und
- ✔ die Anordnung der Durchgangslöcher im Anbauteil bzw. in der Ankerplatte.

Auch wenn durch die zuvor aufgezählten Parameter ein Stück weit die Geometrie des Anbauteils vorgebegeben wird (insbesondere durch die Achsabstände und die Durchmesser der Durchgangslöcher), beschäftigt sich dieses Buch aus Übersichtsgründen ansonsten nicht weiter mit der Dimensionierung des Anbauteils bzw. der Ankerplatte, also hier zum Beispiel dem rechnerischen Nachweis der Klimmzugstange selbst.

Ein Anbauteil ist schon vorhanden

Sie haben schon detailliert etwas im Blick, das befestigt werden soll?

Nehmen wir an, es ist rein zufällig eine Klimmzugstange. Dieses Beispiel sowie viele andere Beispiele, die die Autoren dieses Buches erlebt haben, zeigt, dass sich die Hersteller der Klimmzugstange oder allgemein von Anbauteilen – leider – viel zu oft keine Gedanken über deren Befestigung machen, selbst dann, wenn – wie im Beispiel in der Einführung – der im Versandhaus gekauften fertigen Klimmzugstange bereits Dübel beigepackt waren. Schauen wir uns in Abbildung 8.1 die Klimmzugstange und die beigepackten Dübel endlich einmal an, bisher haben wir ja nur darüber gelesen.

Woher soll der Hersteller oder der Versandhändler der Klimmzugstange auch wissen, aus welchem Verankerungsgrund Ihre Wände zu Hause hergestellt wurden? Dafür gibt es auch einfach zu viele Verankerungsgründe, wie wir bereits im Teil I dieses Buches gesehen haben.

Für Sie bedeutet das aber – zumindest in der Theorie, dass Sie jetzt für die schon vorhandene Klimmzugstange oder allgemein für das Anbauteil ein Dübelsystem finden müssen, das für das vorhandene Anbauteil und den vorhandenen Verankerungsgrund passt und außerdem auch noch ausreichend tragfähig ist.

a) Klimmzugstange

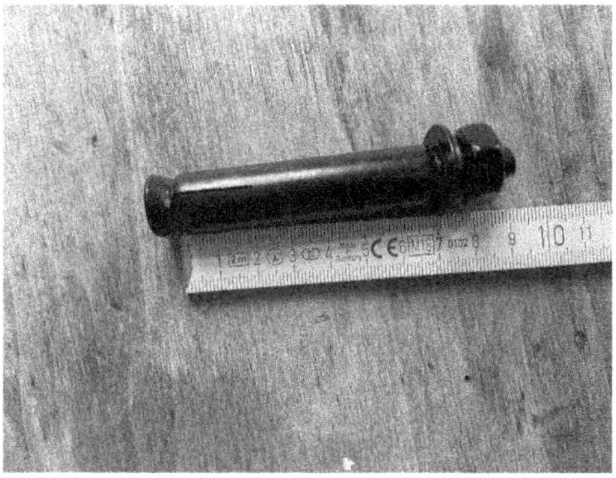

b) Dübellänge

c) Dübeldurchmesser

Abbildung 8.1: Klimmzugstange und beigepackte Dübel aus der Einführung (Foto: keine Nennung gewünscht)

Dann schauen wir uns für das weitere Vorgehen diese Konstruktion einmal unter den folgenden Fragen an:

✔ **Wie dick ist das Anbauteil bzw. die Ankerplatte?**

Von der vorhandenen Anbauteildicke bzw. von der Ankerplattendicke hängt die erforderliche Nutzlänge des einzusetzenden Dübelsystems ab (siehe Abbildung 7.2). Das konzipierte Dübelsystem muss auch mit der entsprechenden Nutzlänge, die auch Klemmstärke genannt wird, lieferbar sein.

✔ **Gibt es Vorgaben in Form einer vorhandenen Bohrung?**

Also ist schon ein sogenanntes »Durchgangsloch«, das heißt eine Bohrung in unserem zu befestigenden Anbauteil, vorhanden, das eine bestimmte Dübelgröße vorgibt?

✔ **Ist das Anbauteil bzw. die Ankerplatte beispielsweise aus Korrosionsschutzgründen mit einer Lackierung, einer galvanischen Verzinkung oder einer Feuerverzinkung versehen?**

Für diesen Fall sollten Sie vorhandene Löcher vorzugsweise nicht weiter aufbohren, um größere Dübel einsetzen zu können. Durch das Aufbohren wird die Lackierung oder der Korrosionsschutz (Verzinkung) des Anbauteils beschädigt.

✔ **Sind eventuell mehrere Löcher in einem Anbauteil/in einer Ankerplatte vorhanden und wie sieht das Lochbild und vor allem wie sehen die Abstände zwischen den Löchern aus?**

Den Abstand zwischen den »Durchgangslöchern« nennt man wie den gleichnamigen Abschnitt im Kapitel 7, den »Achsabstand (s)«. Die gängigen Bemessungsverfahren gelten nur für bestimmte Lochbilder, wie Sie in Tabelle 8.1 sehen werden.

Anordnung der Befestigungen	Art der Befestigung
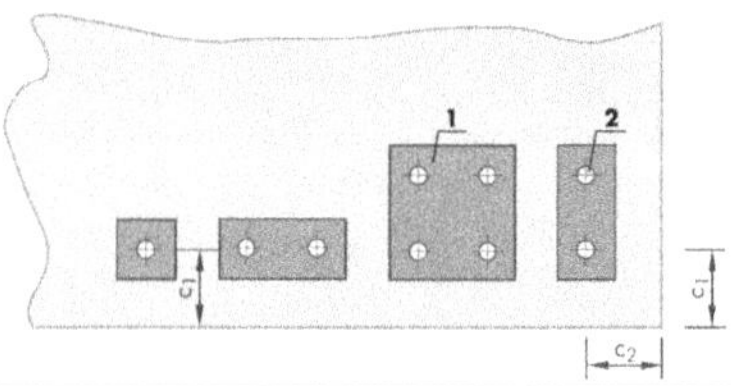	Befestigungen mit Lochspiel für alle Lastrichtungen bei kleinem Randabstand (der größere der beiden Werte ist maßgebend): ✔ $c_i < 10 \cdot h_{ef}$ bzw. ✔ $c_i < 60 \cdot d_{nom}$
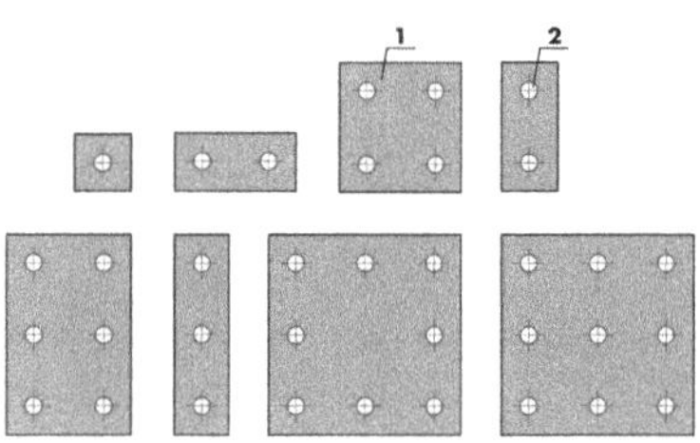	Befestigungen mit Lochspiel für alle Lastrichtungen bei großem Randabstand (der größere der beiden Werte ist maßgebend): ✔ $c_i \geq 10 \cdot h_{ef}$ bzw. ✔ $c_i \geq 60 \cdot d_{nom}$
	Ausschließlich auf Zug beanspruchte Befestigungen mit Lochspiel für alle Lastrichtungen bei kleinem Randabstand (der größere der beiden Werte ist maßgebend): ✔ $c_i < 10 \cdot h_{ef}$ bzw. ✔ $c_i < 60 \cdot d_{nom}$
	Befestigungen ohne Lochspiel für alle Randabstände und für alle Lastrichtungen

Legende:

1 Stahlplatte

2 Dübel

c_1 Randabstand in Richtung 1

c_2 Randabstand in Richtung 2, dabei ist Richtung 2 senkrecht zur Richtung 1

h_{ef} effektive Verankerungstiefe (vergleiche Abbildung 7.2 in Kapitel 7 im Abschnitt »Wichtige Begriffe und Maße im Bereich der Dübeltechnik«)

d_{nom} Außendurchmesser des Befestigungselements (vergleiche Fußnote 1 in Tabelle 8.2)

mit Lochspiel: Für Befestigungen *mit* Lochspiel müssen die Werte der Tabelle 8.2 hier im Kapitel 8 im Abschnitt »Durchgangslöcher« im Anbauteil eingehalten werden.

ohne Lochspiel: Für Befestigungen *ohne* Lochspiel muss jeder Spalt zwischen Dübel und Anbauteil mit Mörtel ausreichender Druckfestigkeit (≥ 40 N/mm^2) gefüllt oder durch andere geeignete Maßnahmen beseitigt werden (DIN EN 1992-4, 2019, S. 41).

Tabelle 8.1: Mögliche Anordnungen von Befestigungen mit Dübeln, die nach DIN EN 1992-4 (2019, S. 10) bemessen werden können (Grafiken: Adolf Würth GmbH & Co. KG)

Nach DIN EN 1992-4 (2019, S. 9) dürfen für Metalldübel zur Verankerung im Beton in einem Anbauteil nur Dübel gleicher Art und Größe (Durchmesser und Setztiefe bzw. Verankerungstiefe, siehe Abbildung 7.2) verwendet werden, damit ein Nachweis entsprechend der Norm durchgeführt werden kann.

Auch wenn diese Grundvoraussetzung nicht explizit im gängigen Regelwerk für Metall-Injektionsanker zur Verankerung im Mauerwerk nach DIBt TR 054 (2019) und für Kunststoffdübel nach DIBt TR 064 (2019) genannt ist, so gilt sie auch für diese Dübelsysteme gleichermaßen.

Sie dürfen also in einer Gruppe von Befestigungselementen (siehe Kapitel 11 bis 14) keine verschiedenen Befestigungsmittel und unterschiedliche Dübelgrößen mischen.

Diese Einschränkung liegt vor allem daran, dass verschiedene Dübelsysteme und unterschiedliche Dübelgrößen auch unterschiedliche Steifigkeiten aufweisen, das heißt, dass sie sich bei einer Belastung unterschiedlich verformen. Mischt man nun die Systeme und/oder die Dübelgrößen, ist es aktuell in der Regel gar nicht möglich, die Lastaufteilung durch die unterschiedliche Verformung zu bestimmen.

Details zur Planung und Beurteilung Ihres Anbauteils

Einige wichtige Begriffe haben Sie in den vorherigen Abschnitten schon gelesen. Nun schauen wir uns im Detail an, was hinter diesen Begriffen steckt und was Sie beachten müssen, wenn Sie ein Anbauteil neu planen wollen bzw. ein bereits vorhandenes Anbauteil beurteilen müssen.

Lochbilder im Anbauteil – Anordnung der Befestigungen

Sind mehrere Dübellöcher in einem Anbauteil vorgesehen bzw. erforderlich, so gibt es auch zu den Lochbildern Vorgaben im aktuell geltenden Regelwerk. Zwar können Sie beliebige Dübelanordnungen ausführen und entsprechende Anbauteile beim Metallbauer Ihres Vertrauens beauftragen (Abbildung 8.2), allerdings ist zum Beispiel ein rechnerischer Nachweis für Metalldübel zur Verankerung in Beton »direkt« nach DIN EN 1992-4 (2019) nur für die in Tabelle 8.1 dargestellten Lochanordnungen der Anbauteile möglich.

Wir empfehlen Ihnen, dass Anbauteile, die mit Metalldübeln in Beton verankert werden, vorzugsweise entsprechend Tabelle 8.1 ausgeführt werden. Andernfalls werden zusätzliche ingenieurmäßige Betrachtungen und Berechnungen erforderlich, die zum Beispiel Dübelhersteller über ihre Dübelsoftware auf Grundlage von fib (2010) anbieten. Dies erfordert jedoch einen zusätzlichen Aufwand nur weil das Anbauteil anders aussehen soll. Aus diesem Grund gehen wir in diesem Buch auch nicht weiter auf andere Anordnungen von Lochbildern ein.

a) b)

Abbildung 8.2: In der Fertigung mögliche, aber nicht vom derzeit geltenden Regelwerk abgedeckte Dübelanordnungen in Anbauteilen (Fotos: Küenzlen)

Montagearten – Auf welche Art wird der Dübel montiert?

Es kann Fälle geben, bei denen Sie bereits durch die Bohrung im Anbauteil die Art der Dübelmontage festlegen und damit verschiedene Dübelsysteme bereits von der Montage ausschließen. Vom Durchmesser der Durchgangslöcher (siehe Abbildung 7.2 in Kapitel 7 im Abschnitt »Wichtige Begriffe und Maße im Bereich der Dübeltechnik«) hängt also auch die Art der Montage ab, das heißt, ob der Dübel in

- ✔ Vorsteckmontage (Abbildung 8.3a) oder in
- ✔ Durchsteckmontage (Abbildung 8.3b)

montiert werden soll/kann. Eine weitere Möglichkeit der Montage ist eine

- ✔ Abstandsmontage (Abbildung 8.3c),

wobei bevorzugt der Dübel gegen den Verankerungsgrund verspannt und das Anbauteil mittels zweier weiterer Muttern befestigt werden sollte (siehe Abbildung 8.3c und Abbildung 8.4).

Für viele Dübelsysteme ist entweder eine Vorsteck- oder eine Durchsteckmontage möglich. Näheres dazu finden Sie auch immer in den Unterlagen der Hersteller.

Eine Abstandsmontage ist mit relativ wenigen Dübeln möglich.

Entsprechend kann auch die Montageart die Dübelauswahl beeinflussen. Daher werden in den beiden Folgeabschnitten zwei weitere Praxisbeispiele gezeigt und ein paar Tipps gegeben bzw. Entscheidungskriterien aufgezeigt, wann eine Vorsteckmontage sinnvoll und wann gegebenenfalls eine Durchsteckmontage besser ist.

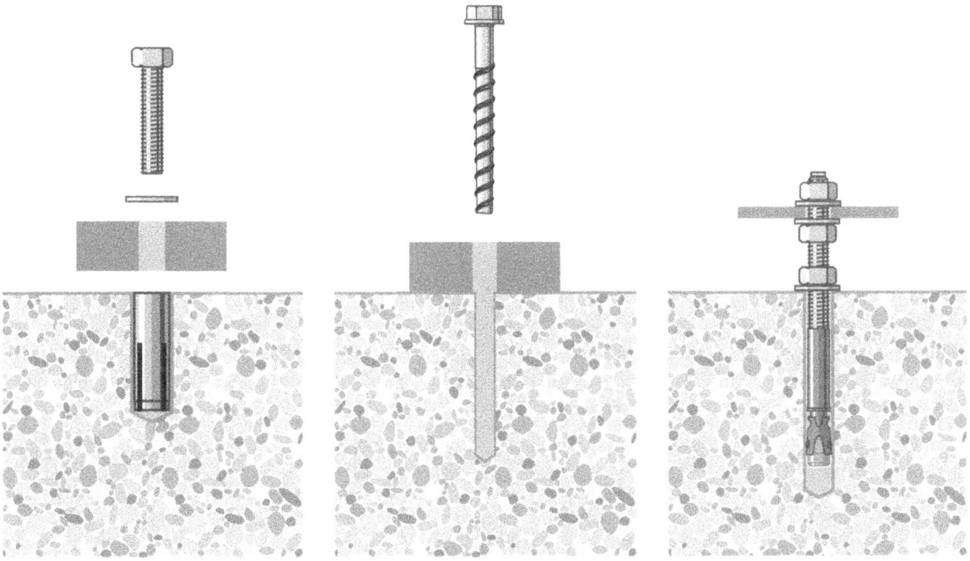

a) Vorsteckmontage: Dübel wird vorgesteckt, das Anbauteil nachträglich befestigt.

b) Durchsteckmontage: Dübel wird durch das Anbauteil gesteckt/montiert.

c) Abstandsmontage: Anbauteil wird im Abstand zum Verankerungsgrund montiert.

Abbildung 8.3: Montagearten (Grafiken: Adolf Würth GmbH & Co. KG)

Abbildung 8.4: Abstandsmontage mit Injektionsdübeln bei einem Tor (Foto: Küenzlen)

Vorsteckmontage

Abbildung 8.5 zeigt die Befestigung von Konsolen für ein Klimagerät. Zumindest bei der Montage ist die Erstellung der Bohrlöcher senkrecht zur Oberfläche des Verankerungsgrunds durch das Anbauteil nicht ausführbar (Abbildung 8.5c). Eine »reine« Durchsteckmontage (also nicht nur das Setzen des Dübels, sondern auch die Erstellung des Bohrlochs durch das Anbauteil hindurch) ist hier daher nicht möglich.

a) Ansicht

b) Detail

c) Bohrlocherstellung senkrecht durch das Anbauteil nicht möglich!

Abbildung 8.5: Befestigung von Konsolen zum Beispiel für ein Klimagerät (Fotos: Scheller)

Der Vorteil der Vorsteckmontage ist, dass Sie die genaue Lage des Anbauteils und der Bohrlöcher ungehindert markieren können, ohne dabei von einem zum Beispiel sehr großen oder »sperrigen« Anbauteil gestört zu werden. Anschließend können Sie dann ohne Unterbrechung alle Bohrlöcher senkrecht zum Verankerungsgrund erstellen und nach der vorgeschriebenen Bohrlochreinigung alle Dübel setzen.

Anbauteile mit besonderen Oberflächen (zum Beispiel bereits fertig lackierte Stützen) können in dieser Zeit noch – vor Staub und Beschädigungen geschützt – andernorts zwischengelagert werden.

Bei Anbauteilen mit mehreren Dübellöchern müssen Sie die Bohrungen und die Dübel präzise setzen, damit zum Beispiel die Ankerplatte über die schon gesetzten Ankerstangen »gefädelt« werden kann.

Durchsteckmontage

Abbildung 8.6 zeigt die Befestigung einer Stahltreppe. Bei der Montage einer solchen großen und schweren Stahltreppe werden Sie ein Interesse daran haben, die komplette Treppe – nach Möglichkeit – einmal hinzustellen, auszurichten und dann sofort in Durchsteckmontage an der Wand zu befestigen. Die vielen Löcher in der Treppenwange über bereits in Vorsteckmontage gesetzte Ankerstangen »einzufädeln« ist kaum möglich, da Sie die vielen Ankerstangen vermutlich nicht so präzise montieren können.

a) b)

Abbildung 8.6: Befestigung einer Stahltreppe in Durchsteckmontage (Fotos: Scheller)

Der Vorteil der Durchsteckmontage ist daher das Bohren und Setzen des Dübels direkt durch das Anbauteil, ohne dass Sie das Anbauteil zwischendurch wieder absetzen müssen. Eine Durchsteckmontage kann daher bei großen und schweren Bauteilen die Montage erleichtern, also zum Beispiel bei Treppenwangen oder vormontierten Geländern mit mehreren Pfosten und Ankerplatten.

Die Durchsteckmontage ist nur bei einzelnen Injektionssystemen (siehe jeweilige Unterlagen der Hersteller) möglich!

Ist bei einem Injektionssystem die Durchsteckmontage vom Hersteller erlaubt, müssen Sie darauf achten, dass Sie die Ankerstange während der Aushärtezeit nicht bewegen oder belasten.

Mehr zu derartigen Injektionssystemen finden Sie in Kapitel 12 und Kapitel 14.

Durchgangslöcher im Anbauteil

Abbildung 8.7 zeigt das Beispiel einer Fehlanwendung, bei der das Lochspiel, man könnte auch sagen der freie Platz, zwischen Dübel und Durchgangsloch im Anbauteil offensichtlich zu groß ist. Derart, wie die zusätzlich angeordnete große Unterlegscheibe bereits in das Durchgangsloch hineingezogen wird, ist fraglich, ob hier noch eine planmäßige Kraftübertragung aus dem Anbauteil in den Dübel dauerhaft gewährleistet werden kann.

Abbildung 8.7: Fehlanwendung: Beispiel für zu großes Lochspiel zwischen Dübel und Durchgangsloch im Anbauteil (Foto: Scheller)

Insbesondere bei Querbelastung des Dübels müsste gegebenenfalls auch noch mit großen Verschiebungen gerechnet werden, wenn die Durchgangsbohrung im Anbauteil deutlich zu groß ist, bis der Dübel am Anbauteil anliegt und die Kräfte übertragen werden können.

Grundsätzlich muss der Durchmesser des Durchgangsloch in Ihrem Anbauteil natürlich etwas größer sein als der Durchmesser des Dübels, damit eine korrekte Montage möglich ist.

BEISPIEL

Je nach Montageart (siehe hier im Kapitel 8 im Abschnitt »Montagearten – Auf welche Art wird der Dübel montiert?«) und verwendetem Dübelsystem wird beispielsweise

- der ganze Dübel durch das Anbauteil hindurch gesteckt (Betonschraube, siehe Abbildung 11.15) oder
- auch nur eine Schraube gesetzt, die in das Innengewinde eines bündig mit dem Verankerungsgrund gesetzten Dübels eingeschraubt wird (Einschlagdübel, siehe Abbildung 11.8).

Damit eine entsprechende Dübelbemessung nach dem vorliegenden Regelwerk durchgeführt werden kann, ist es also unerlässlich, dass das Lochspiel zwischen der zuvor beispielhaft genannten Betonschraube oder der genannten Schraube für den Einschlagdübel und dem Durchgangsloch im Anbauteil nicht zu groß gewählt wird. Die maximal zulässigen Durchmesser des Durchgangslochs im Anbauteil d_f (siehe Abbildung 7.2) zeigt Ihnen in Abhängigkeit der Dübelgröße Tabelle 8.2. Den zu Ihrem Dübelsystem passenden Lochdurchmesser finden Sie immer in den Unterlagen des Herstellers.

	Dübel- bzw. Gewindedurchmesser im Bereich des Anbauteils in mm 1)											
	6	**8**	**10**	**12**	**14**	**16**	**18**	**20**	**22**	**24**	**27**	**30**
Maximal zulässiger Durchmesser d_f des Durchgangslochs im Anbauteil in mm	7	9	12	14	16	18	20	22	24	26	30	33

1) Entspricht zum Beispiel Nenndurchmesser des Bolzens bzw. des Gewindes bei Bolzenankern (Abbildung 11.1) bzw. Nenndurchmesser der Dübelhülse bei Hülsenankern (Abbildung 11.6) bzw. Nenndurchmesser des (Außen-)Gewindes der Ankerstange bei Injektionssystemen (Abbildung 12.2 oder Abbildung 12.8).
*) Der Durchmesser im Durchgangsloch für Kunststoffdübel wird in der Regel bei den Prüfungen durch den Dübelhersteller festgelegt (zum Beispiel für Durchsteckmontage: Außendurchmesser der Kunststoff-Dübelhülse + 0,5 mm; vergleiche EOTA EAD 330284-00-0604, 2021, S. 47) und dann entsprechend in den Unterlagen für den Kunststoffdübel ausgewiesen. Dieser Durchmesser d_f darf nicht überschritten werden.

Tabelle 8.2: Maximal zulässiger Durchmesser des Durchgangslochs im Anbauteil d_f für Metalldübel nach DIN EN 1992-4 (2019, S. 41) und Metall-Injektionsanker zur Verankerung im Mauerwerk nach DIBt TR 054 (2019, S. 6) *)

DIN EN 1992-4 (2019, S. 41) führt aus, dass in dieser Norm »nur Befestigungen ohne Lochspiel oder mit Lochspiel in Richtung der Querlast nach Tabelle 6.1« (hier im Buch Tabelle 8.2) behandelt werden und gibt folgende Anmerkung:

> »Anwendungen, [...] in denen jeder Spalt zwischen dem Befestigungselement und dem Anbauteil mit Mörtel ausreichender Druckfestigkeit ($\geq 40\ N/mm^2$) gefüllt oder durch eine andere geeignete Maßnahme beseitigt wurde, gelten als Befestigungen ohne Lochspiel«.

Als »ausreichend druckfest« würde der in Abbildung 12.8 dargestellte Injektionsmörtel beispielsweise gelten.

Planung eines Anbauteils bzw. Ankerplattes in der Praxis

In der Baupraxis kann es sinnvoll sein, dass Sie die Planung des Anbauteils in Abstimmung mit der Lage der Bewehrungsstäbe durchführen. Für den in Abbildung 8.8a dargestellten Geländerpfosten war ursprünglich eine Ankerplatte mit vier Dübeln der Größe M12 vom Planer berechnet worden.

Die Geometrie dieser Ankerplatte hätte aber dazu geführt, dass die vier Dübel genau im Bereich der Randeisen der Balkonplattenbewehrung montiert worden wären (Abbildung 8.8b). Bei der Erstellung der Bohrlöcher wären diese Bewehrungsstäbe wenigstens angebohrt oder schlimmstenfalls durchtrennt worden und hätten dadurch die Tragfähigkeit der Betonplatte zumindest beeinträchtigt.

Durch eine neue Berechnung mit einer kleineren Ankerplatte mit zwei Dübeln der Größe M16 konnte nachgewiesen werden, dass auch eine Dübelanordnung mit ausreichend viel Abstand zu den vorhandenen Bewehrungseisen ausgeführt werden kann (Abbildung 8.8c).

a) Ansicht Geländer

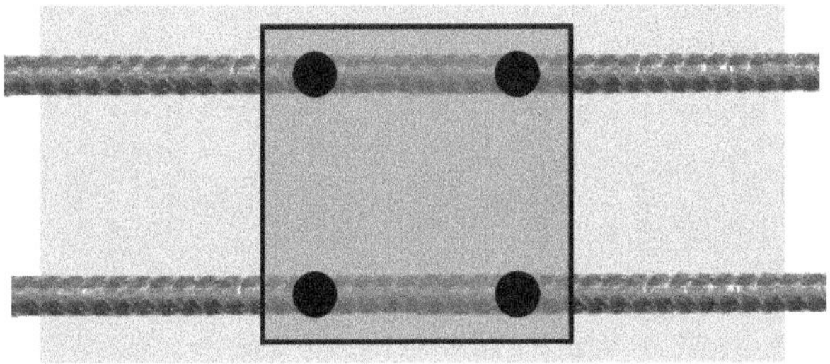

b) Ursprüngliche Bemessung: Vier Dübel M12 (mit Bewehrungstreffer)

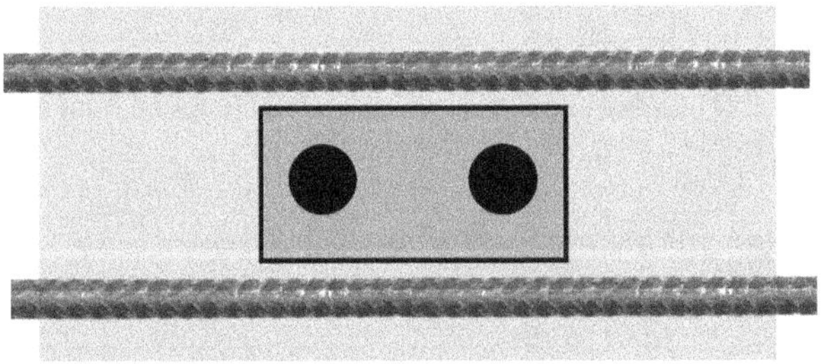

c) Neue Bemessung: Zwei Dübel M16 (ohne Bewehrungstreffer)

Abbildung 8.8: Veränderung des Anbauteils und des Dübeldurchmessers in Abstimmung mit der Lage der Bewehrung (Foto: Küenzlen; Collagen: Scheller)

Die DIBt-Hinweise (2010, S. 6) führen hierzu ausdrücklich Folgendes aus:

> »Beim Bohren der Löcher ist darauf zu achten, dass Bewehrungsstäbe in der Nähe des Bohrlochs nicht beschädigt werden.«

Wenn Sie bei Ihrem Dübelprojekt also beim Bohren auf Bewehrung treffen, sollten Sie diese nicht einfach gedankenlos durchbohren. Ziehen Sie bei Bedarf bitte einen Fachmann hinzu. Je nachdem welche Bewehrung Sie durchbohren, kann es gewaltig schiefgehen.

Liegen die Anbauteile bzw. Ankerplatten sowie deren Durchgangslöcher mit ihrem Achsabstand und Durchmesser bereits fest – wie bei der Klimmzugstange aus Abbildung 8.1 – bleibt nur die Möglichkeit des »Nachrechnens«, das heißt durch eine neue Rechnung herauszufinden, ob es

- ✔ für den vorgegebenen Baustellen-Verankerungsgrund und
- ✔ für den vorgegebenen Achsabstand sowie
- ✔ für den vorgegebenen Durchmesser der Durchgangslöcher – beispielsweise in den Flacheisen zur Wandbefestigung der Klimmzugstange –

einen passenden Dübel gibt, der die vorgegebenen Anforderungen zum Beispiel an die Klimmzugstange erfüllt. Sie erinnern sich an die in der Einleitung gewünschte Belastung von »max. 95 kg, statisch, dynamisch bei verschiedenen Aufschwungübungen«.

Wenn Sie, wie im Falle der Befestigung der Klimmzugstange durch Anonymus, einfach gedankenlos die beigepackten Dübel verwenden, ist das in der Regel keine gute Option für Ihr Projekt, da der Lieferant der Klimmzugstange nichts darüber wissen kann,

- ✔ welcher Verankerungsgrund tatsächlich auf der Baustelle vorhanden ist,
- ✔ ob der der Klimmzugstange beigepackte Dübel für den tatsächlich vorhandenen Baustellen-Verankerungsgrund überhaupt geeignet ist und
- ✔ wie viel ein Dübel überhaupt tragen kann (vorausgesetzt, er ist für Baustellen-Verankerungsgrund überhaupt geeignet!).

Machen Sie sich also bitte in so einem Falle zuerst in paar Gedanken, ob die mitgelieferten Dübel wirklich zu Ihrem Projekt passen!

Bei diesem Beispiel und vergleichbaren zu befestigenden Konstruktionen ist es denkbar, dass die vorhandenen Achsabstände und die vorhandenen Durchgangslöcher im vorhandenen Anbauteil für den Verankerungsgrund vor Ort nicht ausreichen.

Es kann aber auch durchaus sein, dass größere Durchgangslöcher für größere Dübel und/oder mehr Dübel mit anderen Achsabständen notwendig sind, um die Klimmzugstange sicher und dauerhaft an der Wand des Gebäudes befestigen zu können.

BEISPIEL

Eine Möglichkeit wäre dann beispielweise, eine neue Ankerplatte, das heißt ein neues Anbauteil aus Stahl, entsprechend der notwendigen Dübeldurchmesser und der notwendigen Dübelanzahl mit entsprechendem Achsabstand anzufertigen und die Klimmzugstange dann mit metrischen Schrauben (zum Beispiel Gewindeschrauben mit der Bezeichnung M10 oder M12, in Abhängigkeit der Planung) am »neuen« Anbauteil zu befestigen (siehe Fotocollage in Abbildung 8.9).

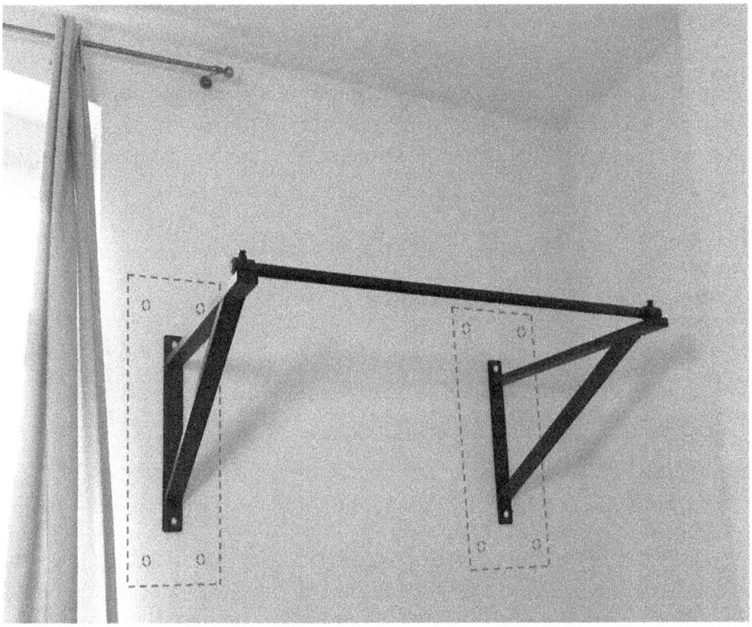

Abbildung 8.9: Sind gegebenenfalls Zusatzankerplatten für Klimmzugstange erforderlich? (Foto: keine Nennung gewünscht; Collage: Scheller)

IN DIESEM KAPITEL

Statisch bestimmt

Einzelbefestigung

Statisch unbestimmt

Mehrfachbefestigung

Kapitel 9
Lagerung des Anbauteils

Im vorherigen Kapitel haben Sie einiges über Ihr Anbauteil selbst erfahren. Ihr Anbauteil ist jedoch auch immer ein Teil einer gesamten Konstruktion, die Sie befestigen wollen. Aus diesem Grund müssen wir uns nun noch die gesamte Konstruktion anschauen, um diese in die Kategorien einordnen zu können, die Sie in den Unterlagen der Dübelhersteller immer wieder finden werden und die Sie bei der Auswahl Ihrer Dübel berücksichtigen müssen. Wir nennen dies »die Lagerung des Anbauteils«.

Dieses komplexe Thema können Sie eigentlich überspringen, wenn Sie bei der Auswahl Ihrer Dübel für Beton immer Dübel verwenden, die in den Unterlagen der Hersteller mit dem Begriff »Einzelbefestigung« gekennzeichnet sind, und um Dübel mit dem Begriff »Mehrfachbefestigung« einen großen Bogen machen.

In Mauerwerk würde dies für Injektionssysteme gelten (mehr zu diesen Systemen siehe Kapitel 14 im Abschnitt »Metall-Injektionsanker«).

Bei Kunststoffdübeln müssen Sie sich in Beton und Mauerwerk leider den einen oder anderen Gedanken zu diesem Thema machen; diese Dübel können nicht immer und für alle Anwendungen verwendet werden. Für unsere Klimmzugstange wären Kunststoffdübel gänzlich ungeeignet, warum erfahren Sie in den nachfolgenden Abschnitten.

Lagerung statisch bestimmt – statisch unbestimmt

Nach DIN EN 1992-4 (2018, S. 8) darf das Anbauteil für Metalldübel zur Verankerung in Beton entweder

- statisch bestimmt oder
- statisch unbestimmt«

gelagert werden. Die (An-)Bauteile dürfen dabei

- tragend oder
- nichttragend

sein. Diese Systematik gilt sinngemäß vom Prinzip her auch für alle anderen Dübelsysteme (Injektionssysteme und Kunststoffdübel) und wird in den folgenden Abschnitten erläutert.

An den Bezeichnungen »statisch bestimmt« und »statisch unbestimmt« wird bereits deutlich, dass es sich hierbei offenbar um Begrifflichkeiten aus dem Bereich der Tragwerksplanung bzw. der Statik handelt. Aus Gründen der Übersicht wird in diesem Buch auf dieses vergleichsweise komplexe Thema nicht weiter im Detail eingegangen. Stattdessen werden die Begrifflichkeiten aus der Anschauung von Abbildung 9.1 nur so weit erläutert, wie diese für den Bereich der Dübeltechnik in der praktischen Anwendung (das heißt ohne die Bemessung bzw. Statik) zur Auswahl eines Dübels für Sie wichtig sind.

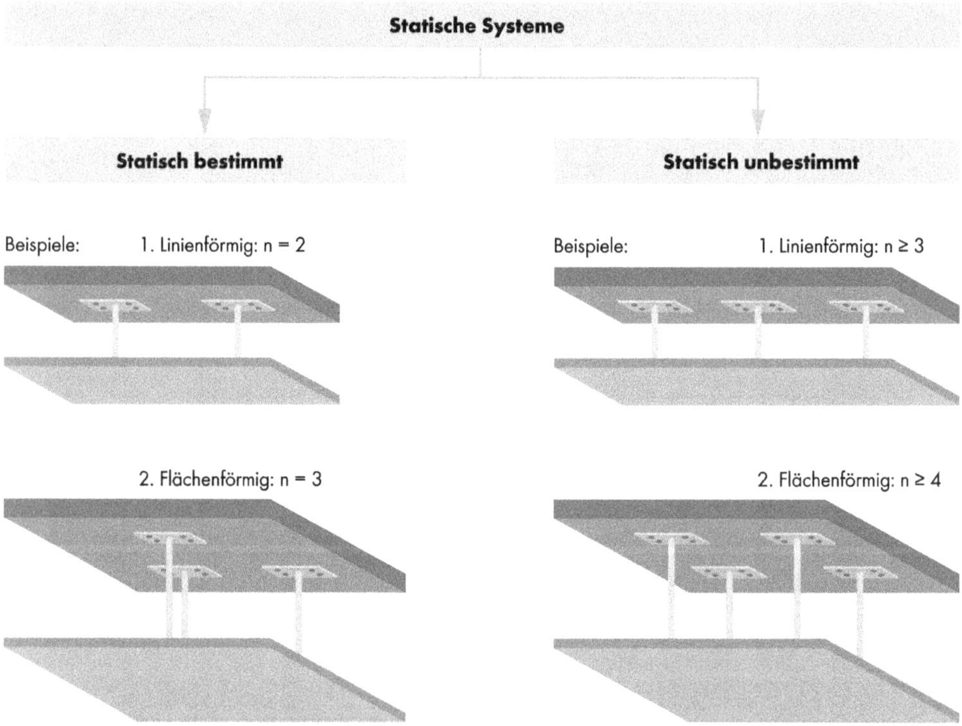

Abbildung 9.1: Unterscheidung der Bezeichnungen »statisch bestimmt« und »statisch unbestimmt« und daraus resultierend der Begriffe »Einzelbefestigung« und »Mehrfachbefestigung« (Grafik: Adolf Würth GmbH & Co. KG)

Abbildung 9.2 zeigt schematisch Konstruktionen, die zum Beispiel an einer Decke befestigt sind. Hierbei können Sie sich für die

- ✔ linienförmige Lagerung die Abhängung einer Rohrleitung (Abbildung 9.2a) und für die
- ✔ flächenförmige Lagerung die Abhängung einer Decke (Abbildung 9.2b)

gut als Beispiele aus der Praxis vorstellen.

a) Linienförmige Lagerung einer Sprinklerleitung

b) Flächenförmige Lagerung der Unterkonstruktion für eine abgehängte Decke

Abbildung 9.2: Beispiele für linienförmige und flächenförmige Lagerung (Fotos: Scheller)

Bei den Beispielen in Abbildung 9.2 handelt es sich offensichtlich um Befestigungen, für die Sie sich zwingend mit dem Thema und dem korrekten Dübelsystem, das zum Einsatz kommen soll, auseinandersetzen müssen. Würde Ihnen eine der Konstruktionen herunterfallen, wären schwere Verletzungen vorprogrammiert. Für derartige Befestigungen können Sie Dübelsysteme als sogenannte

- ✔ Einzelbefestiger (von tragenden und nichttragenden Systemen) und unter bestimmten Voraussetzungen auch
- ✔ Mehrfachbefestigungen (nur von nichttragenden Systemen)

verwenden.

Ist ein Dübelsystem nur für eine Mehrfachbefestigung von nichttragenden Systemen erlaubt und geeignet, so findet sich diese Information immer in den jeweiligen Unterlagen der Hersteller. Von Dübelsystemen, zu denen Sie keine solche Angaben in den Unterlagen der Hersteller finden, sollten Sie bei solchen Projekten generell immer Abstand nehmen.

Statisch bestimmte Lagerung des Anbauteils – Einzelbefestigung

Ausgehend von Abbildung 9.1 zeigt Abbildung 9.3 ein Beispiel aus der Praxis, das Sie sicher aus dem alltäglichen Leben kennen, die Befestigung einer Hängeleuchte an zwei Abhängungen an einer Decke im Innenraum eines Gebäudes.

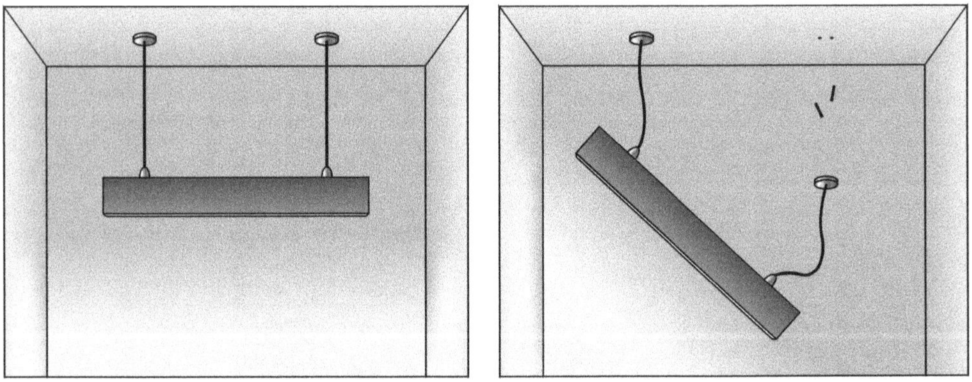

a) Ausgangssituation b) Versagen eines Befestigungspunktes

Abbildung 9.3: Beispiel für die Befestigung einer Hängeleuchte an zwei Befestigungspunkten (Grafiken: Adolf Würth GmbH & Co. KG)

Die Punkte, an denen die Abhängungen der Hängeleuchte an der Decke befestigt sind, nennt man in der Fachsprache »Befestigungspunkte«. Hierbei sollte es für Sie offensichtlich sein, dass die Hängeleuchte – zumindest einseitig – herunterfällt, wenn nur einer der beiden Befestigungspunkte nicht richtig funktioniert, also »versagt« (Abbildung 9.3b).

BEISPIEL

Besonders »ein-leuchtend« ist sicherlich das weitere Beispiel in Abbildung 9.4 mit der Befestigung eines Kronleuchters: Diese Abhängung weist nur einen Befestigungspunkt auf und ist damit offenbar eine »Einzelbefestigung«.

Dabei ist es nach der »Dübeltheorie« unerheblich, ob dieser eine Befestigungspunkt aus einem Dübel oder mehreren Dübeln, also einer Dübelgruppe, besteht (siehe hierzu auch Kapitel 8 im Abschnitt »Lochbilder im Anbauteil – Anordnung der Befestigungen«).

Abbildung 9.4: Beispiel für die Befestigung eines Kronleuchters an nur einem Befestigungspunkt (Foto: Scheller)

Sowohl die Befestigung der Hängeleuchte mit zwei Befestigungspunkten (Abbildung 9.3) als auch die Befestigung des Kronleuchters mit nur einem Befestigungspunkt (Abbildung 9.4) ist wenigstens sicherheitsrelevant (was das bedeutet, erklären wir Ihnen in Teil IV), da bei Herabfallen der Leuchten »Gefahr für Leib und Leben« für darunter befindliche Personen besteht.

Diese Befestigungspunkte dürfen also nicht versagen und müssen mit Dübeln ausgeführt werden, die Sie nicht nur als »Mehrfachbefestigung« verwenden dürfen, sondern die auch als »Einzelbefestiger« vom Hersteller freigegeben sind.

Diesen Hinweis finden Sie immer in den Unterlagen der Dübelhersteller.

»Statisch bestimmt« bedeutet also vereinfacht für die Dübeltechnik, dass etwas an nur einem einzelnen Dübel oder an nur einem Anbauteil mit mehreren Dübeln befestigt werden kann.

Das bedeutet aber auch in Konsequenz, dass beim Versagen dieses einen Dübels oder dieses einen Anbauteils die gesamte Konstruktion herabfallen oder sogar das Bauwerk einstürzen könnte, wenn dieser eine Dübel bzw. dieses eine Anbauteil mit ihren Dübeln falsch gewählt und/oder falsch berechnet werden würde.

BEISPIEL

Sie müssen also beachten, was Sie befestigen wollen und ob der Dübel für die geplante Anwendung geeignet ist. So kommen beispielsweise für die Befestigung eines Geländers, einer Markise, einer Fluchttreppe, eines Balkons, eines Vordachs usw. ausschließlich Dübelsysteme mit der Eignung als »Einzelbefestigung« für Sie in Frage, da

- ✔ es sich hierbei um tragende Systeme handelt (siehe Kapitel 9, Abschnitt »Unterscheidung tragender und nichttragender Systeme«) und/oder
- ✔ diese Systeme vergleichsweise hohen Belastungen ausgesetzt sind (siehe dagegen Kapitel 9 im Abschnitt »Begrenzung der einwirkenden Lasten je Befestigungspunkt«).

Da Einzelbefestiger zuverlässig(er) funktionieren sollen und im Gegensatz zu »Mehrfachbefestigern« (siehe Abschnitt »Statisch unbestimmte Lagerung des Anbauteils – Mehrfachbefestigung« in diesem Kapitel) unter keinen Umständen versagen dürfen, sind die Anforderungen bereits im Verfahren zur Prüfung der Befestiger durch die Hersteller bzw. bei den Versuchen selbst zur Ermittlung der erforderlichen Daten für Einzelbefestiger deutlich höher.

Statisch unbestimmte Lagerung des Anbauteils – Mehrfachbefestigung

Auch bei den Mehrfachbefestigungen ist es nach der »Dübeltheorie« unerheblich, ob die einzelnen Befestigungspunkte aus einem Dübel oder mehreren Dübeln, also einer Dübelgruppe, bestehen.

Weitere Beispiele für Mehrfachbefestigungen – mit einem oder mehreren Befestigungsmittel(n) je Befestigungspunkt – enthält DIN CEN/TR 17079 (2019), siehe Abbildung 9.5.

In Konsequenz zum vorhergehenden Abschnitt »Statisch bestimmte Lagerung des Anbauteils – Einzelbefestigung« bedeutet »statisch unbestimmt« entsprechend vereinfacht für die Dübeltechnik, dass etwas nicht nur an einem Befestigungspunkt (Abbildung 9.4), nicht nur an zwei Befestigungspunkten (Abbildung 9.3), sondern an mindestens

- ✔ drei Befestigungspunkten (linienförmige Lagerung) bzw.
- ✔ vier Befestigungspunkten (flächenförmige Lagerung, Abbildung 9.1)

befestigt werden muss.

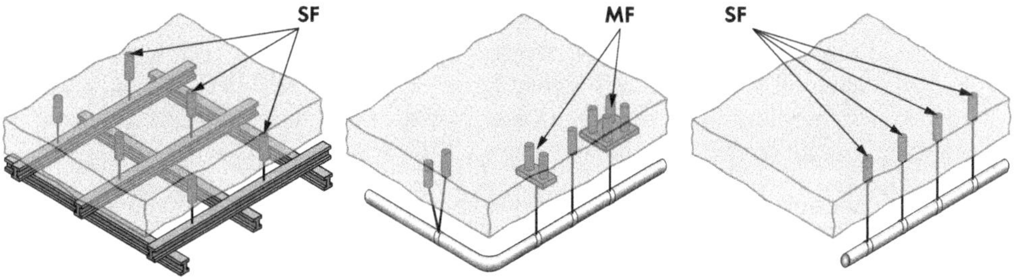

SF = ein Befestigungsmittel je Befestigungspunkt
MF = zwei oder mehr Befestigungsmittel je Befestigungspunkt

Abbildung 9.5: Beispiele für statisch unbestimmte nichttragende Systeme mit einem oder mehreren Befestigungsmittel(n) je Befestigungspunkt nach DIN CEN/TR 17079 (2019; S. 5) (Grafik hier: Adolf Würth GmbH & Co. KG)

BEISPIEL

Abbildung 9.6 zeigt hierfür ein Beispiel mit der Befestigung einer Hängeleuchte an drei Befestigungspunkten: Mit dieser Abbildung wird deutlich, dass bei Versagen einer Befestigungsstelle dieser »Mehrfachbefestigung« die Hängeleuchte nicht herabfällt, da sich die zu verankernde Last aus der versagenden Befestigungsstelle über das Gehäuse der Hängeleuchte auf die beiden benachbarten Befestigungspunkte verteilen kann.

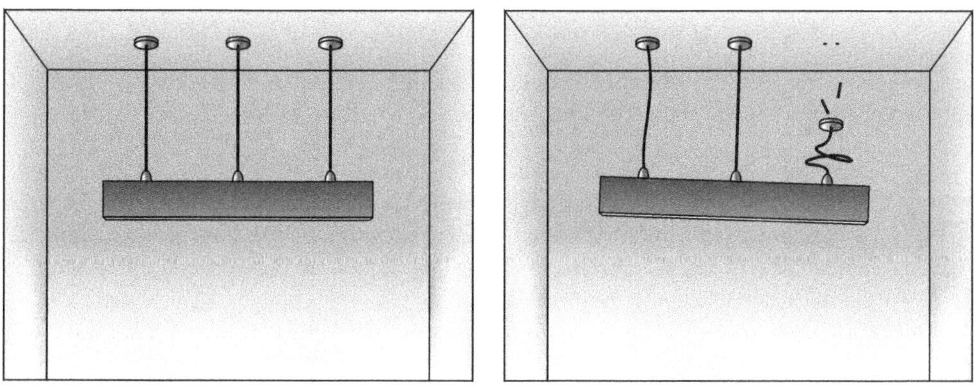

a) Ausgangssituation b) Versagen eines Befestigungspunktes

Abbildung 9.6: Beispiel für die Befestigung einer Hängeleuchte an drei Befestigungspunkten (Grafiken: Adolf Würth GmbH & Co. KG)

Eine »Mehrfachbefestigung eines nichtragenden Systems« oder eine »Befestigung eines redundanten nichttragenden Systems« ist ein statisch unbestimmtes System, das aus

- mindestens drei Befestigungspunkten (linienförmige Lagerung) bzw.
- mindestens vier Befestigungspunkten (flächenförmige Lagerung)

und einem zu befestigenden Bauteil besteht (siehe Abbildung 9.1).

- Die Steifigkeit des zu befestigenden Bauteils (zum Beispiel eine Rohrleitung oder das Profil einer Unterkonstruktion für eine Fassade oder eine abgehängte Decke) muss ausreichend groß sein, damit sich bei Versagen eines Befestigungspunktes dessen Lasten auf die benachbarten Befestigungspunkte verteilen können.
- Die einwirkenden Lasten je Befestigungspunkt sind – für Metalldübel in Deutschland und einigen weiteren Ländern sowie für Kunststoffdübel in ganz Europa – begrenzt und dürfen nicht überschritten werden.

Unterscheidung tragender und nichttragender Systeme

Die hier bereits mehrfach genannte europäischen Bemessungsnorm für Metalldübel in Beton, DIN EN 1992-4 (2019), die in der Regel immer wieder auch der Maßstab bzw. die Basis für die Regelwerke für Injektionsanker und Kunststoffdübel ist, führt zum Thema »Mehrfachbefestigungen« Folgendes aus (DIN EN 1992-4, 2019, S. 80):

> »Die Definition von redundanten nichttragenden Systemen ist in den nationalen Regelungen gegeben.«

Für Deutschland gab es auch schon vor der Einführung von DIN EN 1992-4 mit Laternser (2006, S. 1) folgende Definition für »nichttragende Systeme«:

»Unter nichttragenden Systemen (in ETAG 001 Teil 1 als leichte Systeme bezeichnet) sind Bauteile zu verstehen, die zur Standsicherheit des Bauwerks nicht beitragen. Dies sind zum Beispiel leichte abgehängte Decken und Unterdecken, Rohrleitungen sowie Fassadenbekleidungen.«

Passende Beispiele aus der Praxis für Mehrfachbefestigungen von nichttragenden Systemen zeigt neben Abbildung 9.5 auch Abbildung 9.7.

BEISPIEL

Alle dargestellten Beispiele haben gemeinsam, dass durch die Befestigungen zunächst einmal nur das Eigengewicht der jeweils zu befestigenden Konstruktion abgetragen wird. Weiterhin dürfen auch noch Windlasten direkt auf die Konstruktion selbst, zum Beispiel die Fassadenplatte der vorgehängten Fassade (Abbildung 9.7b), aufgenommen werden.

Tragende Systeme tragen – im Umkehrschluss zur zitierten Definition – offenbar zur Standsicherheit des Bauwerks bzw. von Teilen eines Bauwerks bei (zum Beispiel Stahlstützen oder Stahlträger, die ein Treppenpodest unterstützen, oder ein Geländer, das Sie vor einem Absturz schützen soll). Sie tragen dabei nicht nur ihr Eigengewicht und gegebenenfalls direkte Windlasten, sondern auch

- Verkehrslasten (zum Beispiel Personenlasten, die auf das zuvor genannte Treppenpodest wirken) oder
- »Holmlasten«, die auf ein Geländer – durch sich anlehnende Personen – einwirken, oder
- Schneelasten, wenn das Treppenpodest nicht überdacht im Freien steht.

a) Befestigung der Unterkonstruktion für eine angehängte Decke (Foto: Scheller)

b) Befestigungspunkte für die Aufnahme vertikaler Profile als Unterkonstruktion für eine vorgehängte Fassade (Foto: Küenzlen)

c) Befestigung einer Rohrleitung (Foto: Küenzlen)

Abbildung 9.7: Beispiele aus der Praxis für Mehrfachbefestigungen von nichttragenden Systemen

Steifigkeit des zu befestigenden Anbauteils

Abbildung 9.8 zeigt vereinfachend im Gegensatz zum Beispiel in Abbildung 9.6 eine Hängeleuchte in Form eines Seilsystems. Auch hier sind drei Befestigungspunkte vorhanden, allerdings lässt das »Seil« der Hängeleuchte bei Versagen eines Befestigungspunktes keine Lastumlagerung bzw. eine Verteilung der Last auf mehrere Befestigungsstellen zu, weil es – im Gegensatz zum Gehäuse der Hängeleuchte in Abbildung 9.8 – nicht »ausreichend steif« ist.

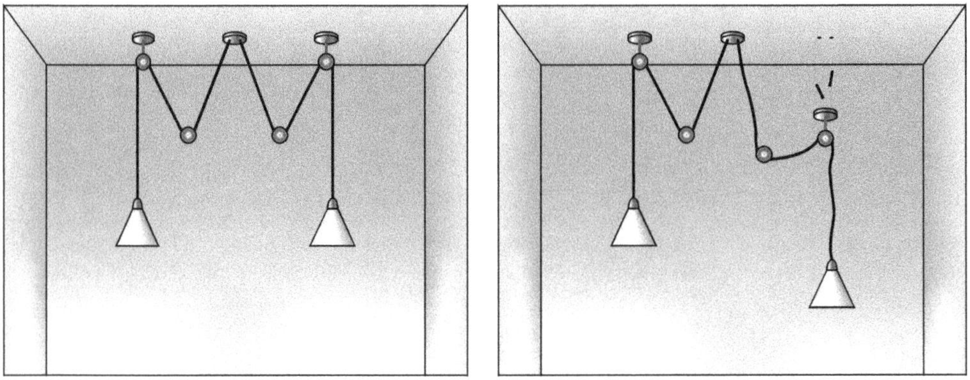

a) Ausgangssituation b) Versagen eines Befestigungspunktes

Abbildung 9.8: Vereinfachtes Beispiel für die Befestigung einer »nicht ausreichend steifen« Hängeleuchte an drei Befestigungspunkten (Grafik: Adolf Würth GmbH & Co. KG)

Bei den Erläuterungen zu Abbildung 9.6 haben wir Sie bereits darauf hingewiesen, dass die Hängeleuchte nur dann nicht herabfällt, wenn die Last eines möglicherweise versagenden Dübels oder Befestigungspunktes über das Gehäuse der Hängeleuchte auf die beiden benachbarten Befestigungspunkte umgelagert werden kann.

Es kommt bei einer Mehrfachbefestigung von nichttragenden Systemen also nicht nur darauf an,

- ✔ wie groß die einwirkenden Lasten sind (siehe Abschnitt »Begrenzung der einwirkenden Lasten je Befestigungspunkt« in diesem Kapitel) und
- ✔ was die Dübel bzw. »Mehrfachbefestiger« tragen,

sondern auch auf die Konstruktion selbst. Abbildung 9.9 (Vergrößerung/Bearbeitung von Abbildung 9.2a) verdeutlicht diese Aussage am Beispiel der Befestigung einer Rohrleitung in einer Tiefgarage.

BEISPIEL

Wenn Sie also diese Rohrleitung in Abbildung 9.9 als Mehrfachbefestigung eines nichttragenden Systems mit entsprechenden Dübeln ausführen wollen, muss das die Befestigungspunkte verbindende System – also die Rohrleitung – ausreichend steif sein, um die Last auch dann übertragen zu können, wenn einer der mindestens drei erforderlichen Befestigungspunkte ausfällt.

Hier müssen Sie also die vom Hersteller der Rohrleitung vorgegebenen Stützweiten, das heißt die Abstände, in denen die Rohrleitung zu befestigen ist, unbedingt beachten und in Ihre Planung einbeziehen.

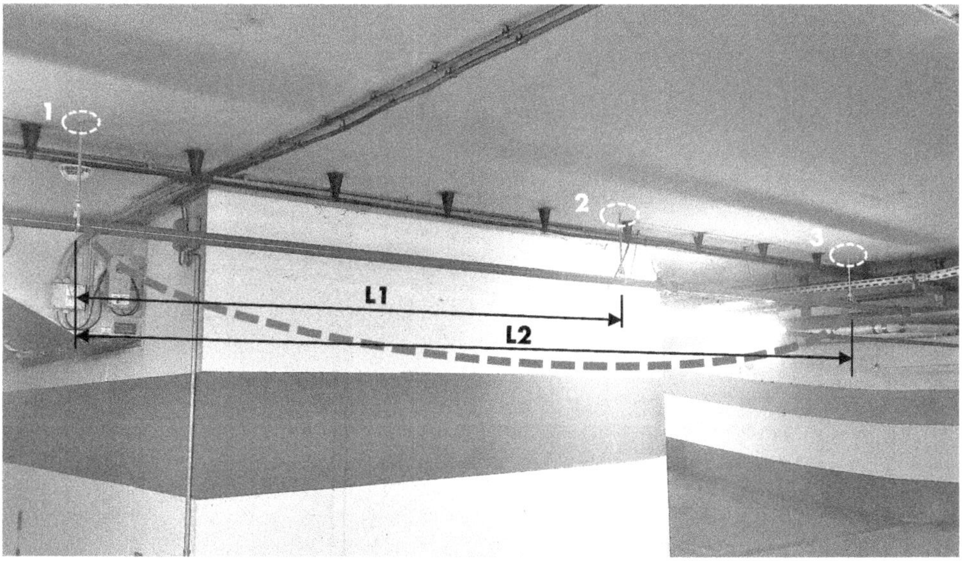

Abbildung 9.9: Befestigung einer Sprinklerleitung an den Befestigungspunkten 1, 2 und 3: Wie groß ist die maximale Stützweite der Rohrleitung? L1 oder L2? (Foto/Collage: Scheller)

Gegebenenfalls sind neben dem Regelwerk für die Dübeltechnik bzw. unabhängig davon weitere Regelungen von Ihnen zu beachten, auf die hier aus Übersichtsgründen nur hingewiesen wird (ohne Anspruch auf Vollständigkeit!):

- ✔ Handelt es sich bei der betrachteten Rohrleitung um den Sonderfall einer Sprinklerleitung wie in Abbildung 9.9 dargestellt, sind zusätzlich die weiteren Vorgaben der Richtlinie VdS CEA 4001 (2001) »Sprinkleranlagen, Planung und Einbau« zu beachten.
- ✔ Für die Installation von Gasleitungen sind die Technische Regel DVGW-TRGI 2018 und der zugehörige Kommentar (DVGW-TRGI 2018 Kommentar) zu berücksichtigen.
- ✔ …

Von solchen Befestigungen sollten Sie also vielleicht doch absehen, wenn Sie sich unsicher fühlen und den Profi zurate ziehen.

Begrenzung der einwirkenden Lasten je Befestigungspunkt

Versagt ein Befestigungspunkt einer Mehrfachbefestigung, ist damit nicht zwingend nur ein vollständiges Versagen (»Vollständiges Herabfallen«) des Befestigungspunktes gemeint (siehe Abbildung 9.6b). Ein Teilversagen eines Befestigungspunktes kann bereits durch sogenannten »Schlupf« eines Mehrfachbefestigers auftreten, wenn ein Dübel aufgrund eines (zu) großen Risses in einem Betonbauteil ein Stück aus seinem Bohrloch »rutscht«. Ein solcher Befestigungspunkt entzieht sich durch den Schlupf – zumindest ein Stück weit – seiner eigentlichen Belastung, die durch die benachbarten Befestigungspunkte aufgenommen bzw. kompensiert werden muss.

Dieser Schlupf in Betonbauteilen kann auftreten, weil Mehrfachbefestiger im Gegensatz zu Kapitel 3, Abschnitt »Gerissener (Stahl-)Beton« nur auf Rissbreiten von 0,2 mm ausgelegt sind. Entsprechende Metall- oder Kunststoffdübel werden im Rahmen der Prüfung durch den Hersteller in der Regel nur für maximale Rissbreiten von 0,35 mm geprüft (siehe für Metalldübel EOTA EAD 330747-00-0601 (2018, S. 24) bzw. für Kunststoffdübel EOTA EAD 330284-00-0604 (2021, S. 33 und 35)).

Tritt nun im tatsächlich vorhandenen Bauteil die im Betonbau zulässige »Standard-Rissbreite« von 0,3 mm auf (siehe Kapitel 3, Abschnitt »Gerissener (Stahl-)Beton«), kann es hier bereits zu einem Schlupf der Dübel kommen.

Komplett versagen werden die Dübel allerdings bei dieser Rissbreite von 0,3 mm nicht, da eine reduzierte Tragfähigkeit jedes einzelnen Mehrfachbefestigers – wie im Absatz zuvor bereits ausgeführt – auch noch bei 0,35 mm Rissbreite vorliegen muss.

Dieser eventuelle Verlust an Tragfähigkeit – bei Rissbreiten von über 0,2 mm – wird dann von den benachbarten Dübeln übernommen.

Eine Überprüfung der Befestigungspunkte nach einer Lastumverteilung ist nicht erforderlich. Diese ist bereits in der empfohlenen Begrenzung des Bemessungswertes der Einwirkung berücksichtigt (Tabelle 9.1). Das bedeutet, dass die Last von den benachbarten Dübeln aufgenommen wird.

Dübelart	Anzahl der Befestigungspunkte n_1	Anzahl der Befestigungsmittel je Befestigungspunkt n_2	Grenzwert des Bemessungswertes [1] der Einwirkung $F_{ed,lim}$ [2] bzw. n_3 [3]
Metalldübel in Beton [4]	≥ 4	≥ 1	**3,0 kN**
	3	≥ 1	**2,0 kN**
Kunststoffdübel	≥ 4	≥ 1	**4,5 kN**
	3	≥ 1	**3,0 kN**

[1] Bemessungswerte sind das γ-fache der tatsächlichen Einwirkungen (häufig, aber nicht immer, gilt γ_G = 1,35 für Eigengewicht und γ_Q = 1,50 für Verkehrslasten, zum Beispiel Windlasten)
[2] Empfehlung nach DIN CEN/TR 17079 (2019, S. 8) für Metalldübel in Deutschland
[3] Festlegung nach DIBt TR 064 (2019, S. 3) für Kunststoffdübel in Europa ($n_3 = N_{Ed}$).
[4] Dübeltypen nach DIN EN 1992-4 (2019, S. 16)

Tabelle 9.1: Begrenzung der einwirkenden Bemessungslasten je Befestigungspunkt für Metall- und Kunststoffdübel

Beispiele für Dübeltypen als Mehrfachbefestiger von nichttragenden Systemen

Dübelsysteme als Mehrfachbefestiger von nichttragenden Systemen haben im Vergleich zu Einzelbefestigern teilweise deutlich geringere Einbaulängen (h_{nom}) bzw. geringere effektive Verankerungstiefen (h_{ef}). Diese Verankerungstiefen können für Metalldübel bis zu 30 mm, unter den Bedingungen trockener Innenräume, sogar nur 25 mm klein sein.

Abbildung 9.10 zeigt beispielhaft einige solcher Dübel mit kurzen Verankerungstiefen.

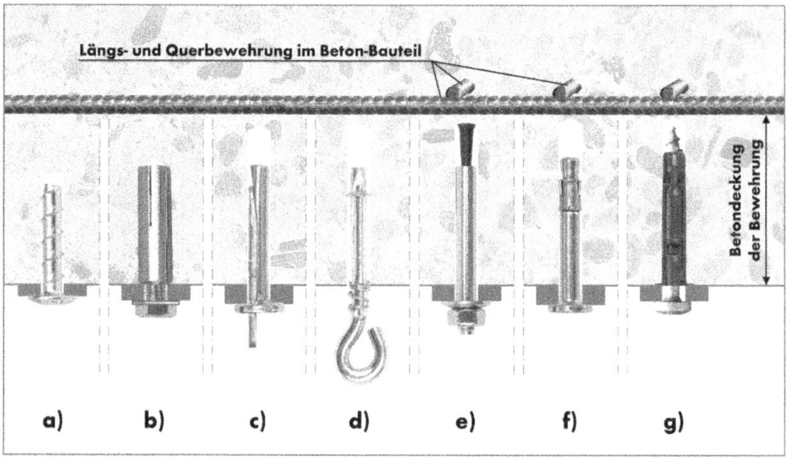

Abbildung 9.10: Beispiele für Mehrfachbefestiger von nichtragenden Systemen mit kurzen Verankerungstiefen: a) Betonschraube W-BS Compact, b) Einschlagdübel W-ED, c) Deckennagel W-DN, d) Deckenschnellanker W-DS/S, e) Schlagdübel W-SD; f) Nagelanker W-NA, g) Kunststoff-Allzweckdübel SHARK PRO (Fotos: Adolf Würth GmbH & Co. KG; Collage: Scheller)

Dies bietet den Vorteil, dass Sie Bewehrungstreffer bei Betondeckungen, die größer sind als 25 bzw. 30 mm, vermeiden können. Weiterhin wird Ihr Bohraufwand je Dübel reduziert.

Die im Vergleich geringere Tragfähigkeit dieser Dübeltypen wird allerdings in vielen Fällen zu einer größeren Anzahl an Dübeln führen, als wenn die Befestigungsaufgabe mit Einzelbefestigern gelöst wird, deren Tragfähigkeit in der Regel höher sein wird (siehe hierzu den Abschnitt »Begrenzung der einwirkenden Lasten je Befestigungspunkt« in diesem Kapitel).

Ist die Anzahl der Dübel, die Sie für Ihr Projekt benötigen, überschaubar und brauchen Sie sich keine Gedanken über die Bohrtiefe zu machen, weil Sie sowieso keine Bewehrung treffen, wollen wir Ihnen an dieser Stelle noch einmal ans Herz legen, nur Dübel für Einzelbefestigungen zu verwenden. Die Angaben für welche Verwendung die Dübel geeignet sind, finden Sie immer in den Unterlagen der Hersteller.

Aus wirtschaftlichen Gründen kann es dennoch durchaus Sinn ergeben, Dübelsysteme für Mehrfachbefestigungen einzusetzen. Bei Fassaden, Installationen in der Haustechnik oder abgehängten Deckenkonstruktionen, den Hauptanwendungsgebieten dieser Dübel, kann es sehr schnell vorkommen, dass sehr viele Dübel für ein einziges Projekt benötigt werden. Hier kann sich dann beispielsweise eine geringere Bohrlochtiefe schnell als enormer Vorteil erweisen. Dafür müssen Sie sich dann leider einige Gedanken zu den Ausführungen in den vorherigen Abschnitten machen.

Neben den in Abbildung 9.10 gezeigten Dübelsystemen mit kurzen Verankerungstiefen gibt es auch noch weitere Dübeltypen mit größeren Verankerungstiefen, die nur als Mehrfachbefestiger von nichttragenden Systemen verwendet werden dürfen. Dazu gehören auch Kunststoff-Rahmendübel (siehe Abbildung 13.1).

Diese Dübel haben je nach Dübelgröße und Verankerungstiefe zum Teil höhere Tragfähigkeiten als die in Abbildung 9.10 dargestellten Systeme und werden deshalb in vielen Fällen nicht mehr nur innerhalb der Betondeckung der Bewehrung einer Stahlbetondecke bleiben.

Zusammenfassung mit einem Beispiel

Wann können Sie nun ein zu befestigendes Bauteil als Mehrfachbefestigung ausführen und wann ist die Ausführung mit Einzelbefestigern (zwingend) erforderlich? Wir wiederholen hierzu zusammenfassend noch einmal stichpunktartig die Anforderungen an eine Mehrfachbefestigung aus dem »Tipp« im Abschnitt »Statisch unbestimmte Lagerung des Anbauteils – Mehrfachbefestigung« in diesem Kapitel sowie aus den zugehörigen Ausführungen:

- ✔ Das zu befestigende Bauteil muss nichttragend sein (Belastung nur durch Eigengewicht und gegebenenfalls direkte Windlasten!).
- ✔ Es müssen mindestens drei Befestigungspunkte (linienförmige Lagerung) bzw. mindestens vier Befestigungspunkte (flächenförmige Lagerung) mit jeweils mindestens einem Dübel vorhanden sein.
- ✔ Die Steifigkeit des zu befestigenden Bauteils muss ausreichend groß sein (das heißt, es muss eine Lastumlagerung zu benachbarten Befestigungspunkten möglich sein).
- ✔ Die einwirkenden Lasten je Befestigungspunkt sind begrenzt.

Wenn nur eine dieser vier Anforderungen nicht erfüllt werden kann, müssen Sie das zu befestigende (An-)Bauteil mit Einzelbefestigern montieren.

Warum kann dann von Ihnen beispielsweise keine Markise, auf die auch nur Eigengewicht und direkte Windlasten einwirken, mit Mehrfachbefestigern montiert werden?

Die Antwort ist folgende:

- ✔ Die Anforderung an ein nichttragendes System wäre für die Markise erfüllt, da – wie ausgeführt – nur Eigengewicht und Windlasten direkt auf die Markise wirken.
- ✔ Wenn für die linienförmige Markise mindestens drei Befestigungspunkte vorhanden sind, wäre die Forderung nach der Mindestanzahl von Befestigungspunkten erfüllt.
- ✔ Der Kasten der Markise ist in der Regel mit mehreren Haltern/Konsolen (= Befestigungspunkten) an der Wand oder Decke befestigt, jedoch ist der Kasten mit Sicherheit nicht so »ausreichend« steif, dass beim Ausfall eines Halters/einer Konsole die Markise noch vollständig funktioniert. Damit ist bei einer Markise keine Lastumlagerung auf die verschiedenen Halter/Konsolen unter voller Gebrauchstauglichkeit möglich, das System ist also nicht »redundant«.
- ✔ Sollte die Anforderung an die Steifigkeit des zu befestigenden Bauteils wider Erwarten erfüllt werden können (sehr massiver Kasten der Markise), müssten Sie im letzten Schritt die einwirkenden Lasten nach IVRSA (2024) je Befestigungspunkt überprüfen. Die auf eine vollständig ausgefahrene Markise einwirkenden Windlasten sind dabei wahrscheinlich so groß, dass die Forderung der Lastbegrenzung nicht erfüllt werden kann.

Es müssen also zwingend Dübel nach Abschnitt »Statisch bestimmte Lagerung des Anbauteils – Einzelbefestigung« in diesem Kapitel eingesetzt werden, da sehr wahrscheinlich mindestens eine – wenn nicht sogar zwei – der Anforderungen für eine Mehrfachbefestigung der Markise nicht erfüllt werden.

Noch ein paar mehr Details zum Thema Markise finden Sie im letzten Abschnitt »Befestigung einer Markise« in Kapitel 20.

IN DIESEM KAPITEL

- Einwirkung
- Belastungsrichtung
- Druckkraft
- Zugkraft
- Querlast
- Teilsicherheitsbeiwert
- Biegemoment
- Verkehrslast
- Eigenlast

Kapitel 10

Einwirkungen – Welche Belastungen treten bei meiner Befestigung auf?

Im letzten Abschnitt »Zusammenfassung mit einem Beispiel« im vorhergehenden Kapitel haben wir das Eigengewicht einer Markise und die Windlasten, die auf die Markise wirken, kennengelernt. Da gibt es Unterschiede, die auch Auswirkungen auf die Berechnung bzw. Bemessung eines Dübels haben, die wir Ihnen in Kapitel 15 zeigen werden. Hier »wirkt« offenbar einiges, weshalb wir uns jetzt mit den möglichen »Einwirkungen« auf einen Dübel beschäftigen.

Kurze Einführung und Definition einer Einwirkung

Die ureigenste Aufgabe eines Dübels ist es, die Verbindung zwischen zwei Teilen herzustellen. In der Regel werden damit auch immer Belastungen von einem zum anderen Bauteil übertragen. Diese Belastung – von Last – nennen wir Einwirkung. Die (Be-)Lastung wirkt ja schließlich auf den Dübel ein.

In dem vorherigen Kapitel haben wir gesehen, dass Sie im Vorfeld der Frage, was Sie überhaupt an einem oder mehreren Dübeln befestigen können, sehr viele Punkte klären sollten. Sind Ihnen alle äußeren Rahmenbedingungen bekannt, geht es letztendlich um die Frage, ob die Belastungen, die bei Ihrer Befestigung auftreten, im vorhandenen Baustellen-Verankerungsgrund und unter Berücksichtigung der äußeren Randbedingungen durch das gewählte Dübelsystem übertragen werden können. Man spricht dann also von der Einwirkung auf den Dübel.

BEISPIEL

Abbildung 10.1 zeigt dazu ein nicht ganz ernst zu nehmendes Beispiel aus der »Dübelpraxis«, das in der Coronazeit 2020/2021 entstanden ist:

In einer Arztpraxis war zunächst ein von Hand zu bedienender Desinfektionsmittelspender mit Dübeln an einer Gipsplattenwand montiert worden. Das »Eigengewicht« des Spenders konnten die Dübel aufnehmen, allerdings nicht die zugehörige »Verkehrslast« durch die intensive Benutzung des Spenders durch die Besucher der Praxis. Diese Belastung wirkte vielfach nicht nur von Hand, sondern mit großem Hebelarm mit dem Ellenbogen der Praxisbesucher auf den Spenderhebel ein. In Folge versagten die Dübel, der Spender fiel auf den Boden und war nicht mehr funktionsfähig.

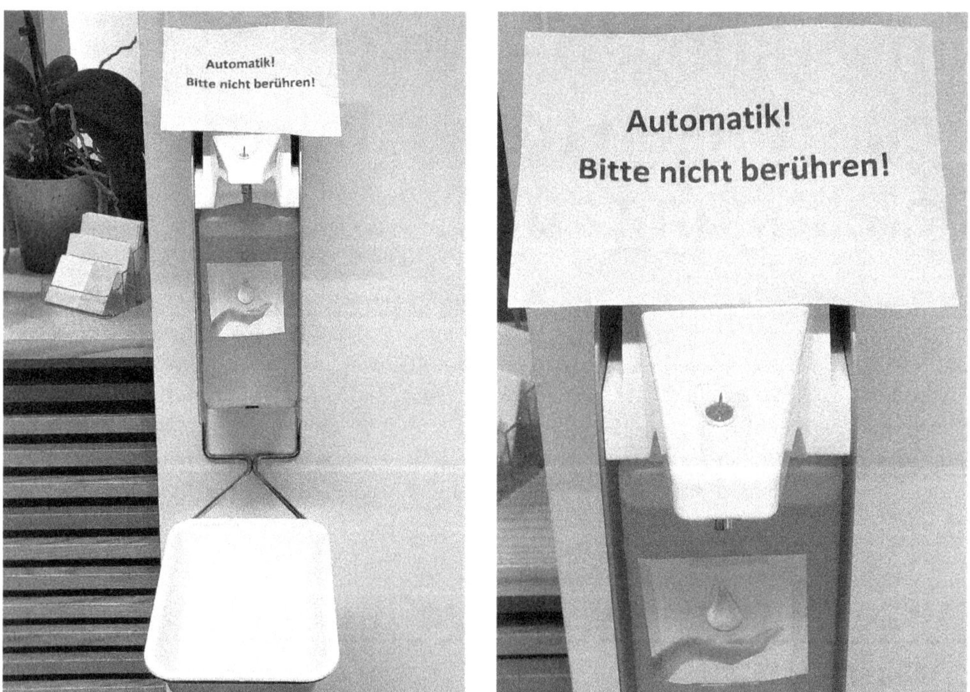

a) b)

Abbildung 10.1: »Lösung« eines Befestigungsproblems in der Praxis zur Vermeidung der »Verkehrslasten«? (Fotos: Scheller)

Als Lösung des Befestigungsproblems wurde an gleicher Stelle ein automatischer Desinfektionsmittelspender montiert, der aufgrund von Sensortechnik eine kontaktlose Händedesinfektion gewährleistet. Bei der »Planung« zur Vermeidung der oben beschriebenen »Verkehrslast« wurde allerdings die menschliche Gewohnheit außer Acht gelassen. Da auch ein Hinweis, das Gerät nicht zu berühren, fehlschlug, behalf sich die Sprechstundenhilfe mit einer (eher) unkonventionellen Lösung, um die Patienten daran zu erinnern nicht mehr den »Hebel« zu verwenden …

Die nachfolgenden Abschnitte werden auf Sie vermutlich einen recht komplizierten Eindruck machen, und das ist ganz ehrlich auch gewollt. Sie sollen sehr deutlich sehen, dass selbst die Ermittlung der Belastung auf die Dübel einer Klimmzugstange recht aufwendig werden kann. Stellen Sie sich nun vor, dass Sie ein absturzsicherndes Geländer befestigen wollen. Wenn Ihnen also die nachfolgenden Abschnitte viel zu kompliziert sind, dann ziehen Sie bitte immer dann einen Fachmann zurate, wenn ein Fehler bei Ihrer Befestigungslösung zu einem hohen wirtschaftlichen Schaden oder sogar Personenschaden führen kann.

Welche Richtung eine Belastung haben kann

Ein Dübel, eine Dübelgruppe oder ein Anbauteil bzw. eine Ankerplatte können durch unzählige Belastungen/Einwirkungen beansprucht werden. In der Regel treten diese als

- ✔ axiale Zug- oder Drucklasten (Abbildung 10.2a),
- ✔ Querlasten (Abbildung 10.2b),
- ✔ Schrägzug (Kombination aus Zug- und Querlasten, Abbildung 10.2c)
- ✔ und – bei einer Querkraft mit einem Hebelarm – als Biegemoment auf (Abbildung 10.2d).

Wie bereits in Kapitel 3 im Abschnitt »Gerissener (Stahl-)Beton« erwähnt, werden Drucklasten häufig – wie hier in Abbildung 10.2a dargestellt – nicht über den Dübel sondern direkt über das Anbauteil bzw. die Ankerplatte in den Verankerungsgrund eingeleitet. Sollen Druckkräfte über den Dübel in den Verankerungsgrund eingeleitet werden, so muss dieser Dübel dafür geeignet sein. Hinweise dazu finden Sie in den Unterlagen der Hersteller.

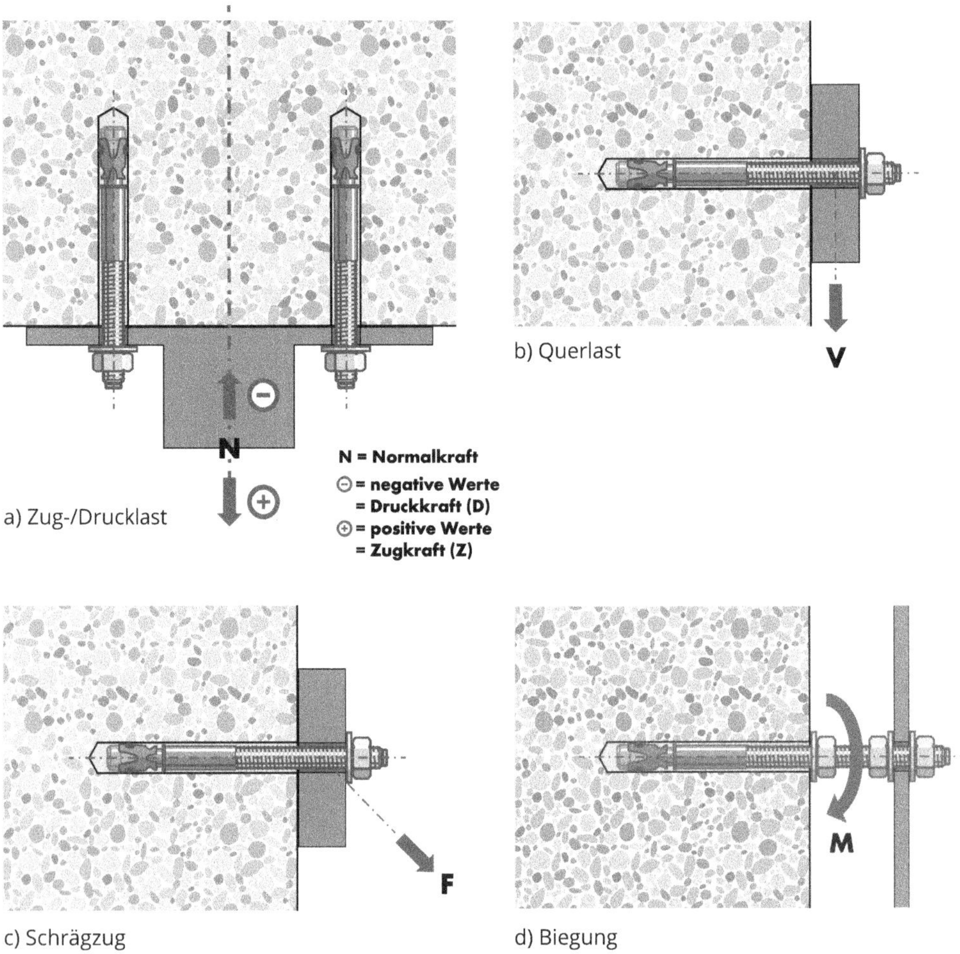

Abbildung 10.2: Belastungsrichtungen (Grafiken: Adolf Würth GmbH & Co. KG)

Beanspruchungen (Belastungsarten)

DIN EN 1992-4 (2019, S. 11) unterteilt die auftretenden Beanspruchungen in

- ✔ statische Belastungen,
- ✔ quasi-statische Belastungen,
- ✔ ermüdungsrelevante (zyklische) Belastungen, auch als »dynamische« Lasten bezeichnet,
- ✔ seismische Belastungen (Erdbeben) und
- ✔ Belastungen durch Brand.

Hierzu ergänzend gibt DIN EN 1990 (2010, S. 16) die Definitionen nach Tabelle 10.1.

Beanspruchung	Definition
statisch	*»Einwirkung, die keine bemerkenswerte Beschleunigung des Tragwerks oder der Bauteile erzeugt«*
quasi-statisch	*»dynamische Einwirkung, die durch eine äquivalente statische Ersatzeinwirkung bei der Berechnung beschrieben wird«*
Dynamisch/ ermüdungsrelevant	*»Einwirkung, die bemerkenswerte Beschleunigungen des Tragwerks oder der Bauteile erzeugt«*

Tabelle 10.1: Definition der Beanspruchungen nach DIN EN 1990 (2016, S.16)

In Kapitel 9 im Abschnitt »Unterscheidung tragender und nichttragender Systeme« wurden bereits die häufig auftretenden statischen Belastungen (zum Beispiel Eigengewicht, Schneelast) und quasi-statischen Belastungen (zum Beispiel Windlasten oder Personen) unterschieden.

Hinweise zu ermüdungsrelevanten Belastungen, die häufig auch als »dynamische« Belastungen bezeichnet werden, enthält hier im Kapitel 10 der Abschnitt »Ermüdungsrelevante oder auch »dynamische« Belastungen anhand von Beispielen«.

Auf seismische Belastungen (Beanspruchungen aus Erdbeben) wird in diesem Buch nicht eingegangen, da Sie vermutlich keine solchen Befestigungsprojekte haben werden. Falls doch, haben Sie hier zumindest davon gehört, dass es auch dafür geeignete Dübelsysteme gibt. Wir möchten Sie nur darauf hinweisen, dass es auch in Deutschland erbebengefährdete Gebiete gibt und Sie auch dazu Informationen in den Unterlagen der Hersteller finden.

- ✔ Bei allen Beanspruchungen oder Belastungsarten muss nach DIN EN 1992-4 (2019. S. 29) der Dübel allen Einwirkungen und Einflüssen dauerhaft mit angemessener Zuverlässigkeit widerstehen. Man spricht hier auch vom »Grenzzustand der Tragfähigkeit«. Man könnte stark vereinfacht auch sagen, dass es auf Dauer schlicht und einfach halten muss.

- ✔ Außerdem dürfen keine unzulässigen Verformungen auftreten, was mit dem »Grenzzustand der Gebrauchstauglichkeit« bezeichnet wird. Sie können sich hier vorstellen, dass sich das gewählte Dübelsystem nicht übermäßig verbiegen darf. Man könnte hier stark vereinfacht auch sagen, dass es auf Dauer schlicht und einfach so wie von Ihnen vorgesehen funktionieren muss.

Vor allem müssen die Dübel für die geplante Verwendung geeignet sein, das heißt, die Anforderungen an die Dauerhaftigkeit erfüllen. Den Teilsicherheitsbeiwerten in DIN EN 1992-4 (2019, S. 29) liegt eine »Bemessungsnutzungsdauer der Befestigung« von 50 Jahren zugrunde. Entsprechend enthalten die Unterlagen der Hersteller auch dazu Hinweise wie den folgenden.

»Die Prüf- und Bewertungsmethoden, die diesen Unterlagen zugrunde liegen, führen zur Annahme einer Nutzungsdauer des Dübels von mindestens 50 Jahren.

Die Angabe der Nutzungsdauer kann nicht als Garantie des Herstellers verstanden werden, sondern ist lediglich ein Hilfsmittel zur Auswahl des richtigen Produkts in Bezug auf die angenommene wirtschaftlich angemessene Nutzungsdauer des Bauwerks.«

Einige Dübelsysteme ermöglichen auch eine »Bemessungsnutzungsdauer« von beispielsweise 100 oder mehr Jahren (zum Beispiel ETA WIT-UH 300, 2020, S. 3). Dies kann beispielsweise bei Infrastrukturprojekten im Straßen- oder Wasserbau erforderlich werden, da solche Ingenieurbauwerke oft auf eine Nutzungsdauer von 100 oder mehr Jahren ausgelegt werden. Entsprechend muss es dann auch möglich sein, das Verhalten eines Dübels im Vorfeld einer derart langen Nutzungsdauer zu beurteilen. Sie werden jedoch vermutlich keine solchen Projekte in Ihrem Alltag umsetzen, weshalb wir hier nicht weiter darauf eingehen werden. Wichtig ist, dass Sie es einmal gehört, beziehungsweise hier gelesen haben.

Bemessung ist Aufgabe des Planers!

Selbst mit relativ wenig »Dübelerfahrungen« kann man bei einer Befestigungsaufgabe oft bereits auf den ersten Blick sagen: »Das wird so nicht halten!«

- ✔ Sie können sich beispielsweise sicher gut vorstellen, dass Sie an einer Wand aus Lochstein-Mauerwerk niemals einen frei auskragenden Balkon befestigen können.
- ✔ In Beton kann es bei entsprechender Planung durchaus funktionieren – auch ohne zusätzliche Abstützung auf einem Fundament.

⚠ Um herauszufinden, ob man die geplante Konstruktion tatsächlich mit dem Verankerungsgrund verbinden kann, ist aber immer eine sogenannte »Bemessung« nötig. Das bedeutet, dass die Einwirkungen auf einen Dübel oder eine Dübelgruppe im Rahmen einer »Berechnung«, dem sogenannten »statischen Nachweis«, mit dem Widerstand des Dübels oder der Dübelgruppe im Verankerungsgrund verglichen werden. Der Widerstand ist hier stark vereinfacht ausgedrückt das, was Ihr geplanter Dübel am Ende halten kann, das heißt, bis zu welcher Belastung er widerstehen kann, bevor er quasi »aufgibt«.

Dabei muss für eine erfolgreiche Bemessung, also den Nachweis, dass die Befestigung mit dem Dübel oder der Dübelgruppe hält, der Dübelwiderstand, das heißt die Tragfähigkeit des Dübels, mindestens genauso groß sein wie die Einwirkung auf den Dübel.

Die Tragfähigkeit des Dübels darf also niemals kleiner als die Einwirkungen sein, da es sonst zum Versagen der Befestigung kommen kann.

Solche Nachweise kann man mit den Softwaretools der Hersteller führen, wenn Sie sich das selbst nicht zutrauen, fragen Sie bitte einen Profi und lassen Sie sich dabei unterstützen, bevor es schiefgeht.

Bei der Bestimmung der Einwirkungen, aber auch bei der Ermittlung der Widerstände der Dübel im »Prüfverfahren«, werden zusätzlich immer noch »Unwägbarkeiten« durch sogenannte »Teilsicherheitsbeiwerte« berücksichtigt.

Da man zum Beispiel nicht hundertprozentig vorher bestimmen kann, welche Einwirkungen tatsächlich auftreten, werden zur Sicherheit

- ✔ auf der »Einwirkungsseite« die Einwirkung (E) bei der Bemessung rechnerisch vergrößert (durch Multiplikation mit dem Teilsicherheitsbeiwert der Einwirkungen γ_F) und
- ✔ auf der »Widerstandsseite« der Dübelwiderstand (R_K) rechnerisch verkleinert (durch Division durch den Material-Teilsicherheitsbeiwert γ_M).

Diese Berücksichtigung von Sicherheiten in Teilen – einerseits bei der Einwirkung auf den Dübel und anderseits beim Widerstand des Dübels – nennt man daher auch das »Teilsicherheitskonzept«.

Beanspruchungen am Beispiel der Klimmzugstange

Am anschaulichen Praxisbeispiel der Klimmzugstange aus der Einführung zu diesem Buch soll das Teilsicherheitskonzept auf der Einwirkungsseite in diesem Abschnitt etwas detaillierter erläutert werden.

Zu den auftretenden Belastungen bei der Befestigung der Klimmzugstange waren lediglich einige wenige Angaben gemacht worden, die wir Ihnen im nächsten Abschnitt im Detail erläutern wollen.

Belastung der Klimmzugstange

Sie erinnern sich sicher an die Informationen aus der Unterhaltung in der Einführung dieses Buches:

»Die Belastung ist max. 95 kg, statisch, dynamisch bei verschiedenen Aufschwungübungen.«

Die nachfolgenden Abschnitte zeigen, was aus dieser Information aus statischer Sicht abgeleitet werden kann und wie komplex schon diese – vermeintlich sehr einfache – Befestigungsaufgabe sein kann.

Zunächst ist es aber erforderlich, dass die Angabe des »Gewichts« von 95 kg in eine »Gewichtskraft« umgerechnet wird, da statische Berechnungen üblicherweise mit Kräften und nicht mit Gewichten durchgeführt werden.

In den Unterlagen der Hersteller finden Sie vermutlich fast nie Angaben in Kilogramm. Sie werden immer nur Angaben zu Kräften finden. Deshalb hier eine kurze Erläuterung, wie Sie mit den Angaben in den Unterlagen umgehen können.

Das Gewicht bzw. die Masse mit der Einheit Kilogramm (kg) ist immer ortsunabhängig. Dagegen ist die Gewichtskraft mit der Einheit Newton (N) ortsgebunden:

1 kg wiegt auf der Oberfläche unserer Erde etwa 9,81 N.

In der Praxis wird häufig vereinfacht und dabei

- ✔ 1 kg ≈ 10 N bzw.
- ✔ 100 kg ≈ 1000 N = 1 kN

gesetzt. Im Beispiel mit der Klimmzugstange können wir folglich mit 95 kg ≈ 0,95 kN rechnen.

Statisches System

Im Baugeschehen fällt häufig der Ausspruch:

> *»Die Zeichnung ist die Sprache des Ingenieurs!«*

Im Bereich der Tragwerksplanung ist es daher üblich, dass vor jeder statischen Berechnung das sogenannte »statische System« der Konstruktion grafisch dargestellt wird. In diese Zeichnungen werden dann sowohl

- ✔ die auf die Konstruktion einwirkenden Kräfte als auch
- ✔ die entgegengesetzt wirkenden sogenannten »Reaktionskräfte«

eingezeichnet.

Abbildung 10.3 zeigt zunächst die Situation, wenn eine Person mit dem angegebenen Gewicht an der Klimmzugstange hängt. Zur Vereinfachung gehen wir davon aus, dass die Stange symmetrisch belastet wird (siehe Pfeile).

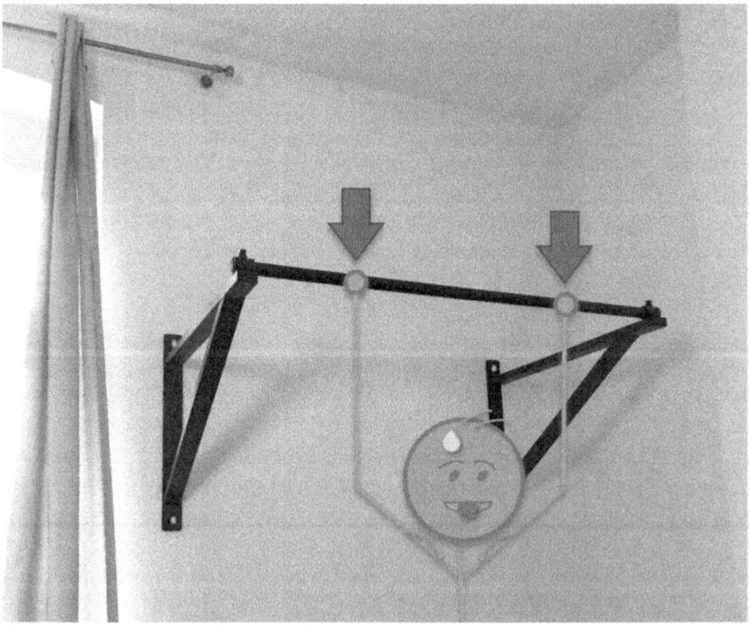

Abbildung 10.3: Klimmzugstange unter symmetrischer Belastung (Foto: keine Nennung gewünscht; Collage: Scheller)

In der Praxis sind solche Vereinfachungen allerdings nicht immer möglich. Übertragen auf die Klimmzugstange könnte das zum Beispiel bedeuten, dass von Ihnen auch die Fälle untersucht werden müsste, wenn zwei gegebenenfalls noch dazu unterschiedlich schwere Personen an der Stange Klimmzüge machen oder wenn eine Person sich nicht genau mittig an die Stange hängt.

Daher sollten Sie – auf der sicheren Seite liegend – den Faktor 2 berücksichtigen oder die gesamte Verkehrslast – also die ganze Person – auf einer Seite berücksichtigen. Stellen Sie sich dazu einfach eine Person vor, die sich nur mit einer Hand an der Klimmzugstange festhält, direkt neben der zu befestigenden Konsole der Klimmzugstange.

Hier soll es aber nur um das Prinzip der Ermittlung der Einwirkungen gehen. Daher wird auf die Betrachtung unterschiedlicher sogenannter »Lastfälle« nicht weiter eingegangen, sondern nur der »einfache« symmetrische Fall beschrieben (Abbildung 10.4).

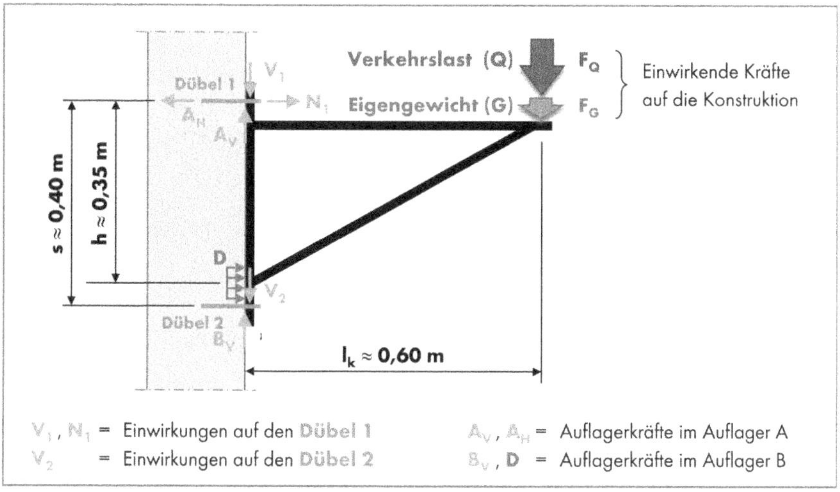

Abbildung 10.4: Statisches System einer Klimmzugstangen-Konsole mit Ergänzung der Einwirkungen auf die Dübel 1 und 2 (Zeichnung: Scheller)

Die Darstellung des statischen Systems kann bei der symmetrischen Betrachtung noch weiter »vereinfacht« werden (Abbildung 10.4), da so nur die linke oder rechte Konsole der Klimmzugstange betrachtet werden muss und die zweite Konsole baugleich ausgeführt werden kann.

Außerdem muss über eine Konsole nur die Hälfte der »95 kg, statisch, dynamisch« abgetragen werden, wobei die Folgeabschnitte allerdings zeigen, dass die zu untersuchenden Beanspruchungen für die Dübel tatsächlich noch deutlich größer sein müssen als nur 95 kg : 2 = 47,5 kg!

Aus Abbildung 10.4 wird deutlich, dass das auf der Wand aufliegende Stahlprofil im unteren Bereich über die diagonale Strebe durch die Belastung des Sportlers auf Druck beansprucht wird. Diese Druckkraft (D) wird nicht erst über den Dübel 2, sondern direkt über das Stahlprofil in die Wand bzw. in den Verankerungsgrund eingeleitet. Dieses Stahlprofil ist in Bezug auf die beiden Dübel 1 und 2

- ✔ das eigentliche Anbauteil bzw. die Ankerplatte nach Kapitel 7, Abschnitt »Wichtige Begriffe und Maße im Bereich der Dübeltechnik« mit
- ✔ der Anordnung der Dübel nach Kapitel 8, Abschnitt »Lochbilder im Anbauteil – Anordnung der Befestigungen«.

Der Dübel 2 dient auch als Sicherheit gegen (unbeabsichtigte) Kräfte von unten. Vorstellbar wäre beispielsweise, dass die sportmachende Person in Richtung Klimmzugstange springt und von unten dabei an die Klimmzugstange stößt. Dieser Lastfall soll allerdings auch nicht weiter untersucht werden, da er doch in diesem Falle eher theoretischer Natur ist, aber bei einer kompletten Betrachtung der Vollständigkeit halber dazu gehört.

Eigengewicht – Eigenlast – statische Last

Bei der Angabe der »max. 95 kg, statisch, dynamisch bei verschiedenen Aufschwungübungen« hätte für eine richtige statische Bemessung noch von Ihnen hinterfragt werden müssen, ob in dieser Angabe bereits das Eigengewicht der beiden Konsolen und der eigentlichen Klimmzugstange mit enthalten ist oder nicht.

Können Sie diese Frage, wie im vorliegenden Fall, nicht beantworten, so wird das Eigengewicht bzw. die ständige Einwirkung der Konstruktion auf der sicheren Seite wie folgt mit berücksichtigt:

- ✔ Auf die exakte Bestimmung wird hier aus Übersichtsgründen verzichtet und stattdessen ein Gesamtgewicht von 13 kg angenommen, das nach Abschnitt »Bemessung ist Aufgabe des Planers!« in diesem Kapitel als charakteristische Gewichtskraft von $F_{G,k}$ = 0,13 : 2 = 0,065 kN auf die beiden Konsolen verteilt wird.
- ✔ Auf der sicheren Seite wird angenommen, dass dieses Eigengewicht auf der gleichen Stelle auf die Konsole einwirkt (Pfeil »F_G« in Abbildung 10.4) wie die Verkehrslast, die aus dem trainierenden Sportler resultiert (Pfeil »F_Q« in Abbildung 10.4).
- ✔ Wie im Abschnitt »Bemessung ist Aufgabe des Planers!« in diesem Kapitel beschrieben, muss diese charakteristische Einwirkung mit Gleichung (2) in einen Bemessungswert umgerechnet werden.

$$F_{G,d} = F_{G,k} \cdot \gamma_{F,G} = 0{,}065 \cdot 1{,}35 = 0{,}09\ \text{kN} \qquad \text{Gl. 2}$$

mit:

$F_{G,d}$ = Bemessungswert der Einwirkung auf die Konstruktion aus Eigengewicht

$F_{G,k}$ = charakteristische Einwirkung auf die Konstruktion aus Eigengewicht

= 0,065 kN

$\gamma_{F,G}$ = Teilsicherheitsbeiwert der Einwirkung für Eigengewicht

= 1,35

Verkehrslasten – veränderliche Last

Für die Konstruktion der Klimmzugstange ist das Gewicht bzw. die Gewichtskraft der sporttreibenden Person nicht allein das Eigengewicht der Person. Es ist vielmehr eine Verkehrslast bzw. eine veränderliche Einwirkung. Die Person hat ja vermutlich nicht geplant, nur ständig ruhig, das heißt statisch, an der Klimmzugstange zu hängen, sondern Sport zu machen. Damit wird die Person zur Verkehrslast, also einer Last, die sich verändert durch die Bewegung.

Hängt der Sportler also nur ganz ruhig an der Stange, so ist diese Beanspruchung statisch (vergleiche Tabelle 10.1).

Die erforderliche Bestimmung des Bemessungswertes in Gleichung (3) erfolgt sinngemäß wie im vorhergehenden Abschnitt »Eigengewicht – Eigenlast – statische Last« mit dem Unterschied, dass für Verkehrslasten ein größerer Teilsicherheitsbeiwert der Einwirkungen berücksichtigt werden muss, hier ist schlicht und einfach die Unsicherheit größer, also braucht es mehr Sicherheit:

$$F_{Q,d} = F_{Q,k} \cdot \gamma_{F,Q} = 0{,}475 \cdot 1{,}5 = 0{,}71\ \text{kN} \qquad \text{Gl. 3}$$

mit:

$F_{Q,d}$ = Bemessungswert der Einwirkung auf die Konstruktion aus Verkehrslast

$F_{Q,k}$ = charakteristische Einwirkung auf die Konstruktion aus Verkehrslast

= 0,475 kN

$\gamma_{F,Q}$ = Teilsicherheitsbeiwert der Einwirkung für Verkehrslast

= 1,50

Einwirkungen auf die Dübel infolge des Eigengewichts und der Verkehrslasten

Als Gesamteinwirkung auf die Konstruktion, also auf eine Konsole, ergibt sich demnach aus beiden Einwirkungen:

$$F_d = F_{G,d} + F_{Q,d} = 0{,}09 + 0{,}71 = 0{,}80\ \text{kN} \qquad \text{Gl. 4}$$

mit:

F_d = Bemessungswert der Gesamteinwirkung auf die Konstruktion

$F_{G,d}$ = Bemessungswert der Einwirkung auf die Konstruktion aus Eigengewicht

= 0,09 kN (siehe Gleichung (2) im Abschnitt »Eigengewicht – Eigenlast – statische Last« hier in Kapitel 10)

$F_{Q,d}$ = Bemessungswert der Einwirkung auf die Konstruktion aus Verkehrslast

= 0,71 kN (siehe Gleichung (3) im Abschnitt »Verkehrslasten – veränderliche Last« hier in Kapitel 10)

Dieser Bemessungswert der Einwirkung stellt aber noch nicht die Einwirkung auf die betrachten Dübel dar! Diese müssen im Rahmen der statischen Berechnung unter Berücksichtigung des statischen Systems (Abbildung 10.4) noch ermittelt werden.

Dabei ergeben sich die Querlasten auf Dübel 1 und Dübel 2 also V_1 und V_2 aus der Anschauung von Abbildung 10.4 offenbar wie folgt:

$$V_{1,d} = V_{2,d} = F_d / 2 = 0{,}80 / 2 = 0{,}40 \text{ kN} \qquad \text{Gl. 5}$$

mit:

$V_{1,d}$ = Bemessungswert der einwirkenden Querlast auf den Dübel 1

$V_{2,d}$ = Bemessungswert der einwirkenden Querlast auf den Dübel 2

F_d = Bemessungswert der Gesamteinwirkung auf die Konstruktion

= 0,80 kN (siehe Gleichung (4))

Zusätzlich wirkt auf den Dübel 1 noch eine Zugkraft N_1. Diese resultiert aus dem (Dreh-)Moment, das durch die auf die Konsole wirkende Kraft F_d multipliziert mit dem Kragarm l_k entsteht. Dieses Moment wird als Kräftepaar durch die Zugkraft N_1 von Dübel 1 aufgenommen und im Endpunkt der stabilisierenden Diagonalen direkt als Druckkraft D über das Stahlprofil bzw. die eigentliche Ankerplatte in den Verankerungsgrund übertragen (vergleiche Abbildung 10.4). Der innere Hebelarm ist daher nicht der Achsabstand der beiden Dübel $s \approx 0{,}40$ m, sondern nur $h \approx 0{,}35$ m. Die Zugkraft N_1 ergibt sich entsprechend mit Gleichung (6):

$$N_{1,d} = \left(F_d \cdot l_k\right) / h = \left(0{,,}80 \cdot 0{,,}60\right) / 0{,}35 = 1{,}37 \text{ kN} \qquad \text{Gl. 6}$$

mit:

$N_{1,d}$ = Bemessungswert der einwirkenden Zuglast auf den Dübel 1

F_d = Bemessungswert der Gesamteinwirkung auf die Konstruktion

= 0,80 kN (vergleiche Gleichung (4))

l_k = Länge des Kragarms nach Abbildung 10.4

h = Länge des inneren Hebelarms nach Abbildung 10.4

Zusammenfassend lässt sich feststellen, dass es bei einem – fachlich richtigen – statischen Nachweis mit der einfachen Aussage zur Belastung der Klimmzugstange mit »... max. 95 kg, statisch, ...« (siehe Abschnitt »Belastung der Klimmzugstange« hier im Kapitel 10) allein durch eine an der Klimmzugstange hängende Person nicht getan ist. Entscheidend ist auch, wo die Lasten angreifen:

Im Beispiel der Klimmzugstange aus der Einführung zu diesem Buch bezieht sich die (Orts-)Angabe der einwirkenden Last nur auf die eigentliche Reckstange. Von der Reckstange müssen die Lasten aber noch über die seitlichen Konsolen und die auf der Wand aufliegenden Ankerplatten bis zu den Dübeln transportiert werden. Dadurch können nicht unerhebliche Zusatzlasten entstehen.

Im Beispiel werden die beiden oberen Dübel daher nicht nur mit einer

- ✔ Querlast $V_{1,d}$ = 0,40 kN quer zur Dübelachse, sondern auch mit einer nicht zu vernachlässigenden
- ✔ Zuglast $Z_{1,d}$ = 1,37 kN längs zur Dübelachse (circa 140 kg!)

belastet (siehe Abbildung 10.2 und Abbildung 10.4), die bei einer entsprechenden Bemessung eines geeigneten Dübelsystems berücksichtigt und vom tatsächlich vorhandenen Verankerungsgrund aufgenommen werden müssen.

Ermüdungsrelevante oder auch »dynamische« Belastungen

Was passiert, wenn die sporttreibende Person nicht nur statisch an der Klimmzugstange hängt (siehe den Abschnitt »Verkehrslasten – veränderliche Last« hier im Kapitel 10)? Wir erinnern uns:

> *»Die Belastung ist max. 95 kg, statisch, dynamisch bei verschiedenen Aufschwungübungen.«*

Zusätzlich soll der Nutzer natürlich auch »verschiedene Aufschwungübungen« (zum Beispiel Klimmzüge) absolvieren, die als »dynamisch« beschrieben wurden.

Wenn dynamische Einwirkungen wiederholt auftreten, werden sie in der Fachsprache als »ermüdungsrelevante« Einwirkung bezeichnet (siehe Tabelle 10.1 im Abschnitt »Beanspruchungen (Belastungsarten)« hier im Kapitel 10).

Die Ermüdung bezieht sich dabei auf das Material (nicht auf die sporttreibende Person!), in diesem Fall den Werkstoff des Dübels, das insbesondere durch wiederholte mechanische Belastung geschädigt wird.

BEISPIEL

Erinnern Sie sich noch an den Nagelbalken bei Ihrem letzten Schulfest?

Wie viele Hammerschläge haben Sie benötigt, um einen Nagel einzuschlagen?

Oder wie oft mussten Sie den krumm gehauenen Nagel wieder gerade schlagen?

Dieses wiederholte »Gerade-Schlagen« quer zur Nagelachse, vor allen Dingen immer wieder in die entgegengesetzte Richtung, wird irgendwann dazu führen, dass der Nagel bricht (Abbildung 10.5).

Das ist »Ermüdung« des Materials am Beispiel eines Nagels, die wir sinngemäß auf Dübel übertragen können:

- ✔ Schlagartige bzw. plötzliche,
- ✔ aber auch an- und abschwellende
- ✔ sich wiederholende Belastungen
- ✔ mit unterschiedlicher Intensität und/oder

- ✔ wechselnden Lastrichtungen
- ✔ sowohl quer als auch längs zur Achse des Befestigungsmittels (Nagel bzw. Dübel)

sind besondere »ermüdungsrelevante« Einwirkungen für Dübel, die bei deren Bemessung und Auslegung gesondert betrachtet werden müssen.

a) Unvollständig eingeschlagener Nagel

b) X-mal hingeschlagen

c) X-mal zurückgeschlagen

d) Irgendwann: »Nagel ab«

Abbildung 10.5: Beispiel »Ermüdung« zur einfachen Veranschaulichung: Bei einem mehrfach hin und her geschlagenen Nagel in einem Holzbalken bricht der Nagel irgendwann ab. (Fotos: Scheller)

Ermüdung bei der Klimmzugstange

Sie denken jetzt bei dieser Überschrift des Abschnittes sicher direkt daran, dass Sie die Aufschwungübungen müde machen, oder? Hier geht es tatsächlich nicht um die sporttreibende Person, sondern darum, dass auch scheinbar massiv erscheinende Konstruktionen »ermüden« können. Die Konstruktion der Klimmzugstange (Stange und Konsolen) wird bei den Sportübungen, für die die Klimmzugstange vorgesehen ist, in jedem Fall nicht nur statisch belastet.

- ✔ Klimmzüge macht man am besten mit durchgestreckten Beinen und ohne den Boden zu berühren, weshalb die Klimmzugstange in einer entsprechenden Höhe befestigt werden muss.
- ✔ Je nach Intensität des Trainings werden dann bestimmte »Aufschwungübungen« innerhalb eines Trainings immer wiederholt. Je nach Motivation des Sportlers finden diese Trainings mehr oder weniger regelmäßig statt (zum Beispiel täglich, wöchentlich, …).

✔ Das bedeutet, dass bestimmte Be- und Entlastungen bzw. auch Lastwechsel auf die Klimmzugstange und damit auch auf deren Befestigung in bestimmten Zyklen immer wieder stattfinden.

Ob wir bei diesem vergleichsweise einfachen Beispiel dann noch von einer »quasi-statischen« Einwirkung ausgehen können oder schon von einer »ermüdungsrelevanten« Einwirkung reden müssen, kann nicht ohne Weiteres festgelegt werden (siehe Tabelle 10.1 im Abschnitt »Beanspruchungen (Belastungsarten)« hier im Kapitel 10).

Bereits durch eine plötzliche Einwirkung einer Last tritt ein dynamischer Effekt ein, der zu einer Vergrößerung der Last bis zum Doppelten führen kann. Zumindest sollte man das 1,5-Fache berücksichtigen.

Das hat auch noch nichts mit Ermüdung zu tun, sondern berücksichtigt lediglich den Einfluss des sogenannten Dynamic Load Factor (deutsch: Dynamischer Last-Faktor, DLF).

Durch die Aufschwungübungen kann dieser Faktor auch größer als 2 werden. Das bedeutet, dass dieser Dynamic Load Factor im »Abschnitt Verkehrslasten – veränderliche Last« hier in Kapitel 10 zusätzlich zum Faktor $\gamma_{F,Q}$ = 1,5 berücksichtigt werden müsste.

Weitere ermüdungsrelevante Belastungen in der Praxis

Für die Beurteilung von ermüdungsrelevanten Belastungen ist immer der (Tragwerks-)Planer bzw. ein (Bau-)Ingenieur zuständig. Die Entscheidung hängt dabei beispielsweise von der Häufigkeit der Nutzung einer Befestigung ab:

✔ Sind Dübel regelmäßig wiederholten Lastzyklen ausgesetzt, zum Beispiel bei der Befestigung

- einer Kranbahn,
- einer Maschinenanlage mit sich bewegenden Teilen (zum Beispiel Roboter, Abbildung 10.6a) oder
- einer Belüftungsanlage für einen Straßentunnel (vergleiche Abbildung 10.6b),

muss der Nachweis gegen Ermüdung geführt werden (DIN EN 1992-4, 2019, S. 100).

✔ Nach DIBt MVV TB (2024/1, S. 166) sind angreifende Querlasten, die mehrfach ihr Vorzeichen wechseln, gegebenenfalls als ermüdungsrelevante Beanspruchung zu betrachten. Im Gegensatz dazu sind veränderliche Querlasten mit wechselnden Vorzeichen, die sich aus Windlasten oder Temperaturänderung ergeben, im Regelfall nicht als Ermüdungsbeanspruchungen, sondern als quasi-statische Lasten zu betrachten (siehe den Abschnitt »Beanspruchungen (Belastungsarten)« hier in Kapitel 10).

a) Ermüdung durch wiederholte Bewegungen des Roboters

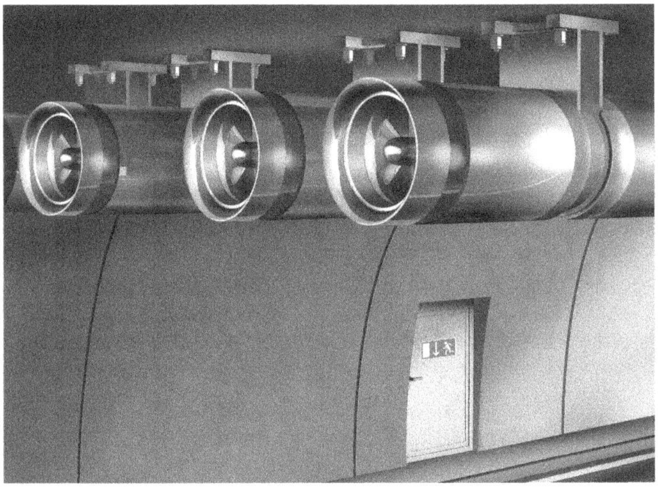

b) Ermüdung durch wiederholte starke Luftbewegungen infolge vorbeifahrender LKW auf die Lüftungsanlage in einem Straßentunnel

Abbildung 10.6: Beispiele für ermüdungsrelevante Belastungen von Dübeln (Grafiken: Adolf Würth GmbH & Co. KG)

Die Grenzen, ab wann eine Belastung als ermüdungsrelevant betrachtet werden muss, werden im EOTA TR 061 (2018, S. 4) mit

- ✔ $\geq$ 1000 Lastwechseln bei schwellender Zugbelastung und
- ✔ $\geq$ 100 Lastwechseln bei schwellender oder wechselnder Querbelastung

angegeben. Werden die Grenzwerte überschritten, ist zu beachten, dass die Beanspruchung dann nicht mehr quasi-statisch ist und damit nicht mehr durch eine äquivalente statische Ersatzeinwirkung bei der Berechnung beschrieben werden kann (siehe Tabelle 10.1 im Abschnitt »Beanspruchungen (Belastungsarten)«).

BEISPIEL

Wird beispielsweise eine Kranbahn über 25 Jahre planmäßig nur zweimal am Tag verwendet, kommt man bereits auf rund 20.000 Bewegungen des Krans und ist damit für die Befestigung der entsprechenden Kranbahn definitiv im ermüdungsrelevanten Bereich – im Rahmen der geplanten Nutzungsdauer des Krans.

Kurzes Fazit zum Thema Bemessung und Belastungen

Ja, Sie werden nun vielleicht etwas verwirrt auf das Fazit hier schauen, es war jetzt alles andere als einfach, das geben wir zu. Was Sie alles – im Sinne der bzw. Ihrer eigenen Sicherheit beachten müssen, selbst bei einer Klimmzugstange – ist eine ganze Menge. Allein die wenigen Überlegungen der vorangegangenen Abschnitte machen deutlich, dass bereits die Ermittlung der Beanspruchungen auf der Einwirkungsseite eine sehr komplexe Aufgabe ist bzw. sein kann, für die das Know-how eines Tragwerksplaners (Ingenieurs) erforderlich sein kann. Es reicht also definitiv nicht aus, zur Auswahl eines geeigneten Dübels bei einer Klimzugstange einfach die sporttreibende Person auf die Waage zu stellen und ihr Gewicht zu ermitteln.

Durch die Art der zu befestigenden Konstruktion können bei der Umleitung bzw. Weiterleitung von Kräften Zusatzbeanspruchungen entstehen, die bis zur eigentlichen Ankerplatte, die mit Dübeln befestigt werden soll, sorgfältig ermittelt werden müssen.

Bevor der eigentliche statische Nachweis nach Abschnitt »Bemessung ist Aufgabe des Planers!« hier in Kapitel 10 geführt werden kann, muss im zweiten Schritt der Bemessung die Widerstandsseite des Dübels im Verankerungsgrund betrachtet werden. Dafür werden wir Ihnen in den nachfolgenden Kapiteln 11 bis 14 exemplarisch verschiedene Dübelsysteme für die unterschiedlichen Verankerungsgründe (nach Kapitel 3 und 4) vorstellen.

Bitte machen Sie sich bei Ihrer Befestigungsaufgabe immer zuerst Gedanken, ob es beim Versagen der Dübel zu einem wirtschaftlichen Schaden oder sogar Personenschaden kommen kann. Wenn Sie diese Frage mit Ja beantworten können und sich unsicher sind, welche Belastung Ihr Dübel aufnehmen muss, weil Sie die vorherigen Abschnitte zu kompliziert fanden und die Belastung Ihres Dübels nicht richtig einschätzen können, holen Sie sich bitte Rat und Unterstützung vom Profi.

Teil III
Dübelsysteme – Welche Dübel stehen Ihnen zur Verfügung?

IN DIESEM TEIL ...

- ✔ Definition eines Dübelsystems
- ✔ Metalldübel für Beton
- ✔ Verbunddübel für Beton
- ✔ Kunststoffdübel für Beton und Mauerwerk
- ✔ Porenbetonanker
- ✔ Kurze Einführung in das Thema Bemessung
- ✔ Hinweise zur Montage von Dübeln
- ✔ Schulungsmöglichkeiten

IN DIESEM KAPITEL

- Metalldübel
- Bolzenanker
- Schlagdübel
- Hülsenanker
- Einschlagdübel
- Betonschraube
- Schraubanker

Kapitel 11
Metalldübel-Systeme zur Verankerung im Beton

Sie sind bis zu diesem Kapitel gekommen bei der Suche nach einem passenden Dübel? Jetzt geht es endlich an die Dübel selbst, versprochen. Sie lernen verschiedene Dübelsysteme für Beton kennen. Sie erfahren, wie Sie ermitteln, welchen Dübel Sie für Ihre Aufgabe einsetzen können und wo Sie die entsprechenden Angaben finden. In den Kapiteln 13 und 14 lernen Sie Dübel für Mauerwerk kennen.

Definition des Begriffs »Dübelsystem«

Sie haben in den vorherigen Kapiteln bereits mehrfach recht allgemein den Begriff »Dübelsystem« gelesen. Bei den in diesem und im nächsten Kapitel vorgestellten Dübeln handelt es sich im Wesentlichen um »Dübelsysteme«, für die Sie sehr umfangreiche Unterlagen bei den Herstellern mit sehr genauen Angaben zum jeweiligen System finden.

Jedes Dübelsystem besteht dabei in den meisten Fällen aus mehreren Komponenten, die in Unterlagen der Hersteller sehr detailliert beschrieben werden.

Nach den DIBt »Hinweisen für die Montage von Dübelverankerungen« gilt für diese Komponenten bzw. Teile immer folgende Aussage (DIBt Hinweise, 2010, S. 7) bzw. folgender »System-Gedanke«:

»Einbau nur wie vom Hersteller geliefert, ohne Austausch der einzelnen Teile.«

Dies bedeutet, dass Sie bitte diese Systeme nicht nach eigenen Vorstellungen neu zusammenstellen dürfen. Bitte bleiben Sie immer in einem System bei einem Hersteller.

Die nachfolgenden Dübelsysteme sind im »Prüfverfahren« durch die Hersteller immer nur mit den in den jeweiligen Unterlagen dargestellten Komponenten geprüft worden. Dabei ist offensichtlich, dass die Kombination x-beliebiger Teile durch Sie selbst niemals die in Unterlagen angegeben Tragfähigkeiten und technischen Kennwerte abbilden können.

Der eigenmächtige Austausch von einzelnen Komponenten stellt daher eine (wesentliche) Abweichung von den Angaben der Hersteller dar.

Metalldübel

Unter dem Oberbegriff Metalldübel lernen Sie nachfolgend Dübelsysteme kennen, die – bis auf wenige kleine Einzelteile – komplett aus Metall bestehen.

Bolzenanker

Mit welchem Werkzeug montieren Sie die Alufelgen an Ihrem Auto?

»Natürlich mit einem Drehmomentschlüssel!«, werden Sie wahrscheinlich antworten, »denn werden die Radmuttern zu fest angezogen, können sie beschädigt oder im schlimmsten Fall abgerissen werden!« oder Sie beschädigen die teure Alufelge, was Sie ja auf keinen Fall tun wollen.

Was diese Frage und die zugehörige Antwort mit unserem ersten Metalldübel, dem Bolzenanker zu tun hat, werden Sie nach diesem Abschnitt besser verstehen. Aber beginnen wir von vorn:

Bolzenanker werden in der Praxis manchmal auch als »Schlagdübel« bezeichnet, da sie – zunächst – mit Hammerschlägen entweder maschinell oder wirklich mit dem Hand-Hammer in das Bohrloch eingeschlagen werden (Abbildung 11.1, Setzanweisung in Abbildung 11.2).

Abbildung 11.1: Beispiel für einen Bolzenanker: Fixanker W-FAZ (Foto: Adolf Würth GmbH & Co. KG)

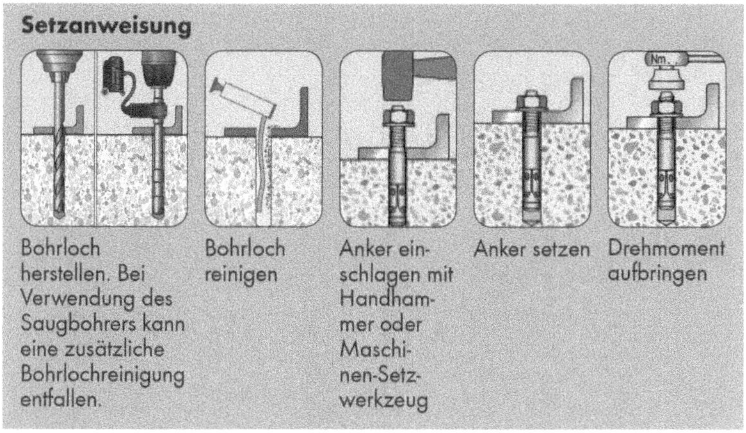

Abbildung 11.2: Montagevorgang eines typischen Bolzenankers mit kalibriertem Drehmomentschlüssel (Grafik: Adolf Würth GmbH & Co. KG)

BEISPIEL

Tatsächlich erzählt man sich dazu in Fachkreisen die Geschichte, wie ein Zimmermann eine Fußpfette, einen Holzbalken als Auflage für die Dachkonstruktion, auf einer Betondecke montiert haben soll:

Nachdem der Zimmermann das Bohrloch erstellt und einen Bolzenanker durch die Fußpfette aus Holz in das Bohrloch gesteckt hatte, soll er so lange mit einem Hammer auf den Bolzenanker eingeschlagen haben, bis die Sechskantmutter mit der Unterlegscheibe im Holz versenkt war. »Loch bohra, Dübel nei und fertig!«, habe der Zimmermann gesagt und war überzeugt davon, dass er den Dübel richtig gesetzt hat.

Sollte diese Geschichte tatsächlich wahr sein, so gilt hier natürlich ausdrücklich, dass Sie dies bitte »NICHT nachmachen!«. Die richtige Setzanweisung für einen Bolzenanker zeigt Abbildung 11.2.

Die Bezeichnung »Schlagdübel« wird dem Funktionsprinzip des Bolzenankers aber nicht gerecht, da ein Bolzenanker, der (wie in der Geschichte zuvor fälschlicherweise) nur eingeschlagen wird, seine Tragfähigkeit überhaupt nicht oder nur sehr eingeschränkt »entfalten« kann.

Diese eingeschränkte Tragfähigkeit wäre in jedem Fall nur unter sehr großen Verschiebungen gegeben, da der Bolzenanker unter Belastung aus dem Bohrloch herausgezogen würde.

Das letzte Bild der Setzanweisung (Abbildung 11.2) deutet an, weshalb die wissenschaftliche Bezeichnung für den Bolzenanker »drehmomentkontrolliert spreizender Dübel« ist, womit sich das tatsächliche Funktionsprinzip erklären lässt:

Durch das Anziehen der Mutter mit einem definierten Drehmoment wird der untere Teil des Bolzens, der sogenannte Konus, kontrolliert in den Spreizklipp bzw. in die Spreizhülse hineingezogen. Dabei entsteht eine Vorspannkraft (ähnlich einer gespannten Feder) im Bolzen.

Gleichzeitig wird eine Spreizkraft erzeugt, die den Spreizklipp gegen die Bohrlochwand im Beton drückt und sicherstellt, dass der Dübel ordnungsgemäß im Bohrloch verankert wird.

Über die Reibung zwischen Spreizklipp und Bohrlochwandung (Reibschluss) wird die auf den Dübel einwirkende Beanspruchung in den Beton übertragen (Abbildung 11.3).

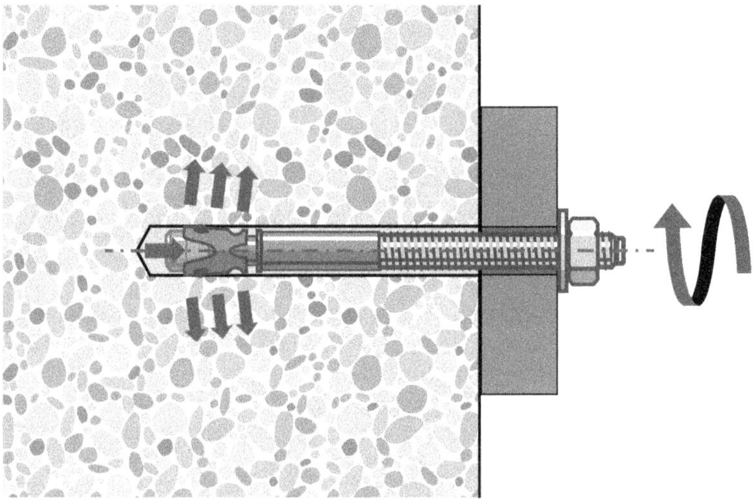

Abbildung 11.3: Funktionsweise eines drehmomentkontrolliert spreizenden Bolzenankers: Reibung zwischen Spreizklipp bzw. Spreizhülse und Bohrlochwandung (Grafik: Adolf Würth GmbH & Co. KG)

Für die Montage gibt es verschiedene Systeme zur Kontrolle des Drehmoments. Üblicherweise wird dazu ein kalibrierter, das heißt regelmäßig überprüfter Drehmomentschlüssel verwendet (siehe Abbildung 11.4).

Abbildung 11.4: Beispiel für einen Drehmomentschlüssel (Foto: Adolf Würth GmbH & Co KG)

Drehmomentschlüssel sollten regelmäßig neu kalibriert werden!

Fällt Ihnen ein Drehmomentschlüssel beispielsweise auf den Boden oder wird ein Drehmomentschlüssel unsachgemäß benutzt, kann dessen Genauigkeit wesentlich beeinträchtigt werden. Sie sollten dann den Drehmomentschlüssel vor Ablauf des empfohlenen Kalibrierungsintervalls überprüfen lassen.

Eine fachgerechte Kalibrierung eines Drehmomentschlüssels erfordert unter anderem qualifiziertes Personal und eine entsprechende Kalibrierausrüstung. Hier empfiehlt sich daher, dass Sie die entsprechenden Serviceangebote der Hersteller in Anspruch nehmen.

Ein nicht aktuell kalibrierter Drehmomentschlüssel mag vielleicht Ihr Gewissen beruhigen, es kann jedoch sein, dass Sie es hätten gleich lassen können, damit zu arbeiten, weil er etwas ganz anderes anzeigt als von Ihnen eigentlich beabsichtigt.

Und jetzt kommt die Parallele zur Montage der Alufelgen an Ihrem Auto:

Wird bei einem Standardbolzenanker das Drehmoment – unvorschriftsmäßig – nur mit einer handelsüblichen Umschaltknarre (»Ratsche«) aufgebracht, kann man davon ausgehen, dass

- ✔ bei kleinen Dübelgrößen wie M6 oder M8 das Drehmoment viel zu hoch und
- ✔ bei großen Durchmessern wie M24 und M30 das Drehmoment viel zu klein ist.

Kleinere Dübelgrößen können Sie bei der Montage auch abreißen – denken Sie an die Schraube bei Ihrer Felge. Das im Bohrloch verbleibende Dübelteil können Sie dann nur noch mit großem Aufwand aus dem Bohrloch entfernen, genau wie den Rest Ihrer Schraube bei Ihrer Felge.

Ist bei großen Durchmessern das Drehmoment zu klein, spreizt der Dübel beim Aufbringen der Belastung zwar nach, wird aber dadurch etwas aus dem Bohrloch herausgezogen. Dieses Herausziehen kann dann zu einer Lockerung und damit zu einem »Klappern« des Anbauteils führen, weil der Dübelkopf bzw. die Unterlegscheibe mit der Mutter durch das Herausziehen nicht mehr kraftschlüssig auf dem Anbauteil aufliegen.

Eine weitere wichtige Unterscheidung dieses Dübeltyps ergibt sich durch die Funktionsfähigkeit im gerissenen Beton (siehe Kapitel 3 im Abschnitt »Gerissener (Stahl-)Beton«):

- ✔ Es gibt Bolzenanker, die im gerissenen Beton nachspreizen können.

  Das bedeutet, dass der Konusbolzen dieser Dübeltypen beim Aufgehen eines (planmäßigen) Risses im Beton weiter ganz von allein in den Spreizklipp bzw. in die Spreizhülse »hineinrutschen« bzw. beim Schließen eines Risses auch wieder »zurückrutschen« kann, wie zum Beispiel der Fixanker W-FAZ in Abbildung 11.5a.

  Grundlagen dieser besonderen Funktion bei Bolzenankern sind zum Beispiel Beschichtungen oder Kunststoffüberzüge des Konus am Dübelende und aufwendiger konstruierte Spreizklipps.

- ✔ Die einfacheren Varianten dieses Dübeltyps (vergleiche Abbildung 11.5b) funktionieren dagegen nur im ungerissenen Beton (siehe Kapitel 3 im Abschnitt »Ungerissener Beton«).

  Diese Dübeltypen können dann im gerissenen Beton zum Beispiel nur für Mehrfachbefestigungen von nichttragenden Systemen eingesetzt werden (siehe Kapitel 9 im Abschnitt »Statisch unbestimmte Lagerung des Anbauteils – Mehrfachbefestigung«), da ihnen die Funktion des Nachspreizens fehlt, wenn sich das Bohrloch durch einen (planmäßigen) Riss öffnet und/oder größer wird.

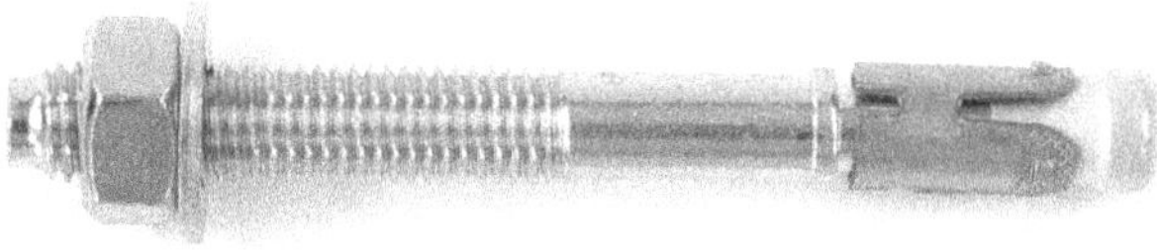

a) Fixanker W-FAZ für gerissenen Beton

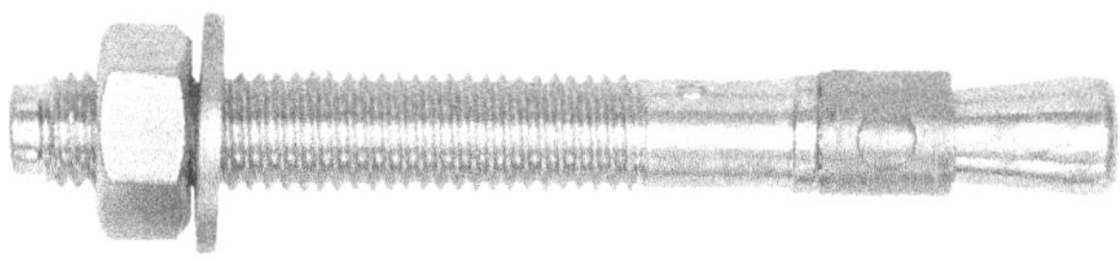

b) Fixanker W-FA für ungerissenen Beton

Abbildung 11.5: Bolzenanker im Vergleich (Fotos: Adolf Würth GmbH & Co KG)

Die Tragfähigkeit von nicht risstauglichen Dübelsystemen kann bei einer Fehlanwendung im gerissenen Beton bis auf null absinken! Achten Sie hier bitte immer auf die Angaben in den Unterlagen der Hersteller.

Hülsenanker

Der Hülsenanker (Abbildung 11.6) funktioniert wie der Bolzenanker im vorherigen Abschnitt über ein definiertes Drehmoment.

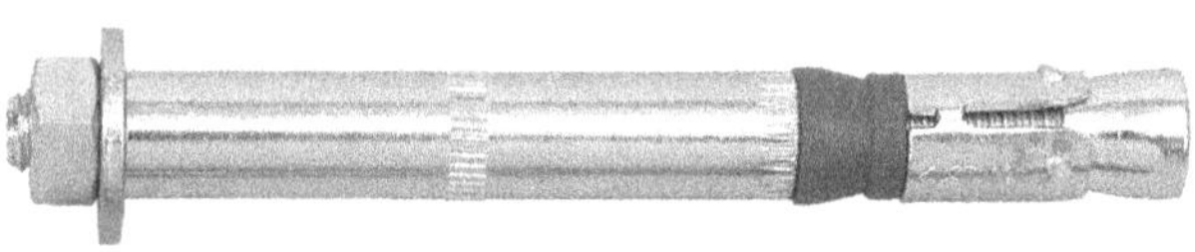

Abbildung 11.6: Beispiel für einen Hülsenanker: Hochleistungsanker mit Gewindebolzen W-HAZ (Foto: Adolf Würth GmbH & Co. KG)

Auch der Montagevorgang ist vergleichbar (Abbildung 11.7).

Im Unterschied zum Bolzenanker ist der Bohrlochdurchmesser in der Regel deutlich größer als der Durchmesser des Anschlussgewindes. Dies liegt daran, dass über das Gewinde eine Hülse geschoben wird, die dem Dübelsystem seinen Namen gibt. Diese Hülse vergrößert den Außendurchmessers des Systems und kann Vorteile bei Querbelastung haben.

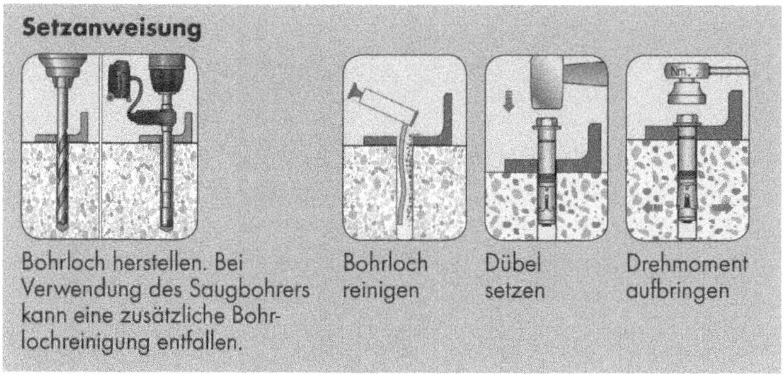

Abbildung 11.7: Montagevorgang eines Hülsenankers mit kalibriertem Drehmomentschlüssel (Grafik: Adolf Würth GmbH & Co. KG)

Einschlagdübel

Ein weiteres System, das über Reibung zwischen Bohrlochwandung und Dübelhülse funktioniert, ist der Einschlagdübel (Abbildung 11.8).

a) Einschlagdübel ohne Bund b) Einschlagdübel mit Bund

Abbildung 11.8: Beispiel für einen Einschlagdübel: Einschlagdübel W-ED (Foto: Adolf Würth GmbH & Co. KG)

Im Gegensatz zu den bereits genannten drehmomentkontrolliert spreizenden Dübeln wie Bolzen- oder Hülsenankern spricht man beim Einschlagdübel wissenschaftlich von einem wegkontrolliert spreizenden Dübel.

- Wie die Bezeichnung »wegkontrolliert« bereits sagt, wird hier die Kraftübertragung nicht über das Aufbringen eines definierten Drehmoments realisiert, sondern über eine Verspreizung bei einem definierten Einschlagweg eines Konus in die Dübelhülse.
- Dieser Konus, der bereits bei der Herstellung des Dübels in die Dübelhülse vorgesteckt wurde, muss von Ihnen um das vorgegebene Maß »S« in Abbildung 11.9a weiter in die Dübelhülse eingeschlagen werden, sodass diese aufgespreizt wird.
- Dies kann nur über spezielle Setzwerkzeuge gewährleistet werden, die zum jeweiligen Dübelsystem dazugehören. Ist der Dübel korrekt verspreizt liegt das Werkzeug auf der Hülse auf (Abbildung 11.9b).

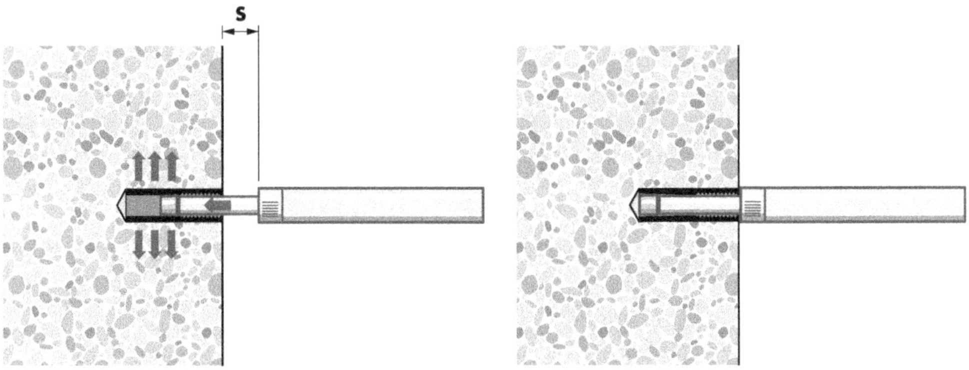

a) Einschlagdübel (Konus werksmäßig vorgesteckt) oberflächenbündig im Bohrloch gesetzt vor der Verspreizung

b) Einschlagdübel vollständig verspreizt, Setzwerkzeug sitzt auf Dübelrand auf.

Abbildung 11.9: Funktionsweise eines wegkontrolliert spreizenden Dübels, Reibschluss zwischen Hülsenaußenseite und Bohrlochwandung (Grafiken: Adolf Würth GmbH & Co. KG)

Teilweise gibt es dabei Setzwerkzeuge, die eine Markierung auf der Dübelhülse hinterlassen. Dies hat den Vorteil, dass Sie die korrekte Montage später auch noch auf einfache Art und Weise optisch selbst kontrollieren können (Abbildung 11.10).

Abbildung 11.10: Links: Dübelhülse eines Einschlagdübels unverspreizt, Mitte: Markierung auf der verspreizten Dübelhülse, rechts: Spitze des Markierungsspreizwerkzeugs (Foto: Scheller)

In der Praxis könnten Sie in die Versuchung kommen – abweichend zu den zuvor beschriebenen, zum Dübelsystem »Einschlaganker« zugehörigen Setzwerkzeugen – teilweise auch andere in Ihrer Werkzeugkiste vorhandene Werkzeuge wie Splinttreiber/Durchschlag oder Schraubendreher bis hin zu Bewehrungseisen zu verwenden. Mit keinem dieser Werkzeuge können Sie jedoch die korrekte Verspreizung des Einschlagdübels gewährleisten, weshalb Sie diese für eine korrekte Montage nicht verwendet dürfen, sondern sich zwingend das passende Setzwerkzeug (siehe Abbildung 11.10, rechts) beim Hersteller des Dübels besorgen müssen!

Wollen Sie eine größere Anzahl von Einschlagdübeln oder einen größeren Durchmesser des Einschlagdübels setzen, dann ist ein maschinelles Setzwerkzeug empfehlenswert (Abbildung 11.11). Das Montieren über Kopf von mehreren dieser Dübel kann schnell sehr anstrengend werden und dazu führen, dass Sie nicht alle Dübel vollständig verspreizen.

Abbildung 11.11: Von rechts nach links: Bundbohrer und aufsetzbares Spreizwerkzeug für die Verwendung mit einem Bohrhammer mit SDS-Aufnahme (Foto: Adolf Würth GmbH & Co KG)

Bei Abhängungen unter Stahlbetondecken, in die die Einschlagdübel in der Regel montiert werden, können Sie in das Innengewinde des Dübels beliebig lange Gewindestangen einschrauben. Dabei müssen Sie lediglich eine Mindesteinschraubtiefe (L_{sdmin}) der Gewindestange in der Dübelhülse des Einschlagdübels einhalten (Abbildung 11.12). Die Angabe dieser Mindesteinschraubtiefe finden Sie beispielsweise in den entsprechenden Unterlagen der Hersteller.

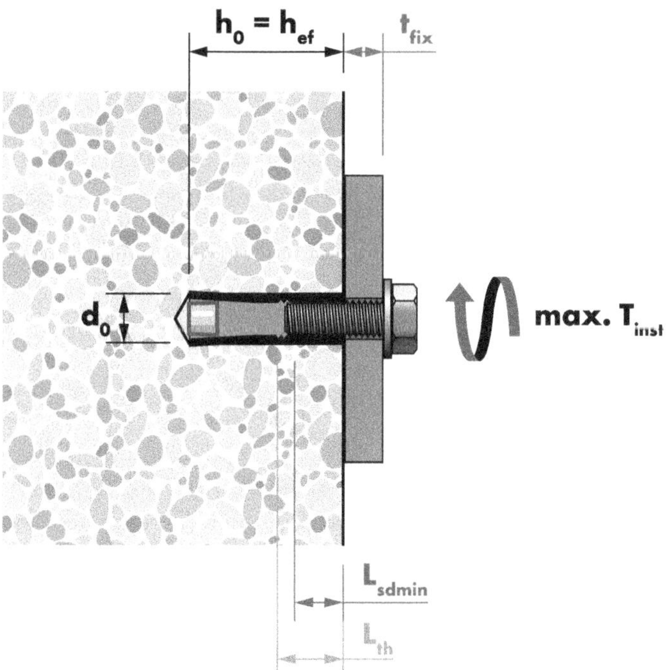

Abbildung 11.12: Minimale Einschraubtiefe (L_{sdmin}) und maximale Einschraubtiefe (L_{th}) für eine Schraube in einen Einschlagdübel (Grafik: Adolf Würth GmbH & Co. KG)

Bei der Verwendung von Schrauben, zum Beispiel für die Befestigung von Montageschienen, gilt die Mindesteinschraubtiefe entsprechend. Dafür ist es aber unerlässlich, dass Sie den Dübel exakt oberflächenbündig mit dem Verankerungsgrund bzw. mit der vorgeschriebenen Setztiefe einbauen; dies erreichen Sie am besten durch den Einsatz eines Bundbohrers (Abbildung 11.11). Mit einem Bundbohrer können Sie nicht zu tief bohren, da dieser Bohrer nur eine – die korrekte – Bohrtiefe zulässt.

Abbildung 11.13 zeigt Ihnen als Fehlanwendung einen zu tief gesetzten Einschlagdübel, bei dem das Bohrloch – ohne einen Bundbohrer zu verwenden – viel zu tief gebohrt wurde, und die daraus resultierenden Folgen:

- ✔ Der Einschlagdübel wird unvollständig verspreizt (Bild Abbildung 11.13a).
- ✔ Die vorher geplante, bestellte und auch gelieferte Schraubenlänge zum Befestigen des Anbauteils kann überhaupt nicht mehr greifen und die Kraftübertragung aus der Schraube in den Einschlagdübel sicherstellen (Abbildung 11.13b).

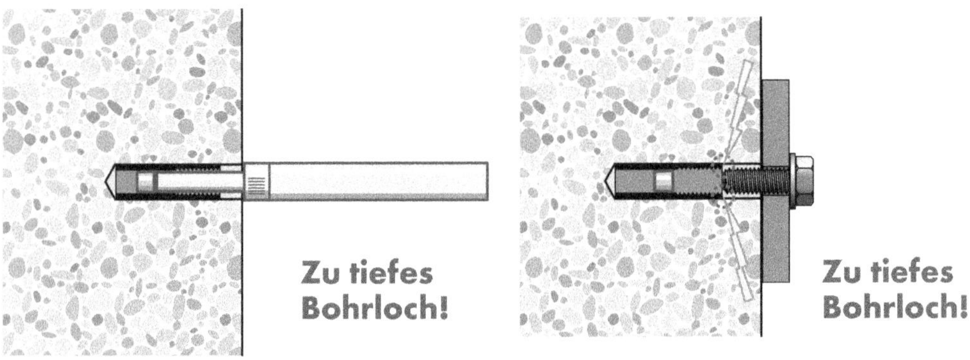

a) Einschlagdübel wird aufgrund eines zu tiefen Bohrlochs unvollständig verspreizt.

b) Schraube kann aufgrund eines zu tiefen Bohrlochs nicht eingeschraubt werden.

Abbildung 11.13: Fehlanwendung: Zu tiefes Bohrloch für einen Einschlagdübel (Grafiken: Adolf Würth GmbH & Co. KG)

Auch wenn die Schraube beispielsweise nur einen Gewindegang in das Innengewinde des Einschlagdübels eingeschraubt werden könnte, so handelt es sich so lange um eine Fehlanwendung, bis nicht die Mindesteinschraubtiefe (L_{sdmin}) eingehalten wird.

Die maximale Einschraubtiefe (L_{th}) dürfen Sie ebenfalls nicht überschreiten (Abbildung 11.12), weil sonst das Schraubengewinde am Ende des Innengewindes des Einschlagdübels anschlägt, bevor das Anbauteil richtig mit dem Verankerungsgrund verspannt wird (Anbauteil klappert). Diesen Fehler sollten Sie jedoch deutlich besser sehen als eine zu kurze Einschraubtiefe.

Auch bei einem Einschlagdübel müssen Sie die Schrauben mit einem kalibrierten Drehmomentschlüssel (Abbildung 11.4) anziehen, um eine Beschädigung von Schraube bzw. Hülse zu vermeiden.

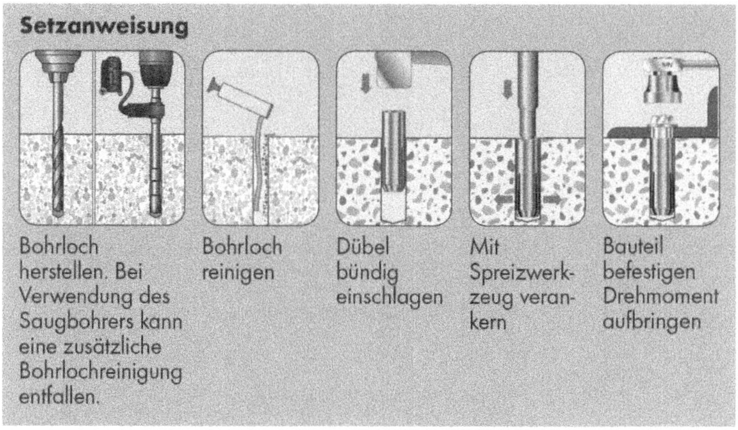

Abbildung 11.14: Montagevorgang eines Einschlagdübels mit zugehörigem Setzwerkzeug (Grafik: Adolf Würth GmbH & Co. KG)

Das bedeutet, dass der Einschlagdübel kein Montagedrehmoment benötigt, damit er richtig funktioniert, im Gegensatz zu einem Bolzen- oder Hülsenanker (Abschnitte »Bolzenanker« und »Hülsenanker« in diesem Kapitel). Das vorgegebene Montagedrehmoment darf hier von Ihnen nicht überschritten werden, damit die Dübelhülse oder der Schraubenkopf während der Montage nicht abreißt.

Ein Nachteil des recht einfachen Dübelsystems sind die hohen Spreizkräfte bei korrekter Verspreizung.

Deshalb müssen Sie für diese Dübel – im Vergleich zu Dübelsystemen wie dem Bolzenanker oder der Betonschraube (Abschnitte »Bolzenanker« und »Betonschrauben« in diesem Kapitel) – auch relativ große Rand- und Achsabstände einhalten.

Des Weiteren können Sie Einschlagdübel nicht in Durchsteckmontage setzen, sondern müssen diese – im Gegensatz zu Bolzenankern oder Betonschrauben – immer in Vorsteckmontage montieren (siehe Kapitel 8 im Abschnitt »Montagearten – auf welche Art wird der Dübel montiert?«)

Die Abbildung 11.14 zeigt Ihnen abschließend einmal den kompletten Montagevorgang eines Einschlagdübels.

Betonschrauben

Die »jüngste« Entwicklung bei den Metalldübeln ist die Betonschraube (Abbildung 11.15), auch wenn es diese mittlerweile auch schon rund zwei Jahrzehnte lang auf dem Markt gibt.

In der Praxis finden Sie auch die Bezeichnungen »Schraubanker« oder »Schraubdübel«.

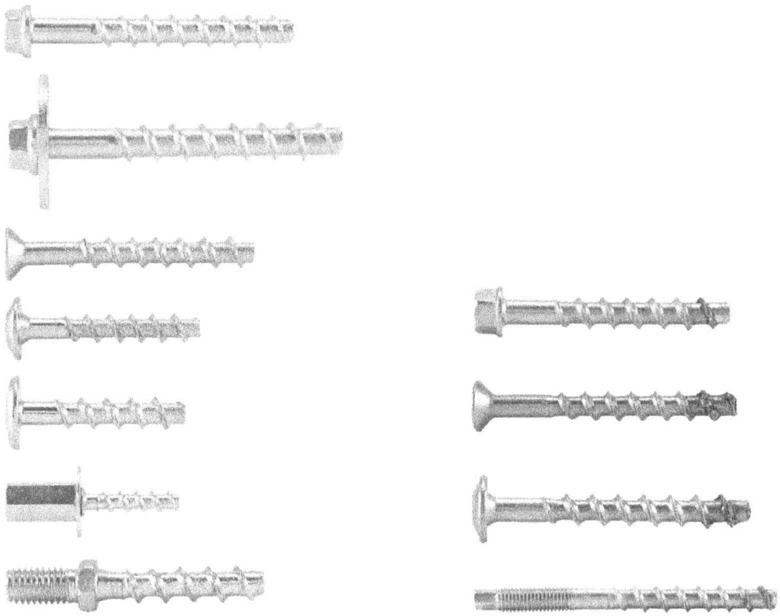

a) Betonschraube W-BS aus galvanisch verzinktem Stahl

b) Betonschraube W-BS aus nichtrostendem Stahl

Abbildung 11.15: Beispiele für Betonschrauben: Betonschraube W-BS mit unterschiedlichen Kopfformen (Fotos: Adolf Würth GmbH & Co. KG)

Das Verankerungsprinzip der Betonschrauben entspricht vereinfacht gesagt dem Verankerungsprinzip der Holzschraube, angewandt auf den Beton:

Sie bohren ein Loch in den Verankerungsgrund (das ist bei Holzschrauben nicht immer erforderlich), wobei der Bohrerdurchmesser kleiner ist als der Gewindeaußendurchmesser der Betonschraube. Die Betonschraube schneidet sich dann selbst, also ohne weiteres Werkzeug, ein eigenes Gewinde in den Verankerungsgrund (Abbildung 11.16).

Über den wissenschaftlich als »Formschluss« bezeichneten Tragmechanismus werden die Zugkräfte in den Beton übertragen (Abbildung 11.17).

Bezüglich der Montage bietet die Betonschraube einige Vorteile:

✔ Das System ist beispielsweise mit einem (Tangential-)Schlagschrauber setzbar (Abbildung 11.18).

  Bei der maschinellen Montage von Betonschrauben mit kleinen Durchmessern und/oder kleinen Setztiefen ist allerdings darauf zu achten, einen geeigneten, das heißt nicht zu starken (Tangential-)Schlagschrauber zu verwenden, da eine zu starke Maschine

  - Betonschrauben mit kleinem Durchmesser abreißen kann oder
  - Betonschrauben mit kleinem Durchmesser und kleinen Setztiefen überdrehen kann.

Abbildung 11.16: Betonschraube und ein in den Beton geschnittenes Gewinde (Foto: Küenzlen)

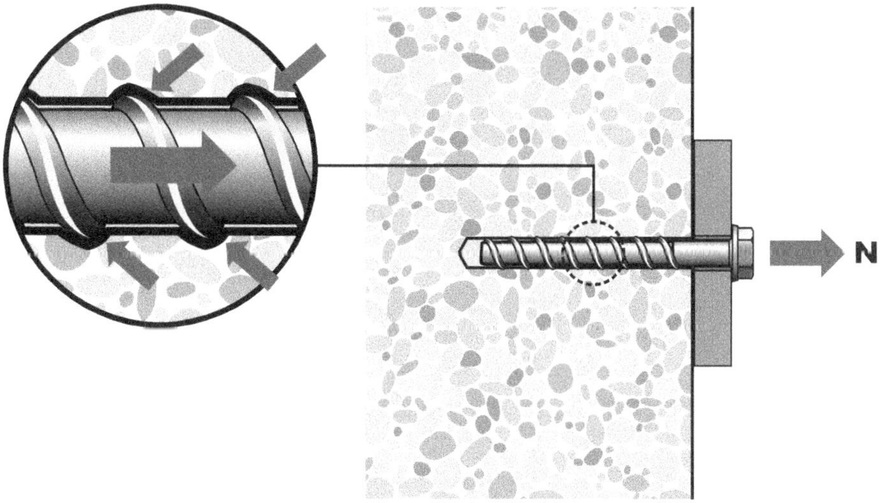

Abbildung 11.17: Lasteinleitung bei Betonschrauben durch Formschluss (Grafik: Adolf Würth GmbH & Co. KG)

Hierzu sind gegebenenfalls auch die Angaben der Hersteller zu beachten.

✔ Sind keine Herstellerangaben verfügbar, empfiehlt sich in jedem Fall, dass Sie selbst Setzversuche vor der eigentlichen Montage durchführen, um die richtige Einstellung des (Tangential-)Schlagschraubers bestimmen zu können.

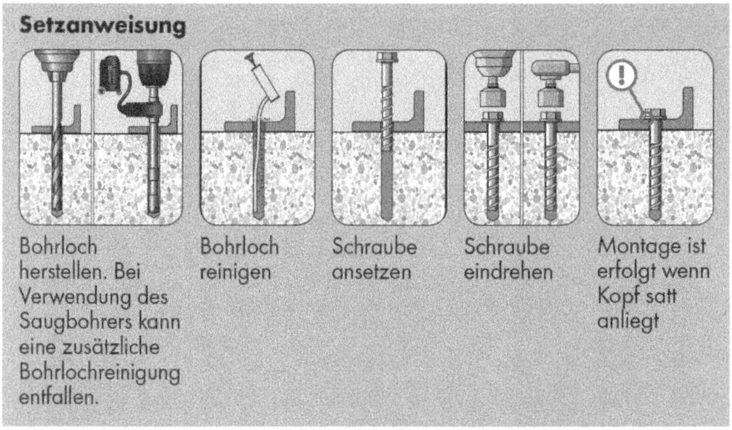

Abbildung 11.18: Montagevorgang einer Betonschraube mit Schlagschrauber bzw. Drehmomentschlüssel; mögliche Fortsetzung der Setzanweisung siehe Abbildung 11.19 (Grafik: Adolf Würth GmbH & Co. KG)

Für die Betonschraubenmontage von Hand müssen Sie nicht zwingend einen kalibrierten Drehmomentschlüssel verwenden. Allerdings sei Ihnen – insbesondere für die Montage von Betonschrauben mit kleinem Durchmesser – die Verwendung empfohlen, um ein Abdrehen des Schraubenkopfes zu vermeiden.

Bei der Montage muss von Ihnen ansonsten nur sichergestellt werden, dass der Schraubenkopf am Anbauteil anliegt.

Für die in Abbildung 11.15 dargestellten Dübeltypen mit Anschlussgewinde – also ohne Schraubenkopf – darf das Drehmoment beim Verankern der Mutter nicht überschritten werden!

Durch das in den Beton geschnittene Gewinde entsteht durch die Montage einer Betonschraube kein Spreizdruck. Dadurch können Sie Betonschrauben deutlich näher an den Rand von Betonbauteilen setzen als beispielsweise einen Einschlagdübel (siehe Abschnitt »Einschlagdübel« hier in diesem Kapitel).

Als weiteren Vorteil ermöglicht das in den Beton geschnittene Gewinde auch eine komplette Demontage der Betonschraube, ohne dass Einzelteile der Befestigung im Verankerungsgrund verbleiben.

Eine Wiederverwendung einer aus dem Beton herausgeschraubten Betonschraube und des zugehörigen Bohrlochs ist in den meisten Fällen nicht erlaubt! Hierzu steht in DIBt Hinweise (2010, S. 8) ausdrücklich Folgendes:

> *»Betonschrauben und Bohrlöcher können nur dann mehrfach verwendet werden, wenn dies in der Zulassung ausdrücklich erlaubt wird.«*

Diese Angaben finden Sie immer in den Unterlagen der Hersteller.

Neuere Betonschrauben erlauben Ihnen für bestimmte Dübelgrößen allerdings eine sogenannte »Adjustierung«. Angaben dazu finden Sie – wenn es erlaubt ist – immer in den Unterlagen der Hersteller. Dabei darf die fertig montierte Betonschraube im Beispiel von Abbildung 11.18 und Abbildung 11.19 maximal zweimal jeweils 10 mm wieder herausgeschraubt werden, um insgesamt maximal 10 mm geeignetes Unterlegmaterial – zum Ausrichten des Anbauteils, zum Beispiel einen Geländerpfostens – zu unterfüttern. Dabei müssen Sie nach dem Unterfüttern mindestens noch die kleinste Setztiefe h_{nom1} nach Herstellervorgaben eingehalten.

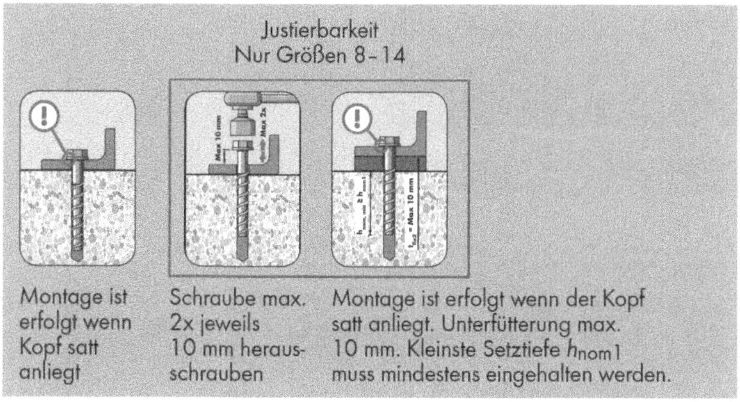

Abbildung 11.19: Mögliche Fortsetzung des Montagevorgangs einer Betonschraube aus Abbildung 11.18 mit »Adjustierung« (siehe ETA W-BS, 2021, S. 14; Grafik: Adolf Würth GmbH & Co. KG)

Die neuesten Entwicklungen in diesem Bereich kombinieren die Vorteile der Betonschraube mit den Vorteilen eines Injektionsmörtels bzw. Injektionssystems aus Kapitel 12 im Abschnitt »Injektionssysteme« (Abbildung 11.20 und Abbildung 11.21):

- ✔ Die Befestigung ist – durch das in den Beton geschnittene Gewinde – sofort belastbar (nur die Verschraubung).
- ✔ Nach Aushärten des Injektionsmörtels, mit dem der Ringspalt zwischen Bohrlochwandung und Betonschraubenkern verfüllt wird,
  - erhöht sich durch die Klebekraft des Injektionsmörtels die Tragfähigkeit des Gesamtsystems (Verschraubung und Verklebung) und
  - das Bohrloch wird zusätzlich abgedichtet.

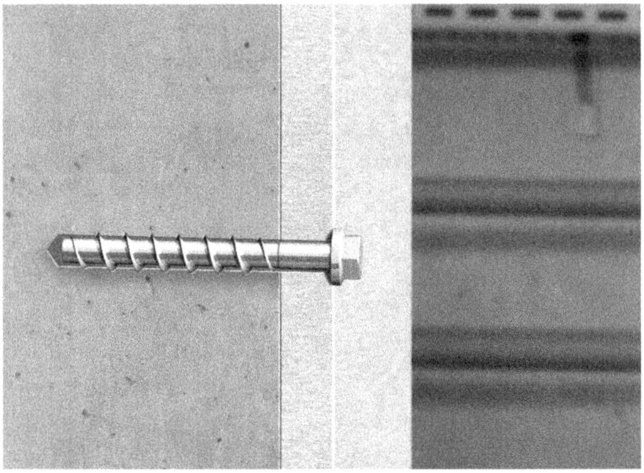

Abbildung 11.20: Eingeklebte Betonschraube – Ringspalt mit Injektionsmörtel verfüllt (Bild: Adolf Würth GmbH & Co. KG)

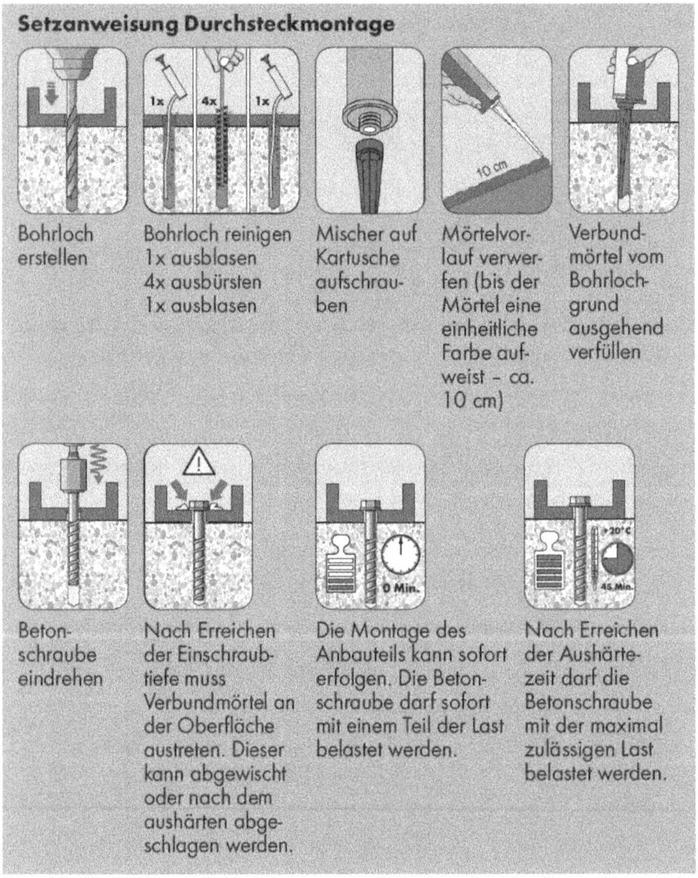

a)

Abbildung 11.21a: Montagevorgang einer eingeklebten Betonschraube in Durchsteckmontage (Grafik: Adolf Würth GmbH & Co. KG)

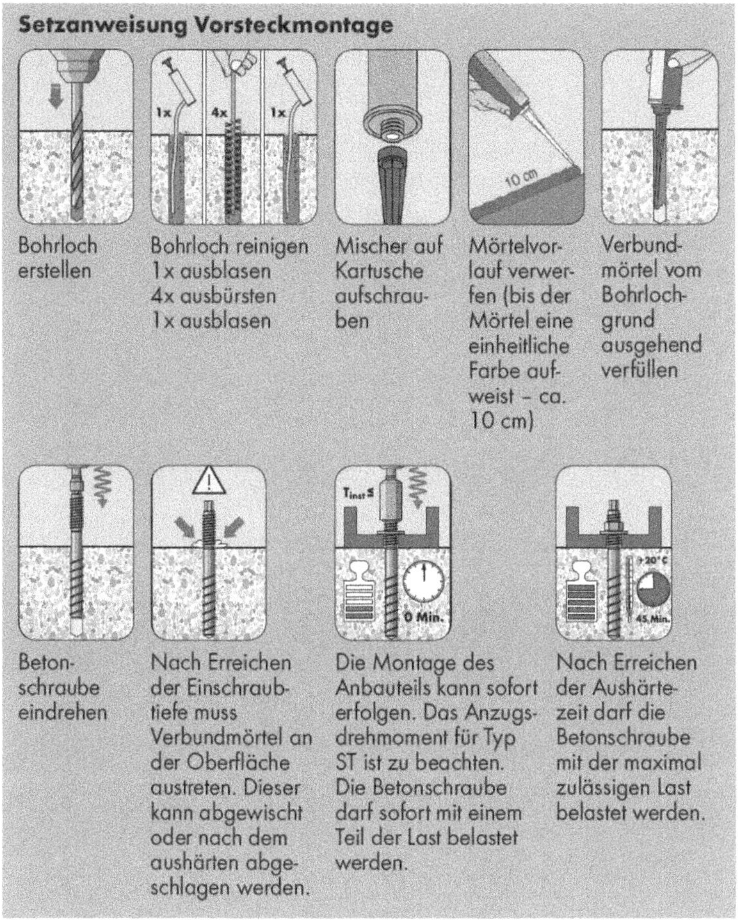

b)

Abbildung 11.21b: Montagevorgang einer eingeklebten Betonschraube in Vorsteckmontage (Grafik: Adolf Würth GmbH & Co. KG)

IN DIESEM KAPITEL

Verbunddübel

Injektionssysteme

Patronensysteme

Risstaugliche Verbundspreizdübel

Kapitel 12
Verbunddübel-Systeme zur Verankerung im Beton

Im vorherigen Kapitel haben Sie Metalldübel-Systeme für Beton kennengelernt. Diese Systeme bestehen nur aus dem Dübel selbst. Jetzt beschäftigen wir uns mit Systemen, für die Sie zusätzlich einen Injektionsmörtel benötigen.

Sie erfahren, wie Sie ermitteln, welchen Dübel Sie für Ihre Aufgabe einsetzen können und wo Sie die entsprechenden Angaben finden. Die Unterscheidungen der Systeme für den Einsatz in Beton werden nachfolgend erläutert. Für Injektionssysteme in Mauerwerk wird auf Kapitel 14 verwiesen.

Definition des Begriffs Verbunddübel

Bei Verbunddübeln wird in »Injektionssysteme« und »Patronensysteme« unterschieden (siehe die beiden folgenden gleichnamigen Abschnitte), die – vereinfacht beschrieben – immer aus einer erhärtenden Masse aus zwei Komponenten (Harz und Härter) und einer dazugehörigen Ankerstange bestehen.

- ✔ Bei Injektionssystemen sind die beiden Komponenten in einer Mörtelkartusche (Koaxialkartuschen oder Schlauchfolienkartuschen, vergleiche zum Beispiel Abbildung 12.8 und Abbildung 14.1) enthalten, die dann mit einer geeigneten Auspresspistole über einen sogenannten Statikmischer (Abbildung 12.1) vermischt in das Bohrloch eingebracht werden. Die zugehörige Ankerstange wird mit leichten Drehbewegungen in das mit dem Injektionsmörtel verfüllte Bohrloch eingebracht.

Abbildung 12.1: Beispiel für Statikmischer mit innenliegender Mischwendel (Foto: Adolf Würth GmbH & Co. KG)

- ✔ Bei Patronensystemen sind die beiden Komponenten in einer Mörtelpatrone, die in das Bohrloch eingesetzt wird. Durch drehend/schlagendes Einbringen der Ankerstange wird die Patrone zerstört, sodass sich die beiden Komponenten miteinander verbinden können.

Das Einbringen der Ankerstange und/oder gegebenenfalls erforderliches Justieren der Ankerstange muss jeweils innerhalb einer vorgegebenen Verarbeitungszeit erfolgen, bevor die Aushärtezeit beginnt. Die Bedeutung der genannten Zeiten erklären wir Ihnen später.

Ankerstangen, Innengewindehülse bzw. Innengewindeanker eines Verbunddübel-Systems sind immer

- ✔ mit leichten Drehbewegungen (Injektionssysteme) bzw.
- ✔ drehend/schlagend (Patronensysteme)

in das mit »Mörtel« gefüllte Bohrloch bis zum Bohrlochgrund zu setzen, damit der Mörtel die Ankerstange sauber umfließt bzw. benetzt und Luft, die gegebenenfalls noch im Bohrloch vorhanden ist, entweichen kann (zum Beispiel bei unsachgemäßer Verfüllung des Bohrlochs bei Injektionssystemen).

Ein »reines« Eindrücken von Ankerstange, Innengewindehülse bzw. Innengewindeanker in den Mörtel birgt die Gefahr, dass gegebenenfalls vorhandene Luft nicht entweichen kann und damit eine unvollständige »Verklebung« bzw. eine »Verklebung« mit zu geringer Verankerungstiefe erfolgt oder sich die Ankerstange nicht setzen lässt, da sie »zurückfedert«.

Bei allen Verbunddübeln, Injektions- und Patronensystemen sind in der Regel – neben dem Hinweis zuvor – immer auch die folgenden Punkte zu berücksichtigen:

- ✔ Das Verfallsdatum der Mörtelkartuschen bzw. Patronen muss beachtet werden.

  Nach Ablauf des Verfallsdatums dürfen die Gebinde nicht mehr verarbeitet werden, da ein sicheres Aushärten nicht mehr gewährleistet werden kann.

- ✔ Die Bestimmungen zum Arbeits- und Umweltschutz, die auf der Mörtelkartusche und/oder einem entsprechenden Beipackzettel zu finden sind, sind einzuhalten.
- ✔ Die in den Unterlagen der Hersteller vorgegebene Bohrlochreinigung (siehe gleichnamigen Abschnitt in Kapitel 16) ist für Verbunddübel extrem wichtig und muss unbedingt eingehalten werden!
- ✔ Temperatur (Transport- und Lagerungstemperatur, Montagetemperatur, niedrigste Nutzungstemperatur) – Montagezeit – Aushärtezeit (siehe gleichnamigen Abschnitt in Kapitel 16)
- ✔ Die Temperatur zur Bestimmung der Verarbeitungszeit und der Aushärtezeit muss immer im Bohrloch gemessen werden, am besten mit einem Laserthermometer (siehe Abbildung 6.2).
- ✔ Als Setzkontrolle, dass die Ankerstange bzw. Gewindestange richtig gesetzt wurde, muss nach dem Eindrehen der Ankerstange bzw. Gewindestange Überschussmörtel aus dem Bohrloch austreten.
- ✔ Dieser Überschussmörtel kann sofort nach der Montage noch innerhalb der Verarbeitungszeit zum Beispiel mit einem Spachtel entfernt werden.

  Bei vielen Systemen empfiehlt es sich allerdings, den Überschussmörtel aushärten zu lassen und diesen – nach Ablauf der Aushärtezeit – zum Beispiel vorsichtig mit einem Meißel abzuschlagen.

- ✔ Die eingeklebte Ankerstange bzw. Gewindestange darf während der Aushärtezeit nicht bewegt oder belastet werden, da eine vollständige Verklebung ansonsten nicht sichergestellt werden kann! Dies ist insbesondere bei einer möglichen Durchsteckmontage zu beachten (siehe hierzu auch Kapitel 8 im Abschnitt »Montagearten«)!
- ✔ Nach Ablauf der Aushärtezeit kann das Anbauteil mit einem kalibrierten Drehmomentschlüssel (siehe Abbildung 11.4) montiert werden. Dabei darf das maximale Drehmoment T_{inst} gemäß den jeweilige Produktunterlagen bzw. Beipackzetteln des Herstellers nicht überschritten werden.

Bei Injektionssystemen sind immer auch folgende Hinweise zu beachten.

- Bei Injektionssystemen gibt es zur jeweiligen Mörtelkartusche immer einen dazugehörigen sogenannten »Statikmischer«, der die beiden Komponenten aus der Kartusche mit seiner innenliegenden »Mischwendel« im richtigen Verhältnis mischt (Abbildung 12.1).

  Auch hier gilt der »System-Gedanke« (siehe Kapitel 11 im Abschnitt »Definition des Begriffs »Dübelsystems««): So dürfen Sie zum Beispiel nicht den Statikmischer von Hersteller A durch einen Statikmischer von Hersteller B ersetzen, da ansonsten das korrekte Mischungsverhältnis nicht sichergestellt werden kann.

- Von den Herstellern selbst werden auch innerhalb eines Dübelsystems unterschiedliche Kartuschen angeboten (vergleiche zum Beispiel Abbildung 12.8 und Abbildung 14.1: Koaxialkartuschen und Schlauchfolienkartuschen), die nur mit besonderen (Akku-)Auspresspistolen und/oder auch nur mit »normalen« Silikon-Auspresspistolen verarbeitet bzw. ausgepresst werden können. Auch für diese unterschiedlichen Kartuschen eines Herstellers ist von Ihnen immer der jeweils dazugehörige Statikmischer zu verwenden.
- Statikmischer dürfen Sie niemals ohne innenliegende Mischwendel verwenden!
- Nicht vollständig verbrauchte Mörtelkartuschen können nach Gebrauch wieder verschlossen und innerhalb des Verfallsdatums der Kartusche weiter verarbeitet werden.
- Bei jeder Arbeitsunterbrechung, die länger als die empfohlene Verarbeitungszeit dauert, und bei jeder neuen Mörtelkartusche ist der Statikmischer zu erneuern.

  Dabei müssen Sie immer die in der jeweiligen Setzanleitung vorgegebene Menge Vorlaufmörtel verwerfen, bis der Mörtel eine einheitliche Farbe aufweist.

- Der Mörtelvorlauf – also wenn Sie zum Beispiel eine neue Kartusche anbrechen – darf nicht für eine Befestigung verwendet werden!
- Das Bohrloch ist immer vom Bohrlochgrund aus zu verfüllen.
- Ein langsames Zurückziehen des Statikmischers aus dem Bohrloch verhindert in Vollmaterial (Beton und Vollstein) die Bildung von Lufteinschlüssen.
- Die für einen Befestigungspunkt erforderliche Mörtelmenge kann mittels Mörtelmengen-Tabellen oder Mörtelmengen-Berechnern ermittelt werden, die Ihnen von den Herstellern zur Verfügung gestellt werden.
- Aufgrund des abgelaufenen Verfallsdatums nicht mehr nutzbare Inhalte einer Kartusche sowie leere Kartuschen sind in der Regel einer anerkannten Abfallentsorgungsanlage zuzuführen.

Risstaugliche Verbundspreizdübel

Mehrfach wurden bereits das Thema »gerissener Beton« und die Fähigkeit eines Dübels zum »Nachspreizen« angesprochen. Diese Funktion gibt es auch bei einigen Verbundankern (Abbildung 12.2).

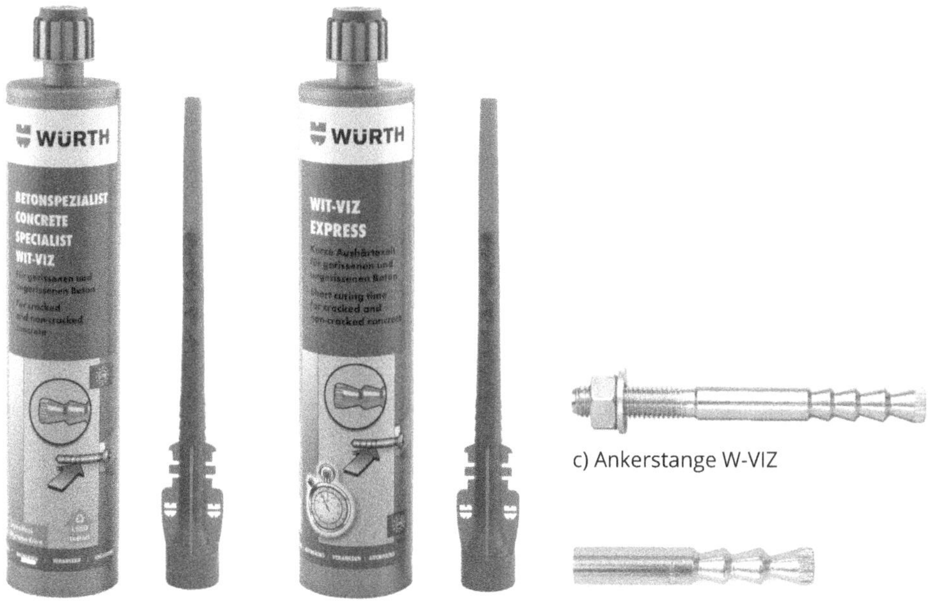

a) Koaxialkartusche WIT-VIZ

b) Koaxialkartusche WIT-VIZ Express

c) Ankerstange W-VIZ

d) Innengewindeanker W-VIZ-IG

Abbildung 12.2: Beispiele für einen risstauglichen Verbundspreizdübel: Injektionssystem W-VIZ (Fotos: Adolf Würth GmbH & Co. KG)

Verbundspreizdübel gehören im gerissenen Beton zu den Dübelsystemen mit den höchsten Tragfähigkeiten im Bereich der Injektionsanker.

Im Gegensatz zu den Metallspreizdübeln (zum Beispiel im Kapitel 11 im Abschnitt »Bolzenanker«) verfügen diese »risstauglichen Verbundspreizdübel« allerdings nicht über einen Spreizklipp, in den die Ankerstange bei Rissöffnung hineingezogen wird. Vielmehr stellt der – die Ankerstange umgebende – Mörtel im Bohrloch den Spreizklipp dar. Das bedeutet, dass bei diesen Systemen gar keine Verklebung der Ankerstange mit dem Injektionsmörtel erfolgt bzw. erfolgen darf. Damit ist die in der Praxis immer wieder auftauchende Bezeichnung »Klebedübel« für diese Systeme nicht ganz passend.

Um eine Verklebung zu verhindern, sind diese »Konen-Ankerstangen« daher mit einer speziellen Beschichtung versehen.

Beim Aufbringen des Montagedrehmoments mit einem kalibrierten Drehmomentschlüssel (Abbildung 12.3) löst sich aufgrund der Beschichtung die

Ankerstange von der Mörtelschale und wird in die durch den Mörtel geformten Spreizschalen hineingezogen (Abbildung 12.4).

Tritt nun ein Riss im Bereich des Bohrlochs auf, »bricht« auch die Mörtelschale auf und die Ankerstange wird, ähnlich wie bei einem Metallspreizdübel, weiter in die durch den Mörtel geformten Spreizschalen hineingezogen, es kommt zu einem Nachspreizen.

Schließt sich der Riss, kann die Ankerstange wieder in ihre ursprüngliche Lage zurückkehren.

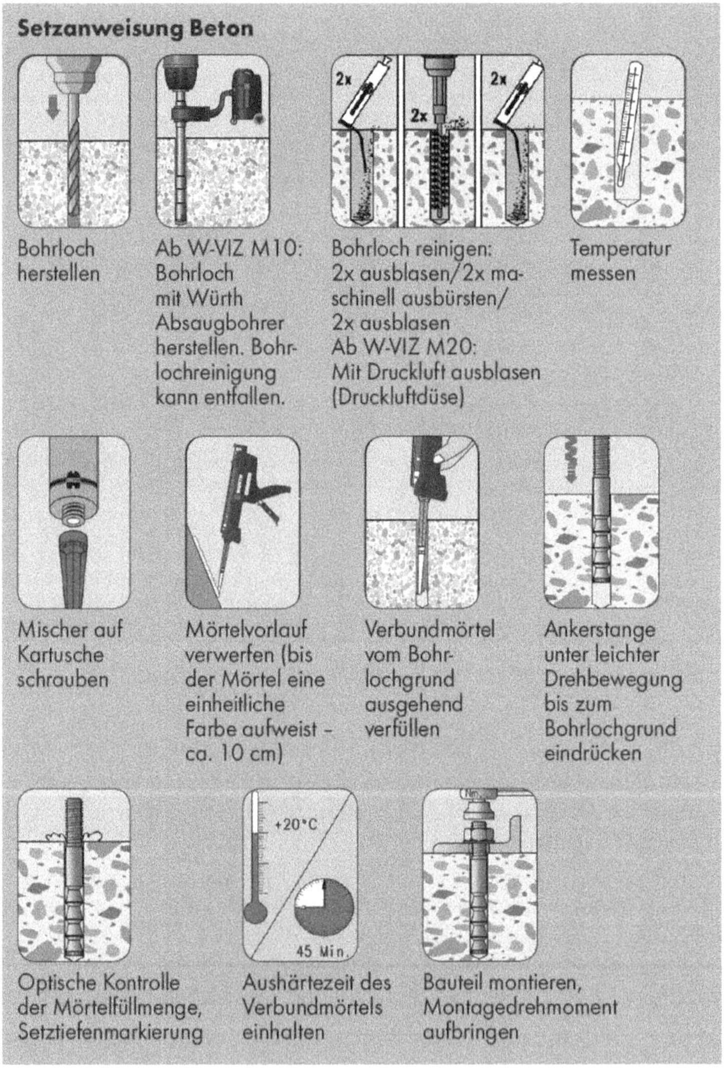

Abbildung 12.3: Montagevorgang eines risstauglichen Verbundspreizdübels (Grafik: Adolf Würth GmbH & Co. KG)

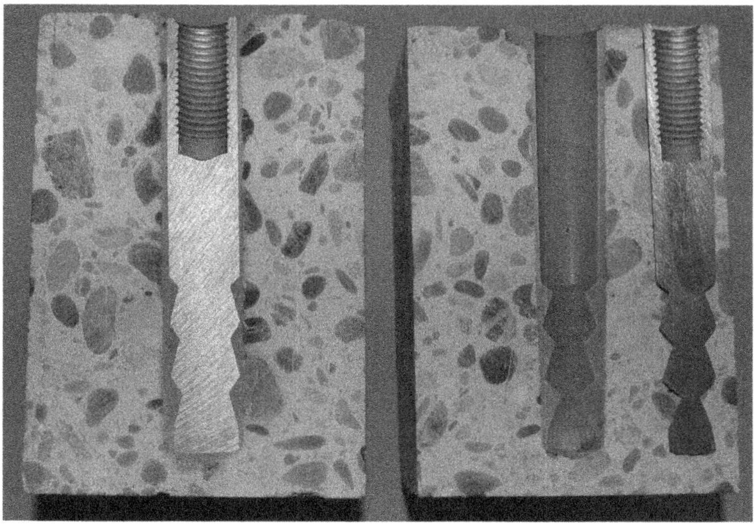

Abbildung 12.4: Schnitt durch Mörtelschale und Innengewindeanker bei einem risstauglichen Verbundspreizdübel (Foto: Kuhn)

Das bedeutet, dass die »Konen-Ankerstange« die durch den Mörtel geformten Spreizschalen gegen die Bohrlochwandung drückt und damit die Vergrößerung des Bohrlochs aufgrund des Risses ausgleicht.

Abbildung 12.5 zeigt schematisch das Verankerungsprinzip stark überhöht bzw. vergrößert.

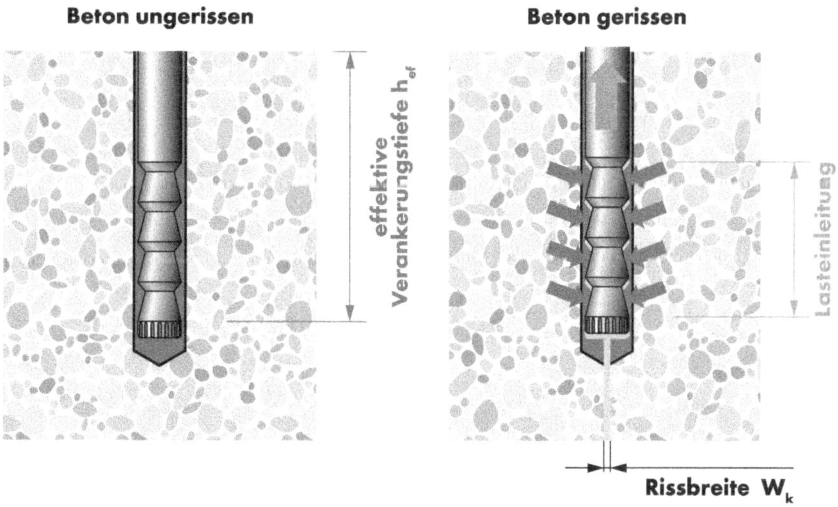

a) Beton ungerissen

b) Durch die Vorspannung rutscht die Konen-Ankerstange in die sich durch den Riss öffnende Mörtelschale.

Abbildung 12.5: Beispiel für das Verankerungsprinzip eines risstauglichen Verbundspreizdübels: Innengewindeanker W-VIZ (Grafiken: Adolf Würth GmbH & Co. KG)

Verfüllt man auch bei einer »normalen« Verwendung des Dübelsystems den Ringspalt, können Sie das System neben der Vorsteckmontage auch in Durchsteckmontage einsetzen (siehe Abbildung 8.3 und Abbildung 12.6).

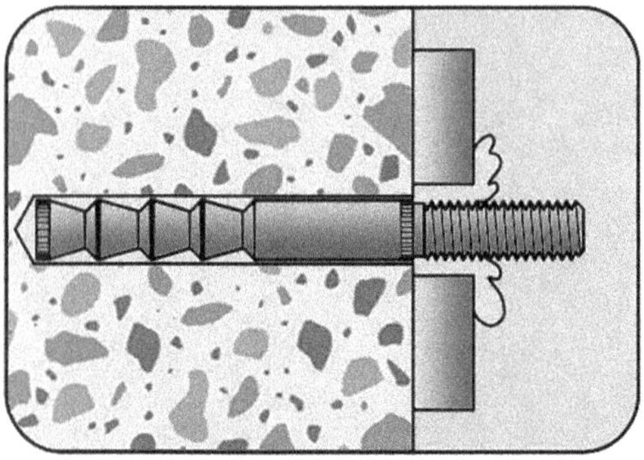

Abbildung 12.6: Risstauglicher Verbundspreizdübel in Durchsteckmontage: Kontrolle der Ringspaltverfüllung durch Austritt von Überschussmörtel (Grafik: Adolf Würth GmbH & Co. KG)

Durch die »Modifikation« des zuvor dargestellten risstauglichen Verbundspreizdübels auf Grundlage weiterer Versuche können diese Dübelsysteme auch für Verankerungen mit ermüdungsrelevanten Belastungen, zum Beispiel für die Befestigung von Kranbahnen, eingesetzt werden (siehe Kapitel 10 im Abschnitt »Weitere Ermüdungsrelevante Belastungen in der Praxis«).

Hierbei ist es besonders wichtig, dass Sie den Ringspalt zwischen Ankerstange und Anbauteil verfüllen (Abbildung 12.7a). Die vollständige Verfüllung des Ringspalts können Sie dabei über den Austritt von Überschussmörtel zwischen Unterlegscheibe und Anbauteil kontrollieren (Abbildung 12.7b).

Außerdem müssen Sie in jedem Fall die besondere Sechskantmutter – mittels der zum System zugehörigen Sicherungsmutter – gegen ein Lösen sichern.

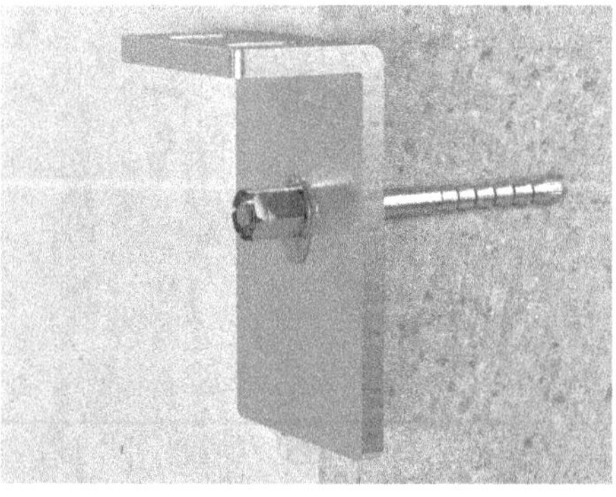

a) Einbauzustand

b) Detail: Sicherungsmutter und ausgetretener Überschussmörtel als Kontrolle

Abbildung 12.7: Beispiel für risstauglichen Verbundspreizdübel für ermüdungsrelevante Einwirkungen: Injektionssystem W-VIZ dynamic (Grafik: Adolf Würth GmbH & Co. KG)

Injektionssysteme

Im Gegensatz zu den in diesem Kapitel im Abschnitt »Risstaugliche Verbundspreizdübel« beschriebenen risstauglichen Verbundspreizdübeln sind die »reinen« Injektionssysteme mit metrischen Ankerstangen oder Innengewindehülsen bzw. Innengewindeankern echte »Klebedübel«, wie Verbundanker in der Praxis gerne auch bezeichnet werden (Abbildung 12.8). Hier wird tatsächlich die Ankerstange mit der Bohrlochwandung richtig verklebt (Abbildung 12.9 und Abbildung 12.10).

Die Entwicklung von modernen Mörtelsystemen mit immer höheren »Klebekräften« hat es ermöglicht, dass diese Systeme auch im gerissenen Beton eingesetzt werden können.

Verläuft bei diesen Systemen ein Riss durch das Bohrloch, kann es passieren, dass sich ein Teil der mit dem Verankerungsgrund verklebten Mörtelschale löst. Dies ist aber kein Problem, da sich die einwirkenden Lasten auch mit dem verbleibenden Teil der Verklebung zuverlässig in den Verankerungsgrund, den gerissenen Beton, einleiten lassen (Abbildung 12.11).

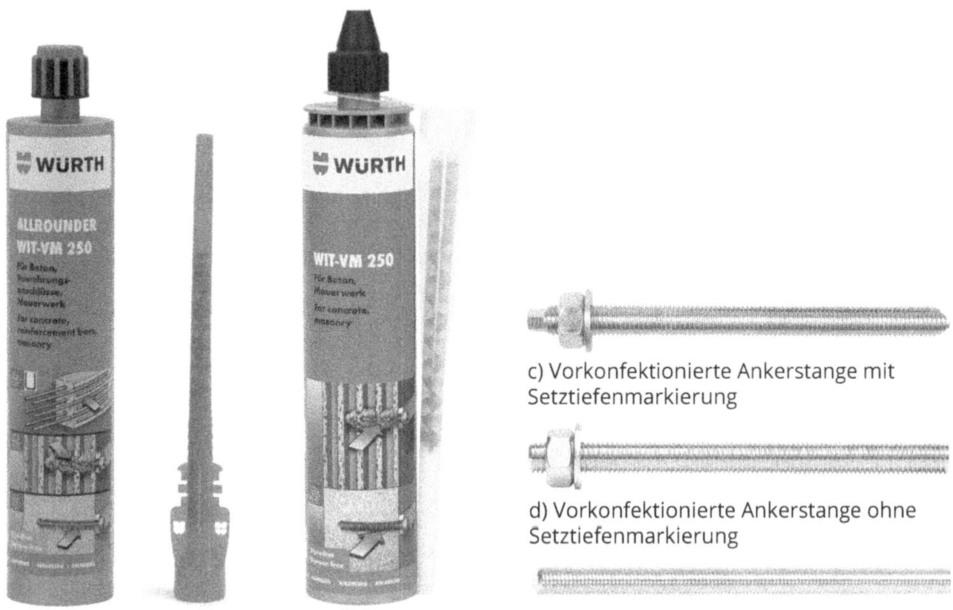

c) Vorkonfektionierte Ankerstange mit Setztiefenmarkierung

d) Vorkonfektionierte Ankerstange ohne Setztiefenmarkierung

a) Koaxialkartusche

b) Schlauchfolienkartusche

e) Gewindestangen »Meterware« bzw. »handelsübliche Gewindestange« jeweils mit Abnahmeprüfzeugnis 3.1

Abbildung 12.8: Beispiel für zugelassenes Injektionssystem zur Verankerung im Beton (Fotos: Adolf Würth GmbH & Co. KG)

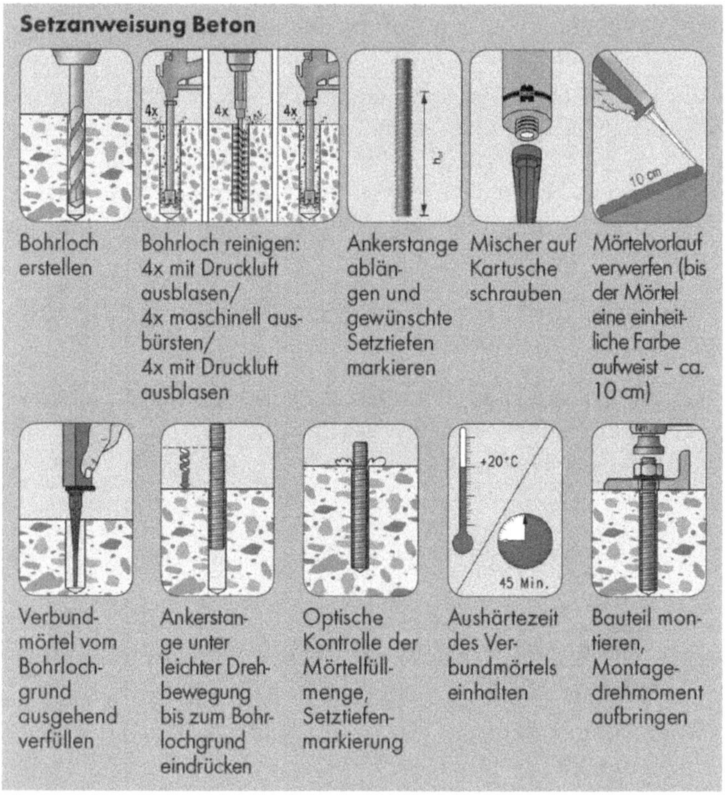

Abbildung 12.9: Montagevorgang eines Injektionssystems in Beton: WIT-VM 250 (Grafik: Adolf Würth GmbH & Co. KG)

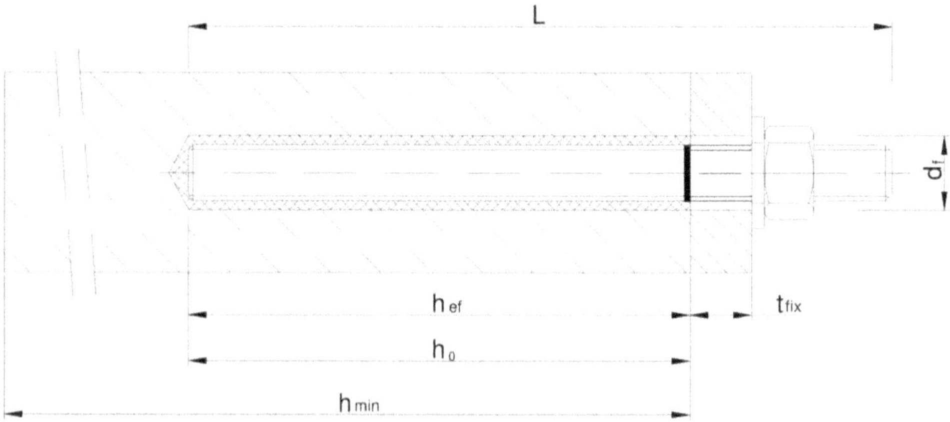

Abbildung 12.10: Einbauzustand: Injektionssystem in Beton (ETA WIT-VM 250 Beton, 2015, S. 5)

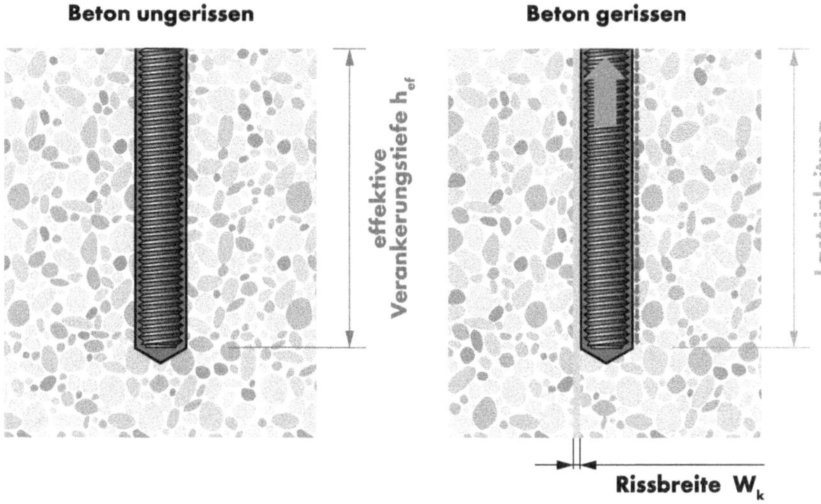

a) Beton ungerissen

b) Ausreichend tragfähige Verklebung trotz sich – durch den Riss – öffnender Mörtelschale

Abbildung 12.11: Beispiel für das Verankerungsprinzip eines risstauglichen Injektionssystems (»Klebedübels«): WIT-VM 250 in Beton (Grafiken: Adolf Würth GmbH & Co. KG)

Gemäß Abbildung 12.8 kann bei Injektionssystemen zwischen vorkonfektionierten Ankerstangen und Gewindestangen »Meterware« bzw. handelsübliche Gewindestangen jeweils mit Abnahmeprüfzeugnis 3.1 (Abbildung 12.12) unterschieden werden:

- ✔ Vorkonfektionierte Ankerstangen haben eine definierte Länge (Abbildung 12.8d) und je nach Produkt gegebenenfalls auch schon eine Markierung der Verankerungstiefe auf der Gewindestange (Abbildung 12.8c). Für immer wiederkehrende Standardanwendungen sind solche vorkonfektionierten Produkte wirtschaftlich, da sie den zeitlichen Montagevorgang minimieren.
- ✔ Gewindestangen »Meterware« bzw. handelsübliche Gewindestangen jeweils mit Abnahmeprüfzeugnis 3.1 (Abbildung 12.8e) können auf der Baustelle auf die für die jeweilige Verankerung erforderliche Länge von Ihnen individuell gekürzt werden.

Die Bemessungssoftware der Dübelhersteller für diese Systeme ermöglicht es Ihnen dabei, dass die Tragfähigkeit der eingeklebten Ankerstange, vereinfacht gesagt, »auf jeden eingeklebten Millimeter mehr Verankerungstiefe« genau berechnet und entsprechend ausgenutzt werden kann.

Bemessung ist Aufgabe des Planers! gilt auch hier für die Berechnung mit der Software, siehe dazu den gleichnamigen Abschnitt in Kapitel 10. Wenn Sie eine solche Softwareberechnung wünschen bzw. benötigen, kontaktieren Sie bitte einen entsprechenden Ingenieur, der für solche Berechnungen bzw. die Bemessung von Dübeln ausgebildet ist und über die dafür notwendigen Erfahrungen verfügt.

WÜRTH

10. Juli 2014/her

Abnahmeprüfzeugnis EN 10204–3.1
Inspection Certificate according to EN 10204–3.1

26/14

Produkt: Product:	Menge Quantity	Nachvollziehbarkeit: Abnahmeprüfzeugnis liegt der Ware bei. Bitte zusammen mit Lieferschein oder Rechnung aufbewahren.	Datum Date
Gewindestangen M 8x1000 Stahl verzinkt 5.8 Art.-Nr. 5916008999	10 Stück		10. Juli 2014

ALLGEMEINE DATEN/ General Data

Erzeugnisform Description of part	Werkstoff Normbezeichnung Standard grade of material	Abmessung in mm Dimension in mm	Charge Heat-No.
Stabstahl 11SMN30+C Fkl 5.8	11SMN30+C	Ø 7,10	548899

CHEMISCHE ANALYSE % lt. Hersteller/Chemical Composition % according to the manufacturer of steel bars

Charge Heat-No.	C	Si	Mn	P	S	Cr	Ni	Mo	Cu	N
548899	0,08	0,01	1,11	0,065	0,303	-	-	-	-	-

PHYSIKALISCHE PRÜFERGEBNISSE / Phys. tests results

Charge Heat-No.	Streckgrenze Yield point Rp 0,2 N / mm²	Zugfestigkeit Tensile strength Rm N/mm²	Dehnung Elogation (A5) %
548899	648	698	10,0

Nachvollziehbarkeits-Nr. 040806701

Dieses Werksprüfzeugnis wurde elektronisch erstellt und ist ohne Unterschrift gültig.

Gerd Hering

Abbildung 12.12: Beispiel für Abnahmeprüfzeugnis 3.1 nach DIN EN 10204 mit Bestätigung der Festigkeitswerte für Gewindestangen »Meterware« bzw. »handelsübliche Gewindestangen«

Bei der Ermittlung der erforderlichen Länge für Ankerstangen, die von Gewindestangen »Meterware« bzw. »handelsüblichen Gewindestangen« mit Abnahmeprüfzeugnis 3.1 abgelängt werden sollen, müssen Sie neben der Verankerungstiefe und der Dicke des Anbauteils auch Unterlegscheibe, Mutter sowie circa zwei bis drei überstehende Gewindegänge berücksichtigen (beachten Sie hierzu Abbildung 12.10).

- ✔ Um sicherzustellen, dass es sich bei den Gewindestangen »Meterware« nicht nur um x-beliebige Gewindestangen aus dem Baumarkt handelt, werden diese Gewindestangen vom Dübelhersteller mit einer Kopie des Abnahmeprüfzeugnisses oder einer entsprechenden Prägung als Ankerstange geliefert.
- ✔ In diesem Abnahmeprüfzeugnis werden die Festigkeitswerte der gelieferten Gewindestange bestätigt. Aus diesem Grund sollte das Prüfzeugnis nach der Montage mit zu den Bauakten genommen werden (Abbildung 12.12).
- ✔ Die Ankerstangen müssen fett-, öl- und schmutzfrei sein! Dies können Sie bei handelsüblichen Gewindestangen aus dem Baumarkt – gerade bei nichtrostenden Stählen – in der Regel nicht sicherstellen. Diese überzieht oft aus dem Produktionsprozess noch ein dünner Ölfilm.

Patronensysteme

Patronensysteme bestehen aus einer »Mörtelpatrone« aus Glas und einer darauf abgestimmten vorkonfektionierten Ankerstange mit Setztiefenmarkierung (Abbildung 12.13). Die Glaspatrone wird in das gereinigte Bohrloch geschoben und bei dem maschinellen, drehend-schlagenden Setzvorgang der Ankerstange zerstört (Abbildung 12.14). Bis zum Erreichen der auf der Ankerstange markierten Setztiefe können sich auf diese Weise die in der Glaspatrone enthaltenen Bestandteile, die im Lieferzustand noch voneinander getrennt sind, miteinander vermischen und anschließend innerhalb der temperaturabhängigen Aushärtezeit aushärten (siehe Kapitel 16 in Abschnitt »Temperatur – Montagezeit – Aushärtezeit«). Die Glaspatrone selbst wird quasi bei diesem Vorgang als zusätzlicher Zuschlag »zermalen« und untergemischt.

Der Vorteil dieser Dübelsysteme besteht in den meisten Fällen darin, dass für jeden Befestigungspunkt die erforderliche Mörtelmenge bereits feststeht, da zu jeder vorkonfektionierten Ankerstange in der Regel eine darauf abgestimmte Glaspatrone gehört:

Für eine Anzahl n von Ankerstangen benötigen Sie in der Regel die gleiche Anzahl n an Glaspatronen.

Hier können Sie dann – im Gegensatz zu Injektions- bzw. Kartuschensystemen – auf eine Berechnung der erforderlichen Mörtelmenge mittels der von den Herstellern angebotenen Mörtelmengen-Tabellen oder Mörtelmengen-Berechnern verzichten.

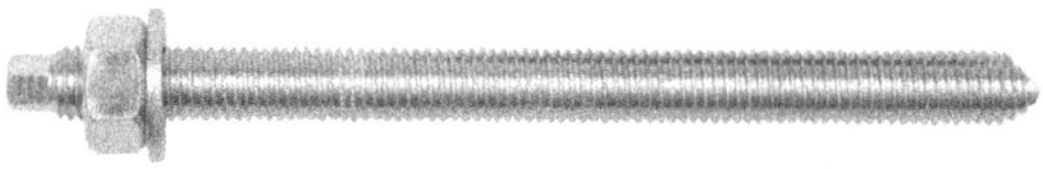

a) Vorkonfektionierte Ankerstange mit Setztiefenmarkierung

b) Glaspatrone

Abbildung 12.13: Beispiel für ein Patronensystem zur Verankerung im Beton (Fotos: Adolf Würth GmbH & Co. KG)

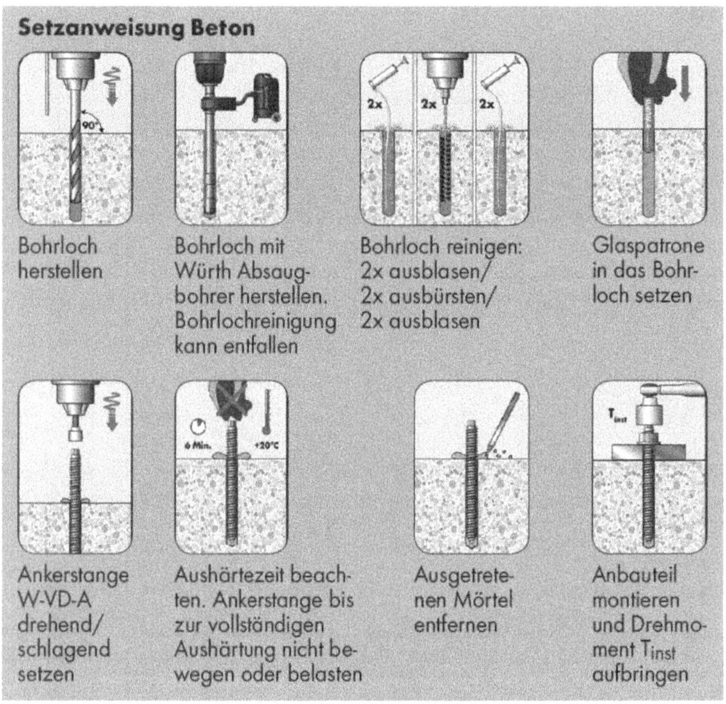

Abbildung 12.14: Montagevorgang eines Patronensystems (siehe auch in ETA W-VPZ, 2021, S. 10 und 11; Grafik: Adolf Würth GmbH & Co. KG)

Bei der Montage müssen Sie besonders darauf achten, dass die Bohrlochtiefe, die auf die Setztiefenmarkierung der Ankerstange abgestimmt ist, genau eingehalten wird:

- ✔ Ist das Bohrloch zu tief, ist zu wenig Mörtelmasse vorhanden, um die Ankerstange vollständig zu verkleben und das Bohrloch vollständig auszufüllen. Die Setzkontrolle wird negativ ausfallen, da kein Überschussmörtel aus dem Bohrloch austreten wird.
- ✔ Ist das Bohrloch nicht tief genug, lässt sich die Ankerstange nicht bis zur Setztiefenmarkierung setzen. Auch das wäre eine Fehlmontage, da über eine reduzierte Verankerungstiefe auch nur noch reduzierte Lasten übertragen werden können.

IN DIESEM KAPITEL

Kunststoffdübel

Kunststoff-Rahmendübel

Kunststoff-Allzweckdübel

Einfluss von Temperatur

Einfluss von Feuchtigkeit

Einfluss von Fugen

Kapitel 13
Kunststoffdübel

Die bekanntesten Dübel – Sie hatten unter Garantie schon welche in der Hand – und vor allem die Dübel mit der größten verwendeten Stückzahl in der Praxis sind sicher die Kunststoffdübel. Als einziges Dübelsystem sind sie wirklich nahezu echte »Alleskönner«. Es gibt kaum einen Verankerungsgrund in dem sie nicht eingesetzt werden können.

Mögliche Verankerungsgründe

Kunststoffdübel funktionieren in Beton, Voll- und Lochsteinmauerwerk (vergleiche zum Beispiel Abbildung 13.1a bis c und ETA W-UR/SHARK UR, 2021).

Einige Kunststoffdübel funktionieren sogar in Plattenwerkstoffen wie zum Beispiel Gipsplatten, da manche Systeme beim Eindrehen der Schraube unmittelbar hinter dem Plattenwerkstoff zum Beispiel einen »Knoten« der Kunststoff-Dübelhülse ausbilden können und damit sogar eine Lasteinleitung in relativ dünne Platten möglich wird (siehe Abbildung 13.1d).

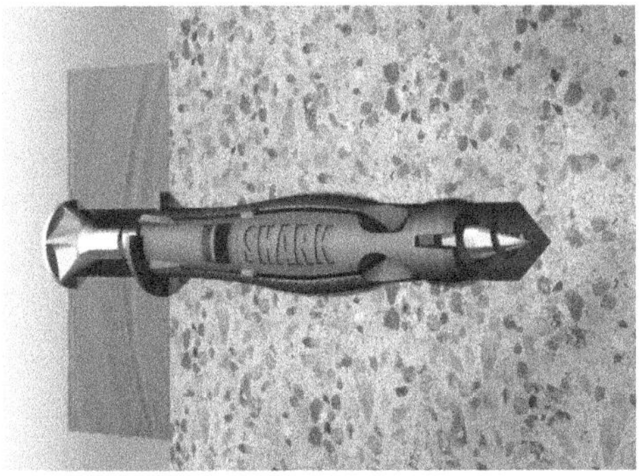

a) Verankerung in Beton

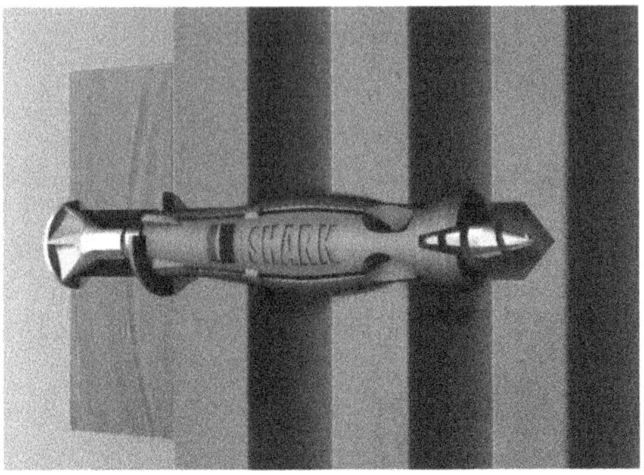

b) Verankerung im Hochlochziegel (HLz)

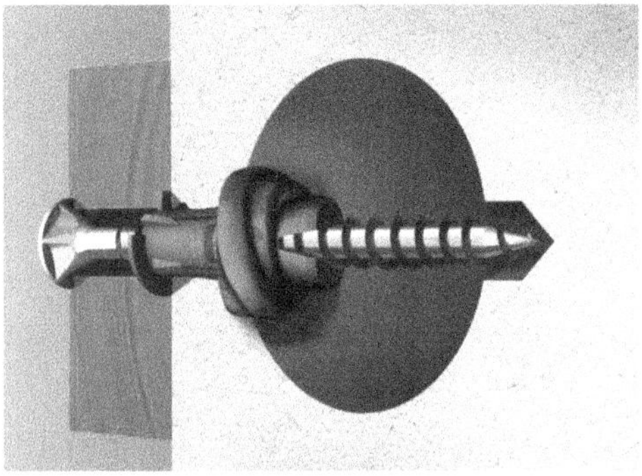

c) Verankerung im Kalksandlochstein (KS L)

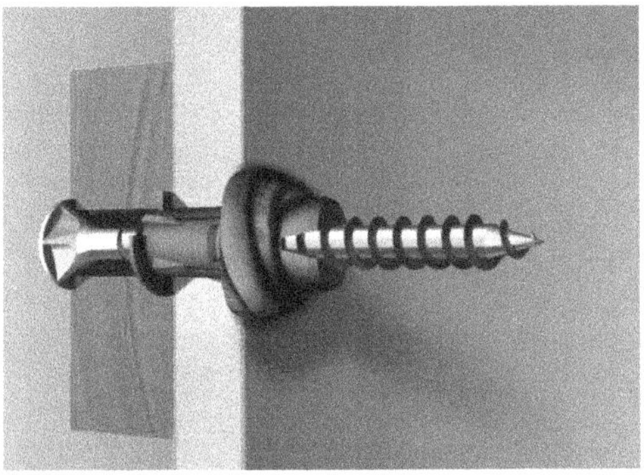

d) Verankerung in Plattenwerkstoff

Abbildung 13.1: Kunststoff-Allzweckdübel SHARK Pro in unterschiedlichen Verankerungsgründen (Grafiken: Adolf Würth GmbH & Co. KG)

Verwendungsbereiche und Systeme

Hand aufs Herz: Wie haben Sie bisher Kunststoffdübel verwendet?

Nur eine Packung Kunststoffdübel-Hülsen im Baumarkt gekauft, weil zu Hause im Werkzeugkasten ja noch irgend ein paar alte Schrauben von Opas letztem Heimwerkerprojekt liegen …?

Dieses Vorgehen mag für ein kleines Bild oder ein leichtes kleines Regalbord gerade noch ausreichen, für andere Anwendungen reicht das nicht (mehr) aus, wie wir Ihnen in diesem Abschnitt zeigen:

Kunststoffdübel werden – wenn es wirklich darauf ankommt, dass sie dauerhaft funktionieren sollen – in den meisten Fällen als Mehrfachbefestigung von nichttragenden Systemen eingesetzt (siehe Kapitel 9 im Abschnitt »Statisch unbestimmte Lagerung des Anbauteils – Mehrfachbefestigung«).

Verwenden Sie Kunststoffdübel in diesem Anwendungsbereich, handelt es sich bei diesen immer auch um Dübelsysteme, die aus einer Kunststoff-Dübelhülse und einem dazugehörigen Spreizelement aus Stahl oder Kunststoff bestehen. Dieses Spreizelement kann entweder eine Spezialschraube oder ein Spezialnagel sein.

Als Mehrfachbefestigung von nichttragenden Systemen darf auf keinen Fall zum Beispiel eine Kunststoff-Dübelhülse mit irgendeiner handelsüblichen Spanplattenschraube aus dem Baumarkt kombiniert werden, da solche x-beliebigen Kombinationen nicht von den Herstellern geprüft wurden.

Grundlegend lassen sich zwei verschiedene Systeme von Kunststoffdübeln unterscheiden, die vergleichsweise häufig zur Anwendung kommen: Zum einen gibt es

- ✔ Kunststoff-Rahmendübel (Abbildung 13.2a), deren Bezeichnung historisch aus der Befestigung von Fensterrahmen herrührt, und zum anderen gibt es
- ✔ »reine« Kunststoffdübel bzw. Kunststoff-Allzweckdübel (Abbildung 13.2b).

a) Kunststoff-Rahmendübel SHARK UR

b) Kunststoff-Allzweckdübel SHARK Pro

Abbildung 13.2: Beispiele für Kunststoffdübel (Fotos: Adolf Würth GmbH & Co. KG)

Gemeinsam haben beide in Abbildung 13.2 dargestellten Systeme, dass sie ihre maximale Leistungsfähigkeit nur dann erreichen, wenn die Schraube speziell auf die Hülse abgestimmt ist:

- ✔ Kunststoff-Rahmendübel werden in der Regel als vormontierte Einheit aus Kunststoff-Dübelhülse und einer – in der Länge auf die Dübelhülse abgestimmten – Spezialschraube geliefert und in den meisten Fällen in Durchsteckmontage montiert (siehe Kapitel 8 im Abschnitt »Montagearten – Auf welche Art wird der Dübel montiert?«). Daraus resultiert ein fester Klemmbereich für die Montage, das heißt eine definierte Höhe des zu befestigenden Anbauteils (Abbildung 13.3).

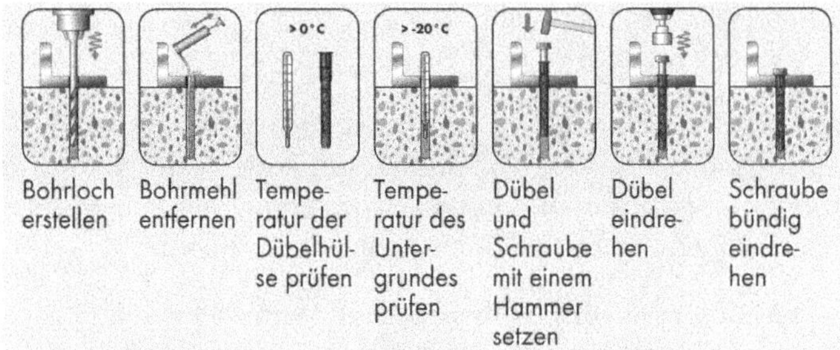

a) Setzanweisung für Verankerungen in Beton und Vollstein

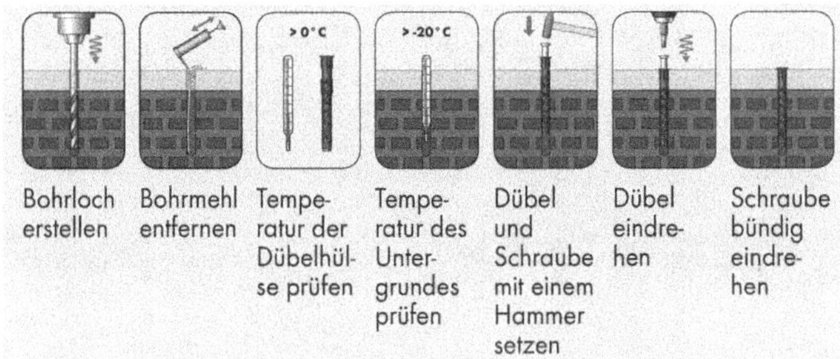

b) Setzanweisung für Verankerungen in Lochsteinmauerwerk

Abbildung 13.3: Durchsteckmontage eines Kunststoff-Rahmendübels (Grafiken: Adolf Würth GmbH & Co. KG)

✔ Kunststoffdübel bzw. Kunststoff-Allzweckdübel werden in den meisten Fällen in Vorsteckmontage montiert (siehe Kapitel 8 im Abschnitt »Montagearten – Auf welche Art wird der Dübel montiert?«). Vorausgesetzt, dass das Bohrloch tief genug gebohrt wird und die dazugehörige bzw. dazu gewählte Schraube die Kunststoff-Dübelhülse im eingebauten Zustand um mindestens circa 5 mm durchdringt, können – im Gegensatz zum Kunststoff-Rahmendübel – mit einer Schraubenlänge unterschiedliche Anbauteildicken realisiert werden (Abbildung 13.4).

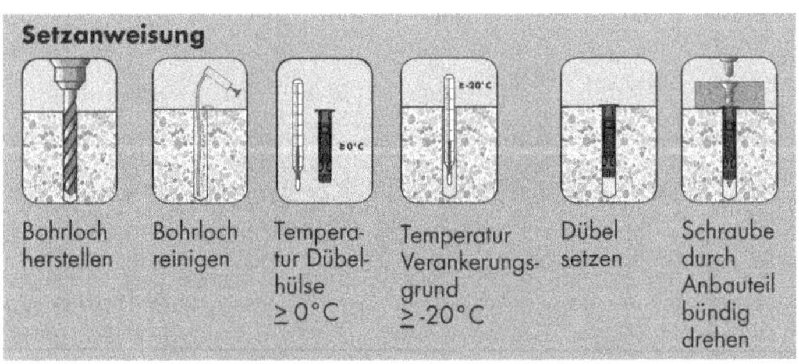

Abbildung 13.4: Vorsteckmontage eines Kunststoffdübels bzw. Kunststoff-Allzweckdübels in Beton und Vollstein (Grafik: Adolf Würth GmbH & Co. KG)

Bei beiden Systemen verhindert ein Kragen das Tieferrutschen der Dübelhülse in den Verankerungsgrund.

Einfluss von Temperatur

Gewisse Einschränkungen haben jedoch auch diese Dübelsysteme!

Wie alle Kunststoffe reagieren auch Dübel aus Kunststoff auf Temperatureinflüsse:

- ✔ Bei sehr kalten Temperaturen kann der Kunststoff verspröden, weshalb im professionellen Bereich immer eine minimale Montagetemperatur von den Herstellern angegeben wird, damit die Dübelhülse beim Einschlagen in das Bohrloch nicht zerbricht (vergleiche auch Abbildung 13.3 und Abbildung 13.4).
- ✔ Bei höheren Temperaturen werden Kunststoffe weicher, sodass die Tragfähigkeiten der Dübel abnehmen, weshalb auch hier die maximalen Temperaturen bzw. die Temperaturbereiche beachtet werden müssen (siehe Kapitel 6 im Abschnitt »Temperatur«). Diese Temperaturbereiche sind ebenfalls in den Unterlagen der Hersteller ausgewiesen; abhängig davon werden auch die unterschiedlichen Tragfähigkeiten des jeweiligen Kunststoffdübels angegeben.

Einfluss von Fugen im Mauerwerk

Auch Fugen können einen maßgeblichen Einfluss auf das Tragverhalten von Kunststoffdübeln haben. Sie können sich einfach vorstellen, dass die Fugen im Giebel der Garage in Abbildung 13.5 für den Dübel offensichtlich einen anderen Verankerungsgrund darstellen als der Hochlochziegel selbst, da die Fugen zum überwiegenden Teil viel zu groß und nur unvollständig mit Mörtel gefüllt sind.

In der Regel ist die Dübeltragfähigkeit in solchen Fugen kleiner als im Wandbaustoff selbst. Aus diesem Grund ist für die volle Dübeltragfähigkeit ein gewisser Abstand zu den Fugen einzuhalten.

Sind Fugen im Gegensatz zur Garage im Bauzustand nicht mehr sichtbar, da die Fassade verputzt ist, sind die charakteristischen Dübeltragfähigkeiten von Kunststoffdübeln nach DIBt TR 064 (2019, S. 11) um 50 Prozent abzumindern.

Eine Ausnahme dazu regelt eine Technische Regel des DIBt. Nach dieser Regel kann in norm- bzw. zulassungskonformem Planziegelmauerwerk bei Verankerungen mit Kunststoffdübeln auf die Abminderung der Dübeltragfähigkeit um 50 Prozent verzichtet werden (siehe DIBt TR VaB Kunststoffdübel, 2019, S. 14), wenn alle folgenden Bedingungen eingehalten werden:

- ✔ Bohrlochdurchmesser $\geq$ 10 mm,
- ✔ Stoßfugen knirsch, das heißt komplett aneinandergestoßen,
- ✔ Lagerfugen in Dünnbett- oder Mittelbettmörtel mit einer maximalen Dicke von 6 mm oder Klebefugen.

a) »Fugenbild« im Giebel eines Garagenrohbaus

b) »Fugenbild« im Giebel »versteckt« unter Putz

c) »Fugenbild« vergrößert

Abbildung 13.5: »Fugen« in Mauerwerk vor und nach dem Verputzen (Fotos: Küenzlen)

Einfluss von Feuchtigkeit

Eine weitere Besonderheit gibt es beim Thema Korrosionsschutz (Kapitel 6 im Abschnitt »Korrosion«): Nur Kunststoff-Rahmendübel dürfen Sie im Außenbereich mit einer galvanisch verzinkten Schraube für die Befestigung von Fassadenunterkonstruktionen einsetzen. Dabei müssen Sie lediglich den Schraubenkopf und den Übergang zwischen Schraubenkopf und Dübelkragen mit einer bituminösen Masse versehen.

In den entsprechenden Unterlagen wird dazu Folgendes ausgeführt (siehe zum Beispiel ETA W-UR/SHARK UR, 2021, S. 10):

> »Die Spezialschraube aus galvanisch verzinktem Stahl [...] darf auch im Freien verwendet werden, wenn nach sorgfältigem Einbau der Befestigungseinheit der Bereich des Schraubenkopfes gegen Feuchtigkeit und Schlagregen so geschützt wird, dass ein Eindringen von Feuchtigkeit in den Dübelschaft nicht möglich ist. Dafür ist vor dem Schraubenkopf eine Fassadenbekleidung oder eine vorgehängte hinterlüftete Fassade zu befestigen und der Schraubenkopf selbst mit einer weichplastischen dauerelastischen Bitumen-Öl-Kombinationsbeschichtung (zum Beispiel Kfz-Unterboden- bzw. Hohlraumschutz) zu versehen.«

BEISPIEL

Abbildung 13.6 zeigt zu dieser Thematik eine blanke Stahlschraube, die viele Jahre lang in Meeresnähe in einer Dübelhülse eingeschraubt war. Lediglich der Schraubenkopf war der Witterung ausgesetzt:

- ✔ Korrosion zeigt hier nur der Schraubenkopf.
- ✔ Der Schaft und das Gewinde waren die ganze Zeit über im Inneren der Dübelhülse vor Korrosion geschützt.

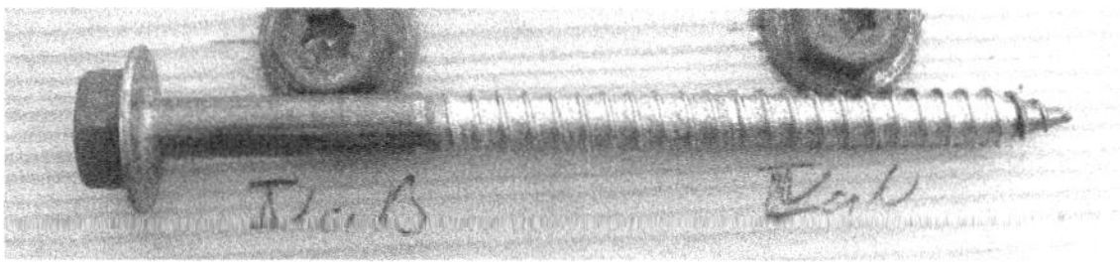

Abbildung 13.6: Schraube in Meeresnähe ausgelagert, Schaft und Gewinde geschützt durch die Dübelhulse (Foto: Küenzlen)

Abbildung 13.7 zeigt dagegen eine komplett frei bewitterte Dübelschraube nach nur rund drei Jahren in Meeresnähe.

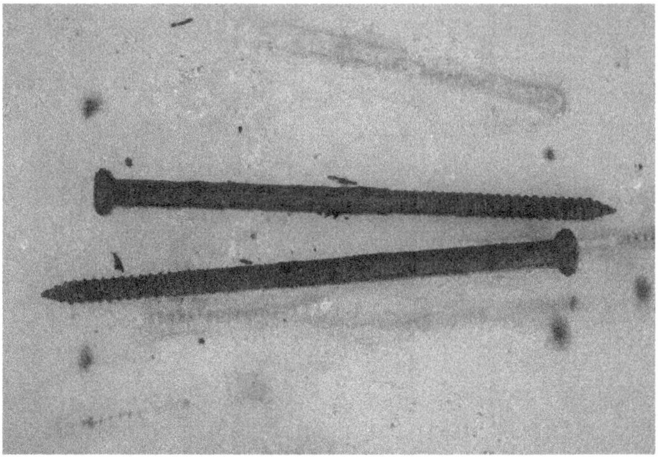

Abbildung 13.7: Schraube in Meeresnähe ausgelagert, ohne Schutz durch die Dübelhülse (Foto: Küenzlen)

IN DIESEM KAPITEL

Metall-Injektionsanker für Mauerwerk

Siebhülse

Porenbetonanker

Kapitel 14
Dübelsysteme zur Verankerung im Mauerwerk

Neben den Kunststoffdübeln, die Sie im vorherigen Kapitel näher kennengelernt haben, gibt es zwei weitere Systeme, die in Mauerwerk funktionieren. Diese lernen Sie in diesem Kapitel kennen.

Metall-Injektionsanker

Neben den im vorherigen Kapitel 13 erwähnten Kunststoffdübeln gibt es ein weiteres Dübelsystem für Verankerungen und Befestigungen in Voll- und Lochsteinen. Dabei handelt es sich um »Metall-Injektionsanker zur Verankerung im Mauerwerk« (Abbildung 14.1).

Für die Verankerung dieser Dübelsysteme in Vollsteinen gelten vom Prinzip her die Ausführungen in Kapitel 12 im Abschnitt »Injektionssysteme« wie für Verankerungen in Beton.

Sie können sich sicher vorstellen, dass in Lochsteinen der Injektionsmörtel von Ihnen nicht einfach in die Kammern der Steine eingebracht werden kann, da er entweder in die Kammer abtropfen würde oder aber sehr große Mengen erforderlich wären, um die Kammer komplett zu verfüllen und die Ankerstange in das Mauerwerk einkleben zu können.

Aus diesem Grund werden die Systeme für Beton und Vollsteinmauerwerk für Verankerungen in Lochsteinen um eine sogenannte »Siebhülse«, die in der Regel aus Kunststoff besteht, ergänzt.

Diese Siebhülse verhindert ein Abtropfen des Injektionsmörtels in die Kammern der Lochsteine.

Den Montagevorgang eines solchen Systems in einem Lochstein zeigt Abbildung 14.2.

a) Koaxialkartusche

b) Schlauchfolienkartusche

c) Vorkonfektionierte Ankerstange mit Sechskantmutter und Unterlegscheibe

d) Gewindestangen »Meterware« bzw. »handelsübliche Gewindestange« jeweils mit Abnahmeprüfzeugnis 3.1

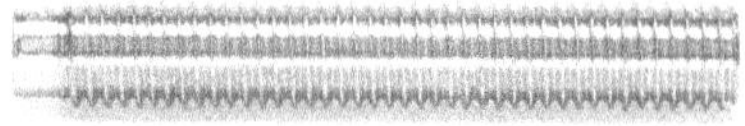

e) Innengewindehülse bzw. Innengewindeanker

f) Siebhülse

Abbildung 14.1: Beispiel für Metall-Injektionsanker zur Verankerung im Mauerwerk (Fotos: Adolf Würth GmbH & Co. KG)

Nach dem Aushärten des Injektionsmörtels ist es in Mauerwerk – sowohl in Lochsteinen als auch in Vollsteinen – sehr wichtig, dass das in den Herstellerunterlagen angegebene Montagedrehmoment nicht überschritten wird.

Sie können sich sicher einfach vorstellen, dass Mauerwerk niemals vollständig eben sein wird, da es ja aus vielen einzelnen Mauersteinen zusammengefügt wird. Infolgedessen wird eine Ankerplatte in den meisten Fällen nicht nur auf einem, sondern auf mehreren

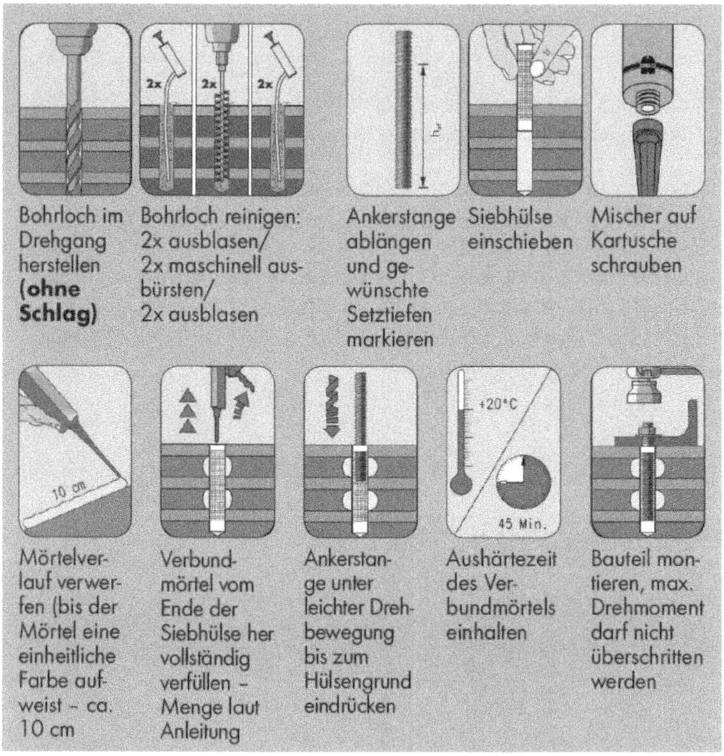

Abbildung 14.2: Montagevorgang eines Injektionssystems in einem Lochstein (siehe auch in ETA WIT-VM 250 Mauerwerk, 2016, S. 15 bis 17; Grafik: Adolf Würth GmbH & Co. KG)

Mauersteinen aufliegen. Durch die vorhandenen Unebenheiten wird immer ein minimaler Spalt zwischen Ankerplatte und Mauerwerk sein.

Ziehen Sie nun die Mutter zu stark an, ergibt sich daraus eine Zugkraft in der Ankerstange, da sich der Mörtel nicht gegen die Platte abstützen kann (Abbildung 14.3).

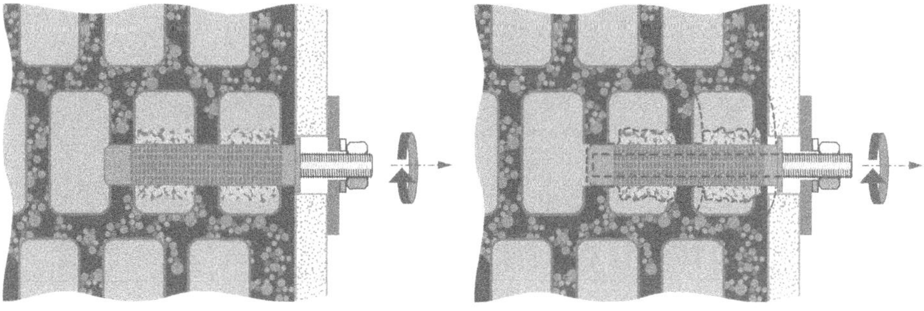

a) b) Zu großes Drehmoment

Abbildung 14.3: Umsetzung Drehmoment in Zugkraft bei einem Injektionsdübel in einem Lochstein (Grafiken: Adolf Würth GmbH & Co. KG)

Diese Zugkraft kann sehr schnell den Widerstand des Mörtels im Stein überwinden!

Die Kammern des Steins können zerbrechen, ähnlich wie bei einer Überlastung durch ein zu schweres Anbauteil, das befestigt wurde.

Aus diesem Grund sind in den Unterlagen der Hersteller Montagedrehmomente in Mauersteinen in der Größe von 2 bis maximal meist 10 Nm angegeben:

- ✔ Diese geringen Drehmomente können Sie bereits beim festen Aufschrauben der Muttern von Hand auf die Ankerstangen überschreiten, weshalb Ihnen hier als Montagewerkzeug immer die Verwendung eines entsprechenden Drehmomentschlüssels zu empfehlen ist.
- ✔ Bei geringen Rand- und/oder Achsabständen kann ein zu hohes Drehmoment auch direkt zum Spalten der Steine führen (Abbildung 14.4).

Abbildung 14.4: Spalten eines Lochsteines bei der Montage eines Injektionsdübels ohne Kontrolle des Drehmoments (Foto: Scheller)

Dübelsysteme für Porenbeton

Aufgrund der besonderen Zusammensetzung von Porenbeton (siehe Kapitel 4 im Abschnitt »Porenbetonsteine«) gibt es für diese Steine zusätzlich spezielle Dübel nur für diesen Verankerungsgrund.

Porenbetonanker

Ein Dübel, den Sie ausschließlich in Porenbeton einsetzen können, ist der Porenbetonanker. Den Setzvorgang dieses Dübelsystems zeigt Abbildung 14.5.

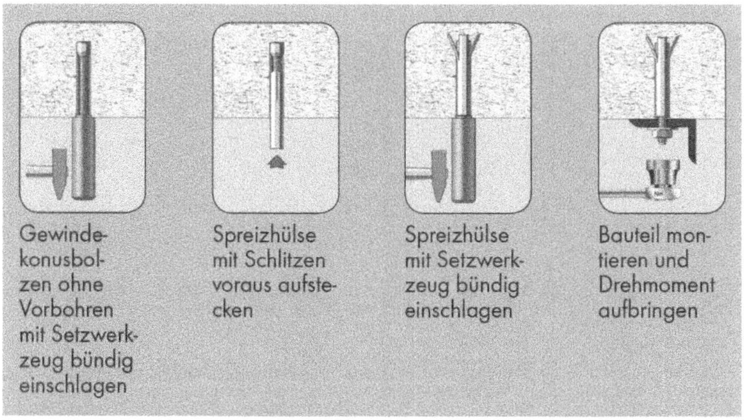

a) Setzanweisung Typ A (Außengewinde)

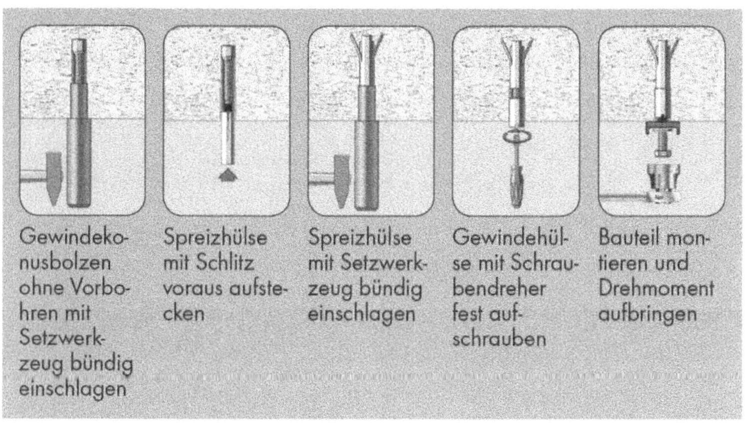

b) Setzanweisung Typ i (Innengewinde)

Abbildung 14.5: Montagevorgang eines Porenbetonankers: Porenbetonanker W-PA (Grafik: Adolf Würth GmbH & Co. KG)

Für dieses Dübelsystem wird kein Bohrloch erstellt, was eine echte Besonderheit darstellt, da sonst für nahezu alle Systeme ein Bohrloch erforderlich ist.

Hier ist entsprechend auch keine Bohrlochreinigung erforderlich, wie dies beispielsweise bei den meisten Injektionssystemen absolut notwendig ist (siehe hier in Kapitel 14 im Abschnitt »Metall-Injektionsanker« Abbildung 14.2 sowie im Kapitel 16 den Abschnitt »Bohrlochreinigung«).

Der Dübel wird mit einem speziellen Setzwerkzeug in das Bohrloch eingeschlagen und verdrängt dabei das poröse Material im Bereich des Spreizelementes (Abbildung 14.6). Durch diese große Aufspreizung (Hinterschnitt) ist der Dübel risstauglich und kann auch in gerissenem Porenbeton eingesetzt werden (siehe Kapitel 4 im Abschnitt »Porenbeton: Wand-, Decken- und Dachplatten«).

Abbildung 14.6: Porenbetonanker in gespreiztem Zustand (Foto: Adolf Würth GmbH & Co. KG)

Weitere Systeme, die in Porenbeton eingesetzt werden können

Neben dem Porenbetonanker gibt es nur sehr wenig Produkte, die in dieser Anwendung, zum Beispiel bei der Befestigung in gerissenen Porenbetondecken, eingesetzt werden können:

- ✔ Als Einzelbefestigung ist es zum Beispiel der zuvor beschriebene Porenbetonanker.
- ✔ Für Mehrfachbefestigungen können zum Beispiel auch dafür geprüfte Kunststoffdübel eingesetzt werden.

Diese Anwendung muss aber in den entsprechenden Unterlagen ausdrücklich geregelt und vom Hersteller geprüft sein.

In Porenbeton-Mauerwerk können auch Injektionssysteme zum Einsatz kommen (siehe den Abschnitt »Metall-Injektionsanker« hier in diesem Kapitel).

- Hierbei ist von Ihnen in jedem Fall auch die Bohrlochreinigung zu beachten, deren Intensität (Wechsel und Häufigkeit von Ausblasen und Ausbürsten) vom Hersteller für das jeweilige Injektionssystem vorgeschrieben wird.

- Aufgrund der hohen Porosität und der vergleichsweise geringen Druckfestigkeit und Rohdichte »verklebt« das Porenbeton-Bohrmehl das Bohrloch regelrecht, allerdings im negativen Sinne, sodass die eigentliche Verklebung Ankerstange – Injektionsmörtel – Verankerungsgrund verhindert wird, wenn das Bohrmehl nicht durch Ausblasen entfernt und die Bohrlochoberfläche nicht durch Ausbürsten wieder aufgeraut wird.

Abbildung 14.7 zeigt hierzu zwei Ankerstangen, die in einem Mauerstein aus Porenbeton eingeklebt und nach der vorgeschriebenen Aushärtezeit wieder herausgezogen wurden:

- Im Fall der oberen Ankerstange wurde das Bohrloch im Porenbeton nach den Vorgaben des Herstellers gereinigt. Man kann gut erkennen, wie viel Porenbetonmaterial bzw. Baustoff des Mauersteins zur Verklebung aktiviert werden konnte.

- Dagegen zeigt die untere Ankerstange nahezu keine Verklebung mit dem Porenbeton; die Oberfläche ist fast glatt. Ursache dafür war in diesem Fall, dass eine falsche Bürste zum Ausbürsten des Bohrlochs verwendet wurde (siehe hierzu auch Kapitel 16 im Abschnitt »Bohrlochreinigung für Injektionssysteme und Patronensysteme«).

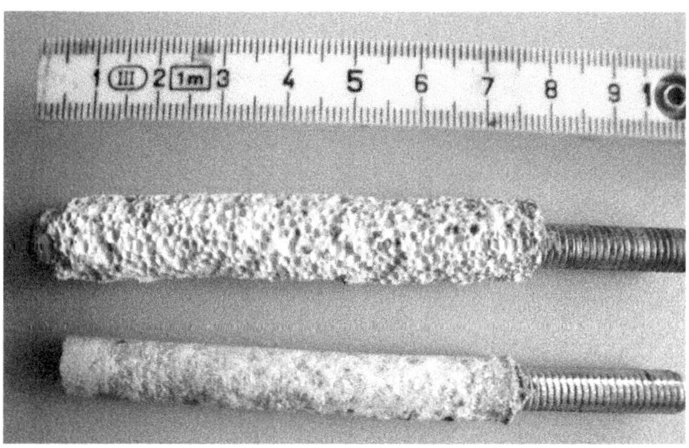

Abbildung 14.7: Eingeklebte Ankerstange nach Auszug aus einem Porenbetonstein; oben: richtige Bohrlochreinigung, unten: falsche Bohrlochreinigung (Foto: Lieberum)

IN DIESEM KAPITEL

Bemessung

Konstruktionszeichnungen

Unterlagen der Dübelhersteller

Software

Tragwerksplaner

Kapitel 15
Berechnung eines Dübels – Die Bemessung

In Kapitel 10 haben Sie die möglichen Einwirkungen auf eine Dübelbefestigung kennengelernt. Dazu kamen im Abschnitt »Bemessung ist Aufgabe des Planers!« allgemeine Hinweise für die erforderliche Bemessung, die im bauaufsichtlich relevanten Bereich immer erforderlich sind. Wie dieser Bereich definiert wird, erklären wir Ihnen ausführlich in Kapitel 18.

Mit der Zusammenstellung der Beanspruchungen für das Beispiel »Klimmzugstange« (siehe die Einführung zu diesem Buch) konnte im Kapitel 10 im Abschnitt »Kurzes Fazit zum Thema Bemessung und Belastungen« festgestellt werden, dass bereits die Ermittlung der Beanspruchungen auf der Einwirkungsseite eine sehr komplexe Aufgabe ist bzw. sein kann. Für diese Aufgabe benötigen Sie entweder einiges an Know-how oder ab und zu die Unterstützung eines Tragwerksplaners (Ingenieurs). Wenn Sie also nun beschließen, doch einen Planer hinzuziehen, können Sie den folgenden Abschnitt überspringen und sich direkt mit der Montage in Kapitel 16 beschäftigen.

Professionelle Planung einer Dübelverankerung

Für die Bemessung von Dübelverankerungen führen die DIBt Hinweise (2010, S. 4 und 10) ausdrücklich Folgendes aus:

- »Dübelsysteme müssen geplant und bemessen werden. Die Auswahl, Planung und Bemessung eines Dübelsystems gehören nicht zu den Aufgaben der Monteure.«
- »Dabei wird vorausgesetzt, dass Auswahl, Planung und Bemessung ausschließlich vom Planer vorgenommen werden.«

Entscheidend für die Bemessung ist hier die Feststellung, dass nicht der Monteur auf der Baustelle dafür zuständig ist, sondern der Planer. Dieser Planer wird in den »Dübelunterlagen« wie folgt definiert (siehe zum Beispiel ETA W-UR/SHARK UR, 2021, S. 10):

> »Die Bemessung der Verankerungen erfolgt […] unter der Verantwortung eines auf dem Gebiet der Verankerungen und des Mauerwerks erfahrenen Ingenieurs.«

Für Verankerungen nur in Beton siehe sinngemäß zum Beispiel in ETA WIT-UH 300 (2020, S. 11):

> »Die Bemessung der Verankerungen erfolgt unter der Verantwortung eines auf dem Gebiet der Verankerungen und des Betonbaus erfahrenen Ingenieurs.«

Neben der Bemessung sind auch noch die Anfertigung von Konstruktionszeichnungen erforderlich (siehe zum Beispiel ETA WIT-UH 300 (2020, S. 11):

> »Unter Berücksichtigung der zu verankernden Lasten sind prüfbare Berechnungen und Konstruktionszeichnungen anzufertigen. Auf den Konstruktionszeichnungen ist die Lage des Dübels angegeben (zum Beispiel Lage des Dübels zur Bewehrung oder zu den Auflagern usw.).«

Die Inhalte der erforderlichen Konstruktionszeichnungen werden in den DIBt Hinweisen (2010, S. 4) noch weiter differenziert:

»In den Konstruktionszeichnungen sollen mindestens folgende Details angegeben sein:

- Dübeltyp, Abmessung, Materialvariante, Nutzlänge, bei Dübeln mit variabler Verankerungstiefe zusätzlich Verankerungstiefe und Bohrlochtiefe,
- Bohrverfahren,
- Verankerungsgrund, Bezeichnung zum Beispiel C20/25,
- geometrische Anordnung der Verankerung mit Abständen zu Rändern und weiteren Dübeln sowie Bauteildicke,

- ✔ gegebenenfalls Montagebedingungen für bestimmte Dübel (zum Beispiel besondere Bohrlochreinigung bei chemischen Dübelsystemen),
- ✔ geometrische Abmessungen des zu befestigenden Anbauteils einschließlich Position und Durchmesser der Durchgangslöcher,
- ✔ Dicke und Art der in der Planung berücksichtigten nichttragenden Schichten,
- ✔ nachträglicher Korrosionsschutz bei Kunststoff-Rahmendübeln, falls in der Zulassung gefordert.«

⚠ Wenn Sie alleine eine Dübelverankerung vornehmen, bei der es zu hohen Sachschäden oder sogar Personenschänden kommen kann, wenn die Befestigung versagt, und diese auch selbst ausführen wollen, dann sind Sie für Ihre geplante Aufgabe sowohl der »Planer« als auch der »Monteur«.

Wiederholung/Übersicht der maßgebenden Parameter für die Planung

Die Autoren dieses Buches werden häufig auch gefragt:

> »Was trägt denn nun Dein Dübeltyp XY?«

Dahinter steht in der Regel die Frage nach der sogenannten »zulässigen Last«, die man an den Dübeltyp XY »dranhängen« kann.

Mit einem Blick allein in die hier schon mehrfach genannten Unterlagen der Hersteller (in den meisten Fällen sind das aktuell Europäische Technische Bewertungen (ETAs), dazu im Detail mehr in Teil IV) ist es dabei aber nicht getan!

In den ETAs sind nur charakteristische Tragfähigkeiten bzw. charakteristische Widerstände R_k angegeben (siehe Kapitel 10 im Abschnitt Bemessung ist Aufgabe des Planers!), die keine zulässige Last darstellen!

Aus den charakteristischen Tragfähigkeiten in der ETA können diese zulässigen Lasten abgeleitet werden, wobei für den jeweiligen individuellen Anwendungsfall immer

- ✔ unterschiedliche Belastungsrichtungen (Kapitel 10 im Abschnitt »Welche Richtung eine Belastung haben kann«),
- ✔ unterschiedliche Beanspruchungen (Kapitel 10 im Abschnitt »Beanspruchungen (Belastungsarten)«) und
- ✔ unterschiedliche Versagensarten

mit unterschiedlichen Material-Teilsicherheitsbeiwerten γ_M berücksichtigt werden müssen (siehe Kapitel 10 im Abschnitt »Bemessung ist Aufgabe des Planers!«). Bei dieser Ableitung der zulässigen Last bzw. bei dieser Bemessung sind in der Regel dann auch die Parameter

- ✔ Temperatur (im gleichnamigen Abschnitt in Kapitel 6),
- ✔ Brand (im gleichnamigen Abschnitt in Kapitel 6),
- ✔ Korrosion (im gleichnamigen Abschnitt in Kapitel 6; unterschiedliche Stähle haben unterschiedliche Stahl-Tragfähigkeiten),
- ✔ (Mindest-)Bauteildicke (im gleichnamigen Abschnitt in Kapitel 7),
- ✔ Randabstand (im gleichnamigen Abschnitt in Kapitel 7),
- ✔ Achsabstand (im gleichnamigen Abschnitt in Kapitel 7) sowie insbesondere auch der
- ✔ Verankerungsgrund

zu berücksichtigen, was offensichtlich noch komplexer ist als die Zusammenstellung der Einwirkungen (siehe Kapitel 10).

Einleitend wurde in der Einführung im Abschnitt »Über dieses Buch« darauf hingewiesen, dass sich dieses Buch im Wesentlichen mit der Frage »Welchen Dübel wofür?« als Hilfestellung für den Alltag beschäftigt.

Entsprechend wird hier wiederholt, dass eine erforderliche Dübelbemessung in der Regel zum Büroalltag von (Tragwerks-)Planern und (Bau-)Ingenieuren gehört.

Hierfür wird aus Übersichtsgründen nur noch einmal auf das vorhandene Regelwerk (siehe zum Beispiel in Kapitel 10) und die vorhandene (zusammenfassende) Fachliteratur (siehe zum Beispiel Scheller E. & Küenzlen J., Hrsg., 2013) verwiesen.

In den Unterlagen aller Dübelhersteller finden Sie immer Angaben zur Tragfähigkeit eines einzelnen Dübels mit großem Abstand zu weiteren Dübeln, das heißt kein Einfluss durch andere Dübel.

Außerdem besteht kein Einfluss durch Ränder im Bereich Ihres Verankerungsgrundes.

Wollen Sie also eine Befestigung mit einem Dübel in der Fläche Ihres Verankerungsgrunds durchführen, helfen die Unterlagen sehr gut weiter.

Für alle anderen Fälle stellen alle Dübelhersteller kostenlos eine Software im Internet zur Berechnung der Befestigung zur Verfügung. Wie bereits ausgeführt, sollten Sie sich für diese Berechnungen jedoch immer Unterstützung von Profis holen, wenn es um die Gefahr für Leib und Leben und/oder hohe Schäden geht und Sie sich unsicher fühlen.

IN DIESEM KAPITEL

Hinweise zur Montage

Geschultes Personal

Der richtige Bohrer

Hammer- und Drehbohren

Bohrlochreinigung

Fehlbohrungen

Kapitel 16
Hinweise zur Montage von Dübeln

Nachdem wir zuvor alle Schritte bis zur Auswahl unseres Dübels durchlaufen und hoffentlich vom zuständigen Planer eine Konstruktionszeichnung mit allen erforderlichen Angaben für unsere Befestigungsaufgabe erhalten haben, kommen wir in diesem Kapitel zur Montage.

Auch bei der Montage sind für alle Dübelsysteme gewisse Grundregeln einzuhalten. Diese werden wir Ihnen nachfolgend vorstellen. Auf Besonderheiten für die Montage einzelner Dübelsysteme, das heißt besondere Herstellervorgaben, wird an dieser Stelle verzichtet und auf die entsprechenden Unterlagen der Hersteller hingewiesen.

Monteure: »Geschultes Personal«

In den meisten »Dübelzulassungen« findet sich zum Thema Montage folgende Formulierung (vergleiche zum Beispiel in ETA W-UR/SHARK UR (2021, S. 10):

> »Einbau durch entsprechend geschultes Personal unter Aufsicht des Bauleiters.«

Die »Hinweise für die Montage von Dübelverankerungen« des DIBt stellen ergänzend die Kompetenzanforderungen für Monteure zusammen und geben einen ersten Überblick über

Schulungsangebote. Ergänzend heißt es dort deshalb dazu seit Oktober 2010 wie folgt (DIBt Hinweise 2010, S. 3):

> »Speziell wird von den Besonderen Bestimmungen – Ergänzung der Autoren: der allgemeinen bauaufsichtlichen Zulassungen und Europäischen Technischen Bewertungen – gefordert, dass von der Brauchbarkeit der Dübelverankerung nur ausgegangen werden kann, wenn der Einbau der Dübel durch geschultes Personal unter Verantwortung des Bauleiters erfolgt. In Abschnitten 4 und 5 werden die erforderlichen Kompetenzen für Monteure und mögliche Schulungsmaßnahmen vorgestellt. Werden diese Randbedingungen eingehalten, so ist von geschultem Personal auszugehen.«

Weiter heißt es dazu, dass die Verantwortung für die Kompetenz der Monteure beim ausführenden Betrieb liegt und dass am Ende die Kompetenz maßgebend ist und nicht der Weg der Vermittlung (DIBt Hinweise, 2010, S. 11).

Bohrer – Bohren – Bohrlochreinigung

Gerade die Themen Bohren und Reinigung des Bohrlochs haben einen großen Einfluss auf die Funktion Ihres Dübels. Welche Einflüsse es gibt, erfahren Sie in den nächsten Abschnitten.

Normative Regelungen zum Bohrer

Zur Erstellung der Bohrlöcher sind nach DIN EN 1992-4 (2019, S. 129) Hammerbohrer zu verwenden, die mit ISO 5468 oder nationalen Regelungen übereinstimmen.

In Deutschland sind diese Anforderungen im »Merkblatt über die Kennwerte, Anforderungen und Prüfungen von Mauerbohrern mit Schneidkörpern aus Hartmetall, die zur Herstellung der Bohrlöcher von Dübelverankerungen verwendet werden« (DIBt/FWI Merkblatt Bohrer, 2002) geregelt.

Bohrer, die diesen Anforderungen entsprechen, erkennen Sie am entsprechenden Symbol, der Prüfmarke der Prüfgemeinschaft Maurerbohrer e. V. (Abbildung 16.1).

a) Prüfmarke als Grafik

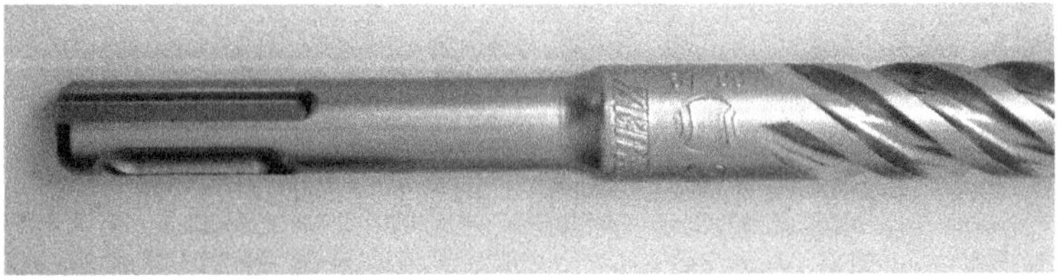

b) Prüfmarke im Schaft eines entsprechenden Hammerbohrers

Abbildung 16.1: Prüfmarke der Prüfgemeinschaft Mauerbohrer e. V., Remscheid (Foto: Scheller)

Besonders wichtig ist dabei der richtige Bohrerschneidendurchmesser (Abbildung 16.2):

- ✔ Insbesondere wenn Bohrlöcher in sehr harten Verankerungsgründen, wie zum Beispiel in Beton, Kalksandsteinen und Vollziegeln, erstellt werden, dann nutzen sich (Hammer-)Bohrer ab. Ist das Bohrloch dann zu klein, kann der Dübel gar nicht mehr in das Bohrloch hineingesteckt werden bzw. beim Setzen beschädigt werden.
- ✔ Ein Bohrer mit einem zu großen Bohrerschneidendurchmesser erstellt entsprechend auch zu große Bohrlöcher, in denen dann insbesondere für Spreizdübel zu geringe Haltekräfte über Reibung generiert werden können.

Das DIBt/FWI Merkblatt Bohrer (2002) bzw. ISO 5468 enthalten daher für jede Bohrergröße das obere und untere Toleranzmaß für den Bohrerschneidendurchmesser.

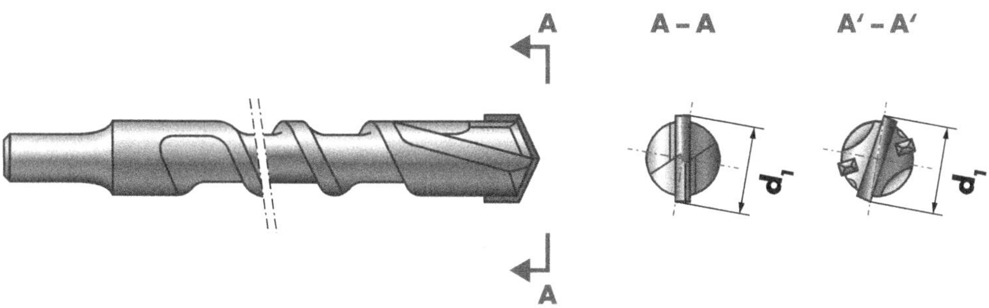

Abbildung 16.2: Zweischneidiger Mauerbohrer mit durchgehender Schneidplatte, Definition Schneidendurchmesser bzw. Bohrerschneiden-Eckmaß (d_1) nach DIBt/FWI Merkblatt Bohrer (2002); bzw. d_1 = d nach ISO 5468; Schnitt A'-A' zeigt ergänzend die Spitze eines vierschneidigen Hammerbohrers (Grafik: Adolf Würth GmbH & Co. KG)

Lage des Bohrlochs

Gerade im Stahlbetonbau gibt es regelmäßig Querschnitte, die sehr viel Bewehrungsstahl enthalten, wie zum Beispiel die in Abbildung 16.3 dargestellte Ecke eines noch nicht betonierten Fundaments für eine Hallenkonstruktion aus Stahlträgern. Genau an dieser Ecke muss aber später, wenn das Fundament betoniert und der Beton ausgehärtet ist, der Stützenfuß einer Stahlstütze mit Dübeln befestigt werden.

Werden Bohrlöcher in Beton erstellt, dann sollte die Bewehrung in der Nähe des Bohrloches nicht beschädigt werden (vergleiche DIBt Hinweise, 2010, S. 6).

Für die Bestimmung der Lage der Bewehrung kann beispielsweise ein Bewehrungssuchgerät verwendet werden (siehe Kapitel 4 im Abschnitt »Porenbeton: Wand-, Decken- und Dachplatten« Abbildung 4.10; vgl. auch DIN EN 1992-4, 2019, S. 129).

Abbildung 16.3: Ecke der Bodenplatte einer Stahlhalle mit hohem Bewehrungsgrad vor dem Betonieren (Foto: Küenzlen)

Hier und an vergleichbaren Stellen ergibt es daher durchaus Sinn, im Rahmen der Stahlbauplanung die Lage der Befestiger mit der Bewehrung abzustimmen, da

- ✔ ein Durchbohren der Bewehrungseisen, hier in Abbildung 16.3 mit einem Durchmesser von bis zu 20 mm, ohne geeignete Bohrtechnik in der Regel nicht sehr einfach ist und insbesondere
- ✔ das Durchtrennen und damit der Wegfall von statisch erforderlicher Bewehrung die Statik bzw. die Stabilität der gesamten Stahlhalle erheblich beeinträchtigen oder im schlimmsten Fall sogar zerstören kann.

Für das Praxisbeispiel in Abbildung 16.3 wurde die genaue Lage der Stäbe dokumentiert und mit der Fußplatte der Stahlstütze sowie dem Lochbild für die Dübel (siehe Kapitel 8 im Abschnitt »Lochbilder im Anbauteil – Anordnung der Befestigungen«) abgestimmt, um keinen der Bewehrungsstäbe durchbohren oder durchtrennen zu müssen.

Für vergleichbare Fälle im Bestand (vorhandene Bauteile mit sehr dichter Bewehrung, in die gedübelt werden soll) bleibt nur

- ✔ der Blick in die (Bewehrungs-)Pläne (siehe Abbildung 3.1) oder
- ✔ die Suche der Stäbe mit einem Bewehrungssuchgerät (siehe Abbildung 4.14) bzw.
- ✔ die Abstimmung mit dem Tragwerksplaner, ob bei dringendem Erfordernis gegebenenfalls auch einzelne Bewehrungsstäbe durchtrennt werden dürfen.

Eine Durchtrennung der Bewehrung ohne Abstimmung mit einem Tragwerksplaner sollte man generell unterlassen.

Wenn Sie nun festgelegt haben, wo Sie Ihr Bohrloch bohren wollen oder vielleicht sogar müssen, müssen Sie nur noch darauf achten, dass Sie die Bohrmaschine immer senkrecht zum Verankerungsgrund einsetzen.

Nach den aktuellen Regelwerken bzw. DIN EN 1992-4 (2019, S. 129) sind Bohrlöcher immer senkrecht zur Oberfläche zu erstellen. Eine gewisse Toleranz von maximal 5° Abweichung – für den Baustellenalltag – räumen die DIBt Hinweise (2010, S. 6) ein.

Bohrverfahren

Bohrlöcher in Beton und Vollsteinen werden in der Regel mit Hartmetall-Hammerbohrern nach Abschnitt »Normative Regelungen zum Bohrer« in diesem Kapitel im Hammerbohrverfahren erstellt.

Beim »Hammerbohren« (und »Schlagbohren«) wird neben dem Drehen des Bohrers zusätzlich noch Energie auf den Bohrer gegeben. Diese »Hammerschläge« erleichtern das Bohren in Beton und Vollsteinen, sie zerstören aber die Steggeometrie von Lochsteinen bei Verankerungen in Mauerwerk!

Daher hat in Mauerwerk aus Lochsteinen – neben dem verwendeten Bohrer – auch das Bohrverfahren einen großen Einfluss auf die Tragfähigkeit der Dübel.

Die Unterlagen der Hersteller unterscheiden dabei teilweise in Tragfähigkeiten für Bohrlöcher, die im Hammer- oder Drehbohrverfahren hergestellt werden. Bohrlöcher, die im Drehbohrverfahren erstellt werden, haben in der Regel höhere Tragfähigkeiten, da im Hammerbohrverfahren die Stege der Lochsteine zerstört werden können (Abbildung 16.4).

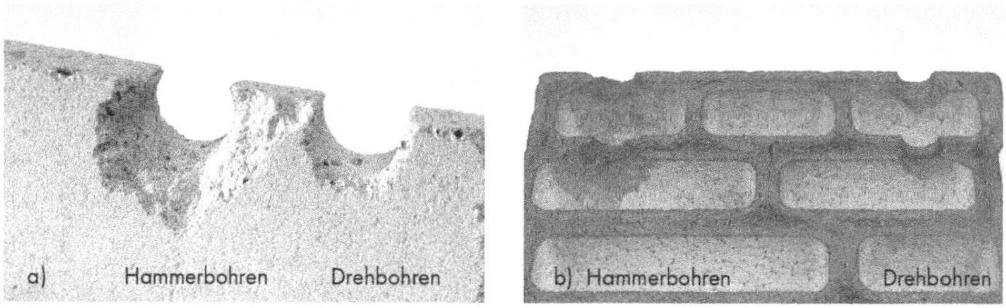

Abbildung 16.4: Einfluss des Bohrverfahrens auf die Bohrlochgeometrie a) in einem Kalksandlochstein bzw. b) bei einem Hochlochziegel (Fotos: Adolf Würth GmbH & Co. KG)

Bei hammergebohrten Bohrlöchern kann die Tragfähigkeit in Lochsteinen auf null reduziert werden!

Bohrlochreinigung

Bei der Erstellung von Bohrlöchern für Dübel entsteht das sogenannte »Bohrmehl«, das in den meisten Fällen aus dem Bohrloch entfernt werden muss (vergleiche hierzu die Setzanweisungen für die unterschiedlichen Dübelsysteme in den Kapiteln 11 bis 14), weil die Dübelsysteme ansonsten nicht richtig funktionieren.

Ist zum Beispiel bei Metalldübeln (zu viel) Bohrmehl im Bohrloch, so kann der Dübel nicht richtig gesetzt werden (zum Beispiel zu geringe Setztiefe oder unvollständige Verspreizung).

BEISPIEL

Ein guter Vergleich bei diesem Thema ist auch das Ausrollen eines Kuchenteigs auf der Küchenarbeitsplatte:

- Damit der Kuchenteig nicht festklebt, streuen Sie doch vor dem Ausrollen Mehl auf die Arbeitsfläche, das wie ein Trennmittel wirkt. Nach dem Ausrollen können Sie dann den Teig gut lösen und aufs Blech legen.
- Bei der Injektionstechnik im Dübelbereich ist es genau umgekehrt: Die Ankerstange soll im Bohrloch verklebt werden. Daher muss von Ihnen das Bohrmehl aus dem Bohrloch gemäß den Anweisungen der jeweiligen Unterlagen der Hersteller entfernt werden.

Bohrlochreinigung für Metall- und Kunststoffdübel

In den Unterlagen der Hersteller für Metall- und Kunststoffdübel findet man in den Setzanweisungen unterschiedliche Angaben zur Bohrlochreinigung:

- Bohrloch reinigen
- Bohrloch vom Grund her ausblasen oder aussaugen
- Bohrloch vom Grund her ausblasen

Das bedeutet, dass Sie bei der Montage von Metall- und Kunststoffdübeln in der Regel nichts falsch machen, wenn Sie für die Bohrlochreinigung eine Ausblaspumpe (Abbildung 16.5) verwenden und das Bohrloch immer vom Grund her ausblasen.

In der Praxis wird oft versucht, mit einem Staubsauger das Bohrloch auszusaugen, indem man »einfach« mit der Düse über die Bohrlochöffnung fährt. Auf diese Weise können Sie allerdings nicht das Bohrmehl im tiefsten Punkt des Bohrlochs aussaugen! Sie erreichen damit nur die Oberfläche des Verankerungsgrunds! Möchten Sie das Bohrloch korrekt vom Grund her aussaugen, können Sie einen entsprechenden Aufsatz für Ihren Staubsauger verwenden (Abbildung 16.6). Dieser muss sich ohne Widerstand in das Bohrloch einführen lassen und ist damit für sehr kleine Bohrlöcher nicht geeignet.

Ein Absaugen des Bohrlochs nur an der Bohrlochöffnung ist keine ausreichende Bohrlochreinigung im Sinne der Unterlagen der Hersteller!

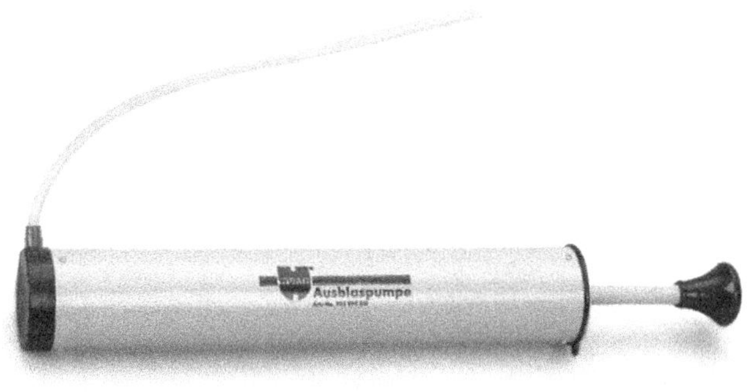

Abbildung 16.5: Beispiel für eine Ausblaspumpe (Foto: Adolf Würth GmbH & Co. KG)

Abbildung 16.6: Beispiel für einen Aufsatz für einen Staubsauger zum Aussaugen von Bohrlöchern (Foto: Adolf Würth GmbH & Co. KG)

Bohrlochreinigung für Injektionssysteme und Patronensysteme

Mit der Bohrlochreinigung für

- ✔ Injektionssysteme zur Verankerung in Beton und in Mauerwerk und
- ✔ Patronensysteme zur Verankerung in Beton

ist es nicht ganz so einfach wie für die Metall- und Kunststoffdübel (siehe vorhergehenden Abschnitt »Bohrlochreinigung für Metall- und Kunststoffdübel«). Die Bohrlochreinigung ist fast bei allen Systemen unterschiedlich. In vielen Fällen ist die Bohrlochreinigung eine Kombination aus zwei oder mehr unterschiedlichen Arbeitsschritten, die in unterschiedlicher Häufigkeit wiederholt werden müssen:

- ✔ Bohrmehl entfernen = Ausblasen mit Handblaspumpe (Abbildung 16.5) oder mit Druckluft (Abbildung 16.8)
- ✔ Bohrlochwandung für eine bessere Verklebung aufrauen = Ausbürsten von Hand oder maschinell mit einer Reinigungsbürste (Abbildung 16.7)

a) Reinigungsbürste

b) Maschinenaufnahme für Reinigungsbürste zur maschinellen Bohrlochreinigung

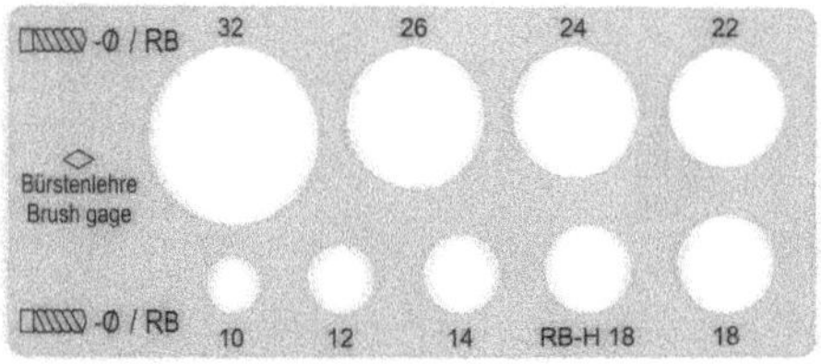

c) Bürsten-Schablone bzw. Bürstenlehre zur Kontrolle des richtigen Durchmessers der Reinigungsbürste

d) Handgriff für Reinigungsbürste zur manuellen Bohrlochreinigung

Abbildung 16.7: Beispiele für Reinigungsbürste und Zubehör für das Ausbürsten und Aufrauen von Bohrlöchern für die Verankerung von Injektionssystemen (Fotos: Adolf Würth GmbH & Co. KG)

Abbildung 16.8: Praxisbeispiel für das Ausblasen eines Bohrlochs d_0 = 30 mm mit Druckluft (Foto: Küenzlen)

Die unterschiedlichen Schritte und Intensitäten dieser Bohrlochreinigung sind ein Ergebnis aus den Prüfungen des jeweiligen Dübelsystems. Mit der in den Unterlagen der Hersteller angegebenen Bohrlochreinigung, die Sie bei der Montage unbedingt einhalten müssen, erreicht das jeweilige Injektions- bzw. Patronensystem die größte Tragfähigkeit, weshalb diese Bohrlochreinigung in den Unterlagen für das Injektionssystem als verpflichtend vorgeschrieben wurde.

Wenn Sie die in den Unterlagen bzw. Setzanweisungen für ein Injektions- bzw. Patronensystem vorgeschriebene Bohrlochreinigung nicht einhalten, kann die Tragfähigkeit des Systems gravierend reduziert werden (siehe auch Abbildung 14.7)!

Daher ist die vorgeschriebene Bohrlochreinigung zwingend von Ihnen einzuhalten!

Wird für die Montage eines Dübelsystems die Reinigung des Bohrlochs durch »Ausbürsten« vorgeschrieben, müssen die zugehörigen Vorgaben der jeweiligen Herstellerunterlagen von Ihnen unbedingt eingehalten werden:

- ✔ Dazu gehört neben der Verwendung der richtigen – zum Dübelsystem zugehörigen – Reinigungsbürste auch die Kontrolle der Einhaltung des minimalen Bürstendurchmessers (Angabe siehe in den jeweiligen Unterlagen), da auch die Verwendung einer abgenutzten Reinigungsbürste (mit zu kleinem Durchmesser) nicht den Vorgaben der Hersteller entspricht.
- ✔ Der richtige Bürstendurchmesser kann zum Beispiel mithilfe einer Bürstenschablone bzw. Bürstenlehre kontrolliert werden (Abbildung 16.7c).

Alternativ findet sich in einigen Unterlagen sinngemäß auch der folgende Hinweis (siehe zum Beispiel ETA W-VIZ, 2023, S. 16):

- ✔ Den Durchmesser der Reinigungsbürste können Sie kontrollieren, indem Sie diese in das Bohrloch einschieben. Wenn Sie die Bürste ohne Widerstand in das Bohrloch schieben können, müssen Sie neue Bürsten verwenden.

Für Injektionssysteme, die mit Freigabe des Herstellers auch in mit Wasser gefüllte Bohrlöcher gesetzt werden dürfen, sind gegebenenfalls weitere bzw. andere Arbeitsschritte für die Bohrlochreinigung erforderlich (zum Beispiel Ausspülen mit Wasser, vergleiche Abbildung 16.9), die entsprechend in den jeweiligen Unterlagen angegeben und von Ihnen zwingend eingehalten werden müssen.

Abbildung 16.9: Bohrlochreinigung bei einem wassergefüllten Bohrloch (Foto: Küenzlen)

Fehlbohrungen

Bohrlöcher,

- ✔ die Sie nicht (mehr) benötigen,
- ✔ die von Ihnen nicht mit der notwendigen Tiefe erstellt werden konnten oder
- ✔ die verbleiben, wenn ein Dübel ausgebaut wird,

werden als »Fehlbohrungen« definiert (Abbildung 16.10).

⚠ Fehlbohrungen können nach DIBt Hinweise (2010, S. 6 und 7) das Tragverhalten Ihres Dübels negativ beeinflussen, wenn diese unverschlossen in der Nähe von tragenden Dübeln liegen.

Daher sind Fehlbohrungen nach DIBt Hinweise (2010, S. 6) »in der Regel mit einem schwindarmen hochfesten Mörtel vollständig zu verschließen«.

DIN EN 1992-4 (2019, S. 129) aktualisiert und präzisiert dazu, dass ein nichtschwindender Mörtel zu verwenden ist, »der eine Festigkeit besitzt, die mindestens gleich dem Verankerungsgrund und $\geq 40\ N/mm^2$ ist«.

Abbildung 16.10: »Fehlbohrungen« (Foto: Scheller)

Ein solcher schwindarmer hochfester Mörtel ist beispielsweise der Injektionsmörtel Allrounder WIT-VM 250 (siehe Abbildung 12.8). Nach 24 Stunden Aushärtezeit weist dieser Injektionsmörtel eine Druckfestigkeit von circa 100 N/mm^2 >> 40 N/mm^2 auf (siehe MPA NRW, 2013).

Dabei müssen Dübel zu Fehlbohrungen nach DIBt Hinweise (2010, S. 6) folgende Mindestabstände einhalten:

- Bei einer Fehlbohrung mit einer Tiefe $\geq h_{ef} / 4$ darf der Dübel im Achsabstand gleich dem dreifachen Bohrlochdurchmesser von einer Fehlbohrung gesetzt werden.
- Bei einer Fehlbohrung mit einer Tiefe $< h_{ef} / 4$ darf der Dübel im Achsabstand gleich dem einfachen Bohrlochdurchmesser von der Fehlbohrung gesetzt werden.
- Weiterhin legen die DIBt Hinweise (2010, S. 6) Folgendes fest:

  »Eine Vorspannung bzw. Belastung des Dübels nach dem Schließen der Fehlbohrung mit hochfestem Mörtel ist frühestens dann zulässig, wenn die Festigkeit des Mörtels mindestens der Betonfestigkeit entspricht.

  Ist die Festigkeitsentwicklung des Mörtels nicht bekannt, darf der Dübel frühestens nach 24 Stunden oder bei der Verwendung von zugelassenem Injektionsmörtel nach der angegebenen Aushärtezeit vorgespannt bzw. belastet werden.«

Weitere Hinweise, wie mit Fehlbohrungen umzugehen ist, sind gegebenenfalls in den jeweiligen Unterlagen der Hersteller enthalten und entsprechend zu beachten.

Temperatur – Montagezeit – Aushärtezeit

Der Einfluss der Temperatur auf die Montage- und Aushärtezeit wurde Ihnen bereits detailliert im Kapitel 6 im Abschnitt »Temperatur« erläutert. Danach werden

- ✔ die Transport- und Lagerungstemperatur,
- ✔ die Montagetemperatur,
- ✔ die niedrigste Nutzungstemperatur,

und bei Injektions- bzw. Patronensystemen

- ✔ die von der Temperatur im Bohrloch abhängigen Montage- und Aushärtezeiten

in den Unterlagen des Dübelsystems bzw. der Herstellerempfehlung angegeben. Bezüglich der Transport- und Lagerungstemperatur wird in der Regel in den Produktunterlagen angegeben, dass diese zwischen +5 °C und +25 °C liegen soll.

Vereinfacht kann man sich merken, dass Injektionsmörtelkartuschen bzw. Patronen für Patronensysteme wie das »Frühstücksbrötchen« gelagert und transportiert werden sollten:

Im Sommer kühl und im Winter warm halten, zum Beispiel in einer Kühl- oder Isoliertasche, bitte jedoch nicht ganz wörtlich nehmen und das Brötchen dazulegen (Abbildung 16.11).

Abbildung 16.11: Tipp im übertragenen Sinne für die richtige Transport- und Lagerungstemperatur von Injektionsmörtelkartuschen: »Lagerung wie das Frühstücksbrötchen« – bitte nicht genauso nachmachen! (Foto: Scheller)

Teil IV
Baurechtliche Grundlagen – Was ist zu beachten?

IN DIESEM TEIL …

- ✔ Erfahren Sie, welche Befestigungen mit Dübeln im Blick des Gesetzgebers liegen
- ✔ Lernen Sie, wie Sie die Bereiche unterscheiden, für die es gesetzliche Vorgaben gibt oder eben nicht gibt
- ✔ Erfahren Sie, welchen Kennzeichnungen von Dübeln es gibt und wann Sie diese zwingend beachten müssen

IN DIESEM KAPITEL

Musterbauordnung

Landesbauordnungen

Bauen ist Sache der Bundesländer

Kapitel 17
Kurze Einführung Baurecht

Dübel halten im wahrsten Sinne des Wortes in vielen Bereichen unseren Alltag zusammen. Dabei werden Dübel in vielen Fällen für Befestigungen eingesetzt, bei deren Versagen unsere Gesundheit oder unsere Umwelt gefährdet werden kann. Deshalb müssen wir einige gesetzliche Regeln beachten; diese schauen wir uns nun im Detail näher an.

Die Kapitel 17, 18 und 19 sind bzw. ersetzen keine juristische Beratung; sie geben lediglich einen allgemeinen Überblick zu den zu beachtenden gesetzlichen Reglungen.

Einfache Einordnung von Dübeln in das deutsche Baurecht

Anwendungen für Dübel sind, wie Sie selbst sicher schon die Erfahrung gemacht haben, sehr vielfältig. Eine Gemeinsamkeit ist jedoch immer, dass »etwas befestigt« oder zwei Teile miteinander verbunden werden sollen.

Dabei haben alle Arten von Befestigungen gemeinsam, dass diese »halten sollen«, dass also das befestigte Teil oder die Verbindung für eine geplante Dauer ihren Zweck erfüllen sollen. Dies ist sowohl im privaten als auch im professionellen Bereich ein wichtiges Thema, denn in beiden Bereichen sollte klar sein, dass es nicht zu Verletzungen oder Schäden infolge des Versagens einer Dübelbefestigung kommen darf.

Ein Dübel ist also immer ein Teil eines Bauwerks.

Dabei verbindet der Dübel immer einen Gegenstand/eine Konstruktion usw. mit dem Bauwerk oder sogar das Bauwerk selbst mit dessen Fundament wie beispielsweise bei einer Halle aus Stahlprofilen oder einem modernen Hochregallager.

Für die Errichtung solcher Bauwerke und den Einsatz von Dübeln sind Regeln im Rahmen des Baurechts einzuhalten. Die Grundlage dafür ist in Deutschland die Musterbauordnung (MBO, 2023), die – wie der Name schon sagt – das »Muster« für die jeweiligen Landesbauordnungen in den 16 deutschen Bundesländern darstellt.

Das Baurecht liegt in der Verantwortung der einzelnen Bundesländer, und so gibt es in Deutschland insgesamt 16 Landesbauordnungen (LBOen). Je nachdem, in welchem Bundesland ein Bauwerk errichtet oder eine Baumaßnahme durchgeführt wird bei dem (auch) Dübel verwendet werden, gilt dort die jeweilige LBO als das »baurechtliche Fundament«.

Das bedeutet, dass wir uns vor der Errichtung eines Bauwerks oder der Durchführung einer Baumaßnahme immer auch mit der jeweils in unserem Bundesland geltenden LBO auseinandersetzen müssen. Aus diesem Grund werfen wir zum Abschluss dieses Buches nun noch einen kurzen Blick auf das Thema »Baurecht« und werden sehen, ob und wie sich unsere Klimmzugstange vonseiten des Baurechts vielleicht von der Befestigung eines Geländers oder einer ganzen Stahlhalle unterscheidet.

Sicherheitsrelevante und nicht sicherheitsrelevante Befestigungen

In der Fachsprache redet man von Befestigungen, die sicherheitsrelevant oder nicht sicherheitsrelevant sind.

Nicht sicherheitsrelevant ist eine Verbindung, bei deren Versagen weder Personen zu Schaden kommen können noch sonstige gravierende Folgen (zum Beispiel Umwelt- oder Sachschäden) möglich sind. Dies könnte beispielsweise die Befestigung einer Wisch-, Sockel- oder auch Scheuerleiste im Bereich des Fußbodens sein (Abbildung 17.1). Wobei Sie hier natürlich auch argumentieren könnten, dass doch jemand über die Leiste stolpern kann, wenn sich deren Befestigung, zum Beispiel aufgrund einer fehlerhaft durchgeführten Dübelmontage, wieder löst.

Bei Befestigungen, bei denen Personen zu Schaden kommen können und/oder hohe Sachschäden oder sonstige gravierende Folgen wie zum Beispiel Umweltschäden denkbar sind, müssen Sie immer mit besonderer Aufmerksamkeit vorgehen. Diese Befestigungen sind immer sicherheitsrelevant und unterliegen (fast immer) dem deutschen Baurecht.

Abbildung 17.1: Wisch- oder Scheuerleiste – ist die Befestigung sicherheitsrelevant? (Bild: Adolf Würth GmbH & Co. KG)

Befestigungen, die den Gesetzgeber interessieren oder auch nicht

Eine für Dübelbefestigungen sehr wichtige Unterscheidung ist, ob die Befestigungen im Blick des Gesetzgebers liegen, das heißt, für die deutsche Bauaufsicht relevant sind oder nicht.

Man kann jetzt also darüber »philosophieren«, ob die Dübel für die Befestigung einer »Scheuerleiste« (Abbildung 17.1) im Blick des deutschen Gesetzgebers liegen oder nicht. Unsere Erfahrung zeigt allerdings, dass man sich selbst bei einer solchen Befestigung bei der Frage nach der Relevanz für den Gesetzgeber schnell in einer langen Diskussion – sowohl mit »Dübellaien« als auch mit »Dübelprofis« – verfangen kann. Aus diesem Grund schauen wir uns im nächsten Kapitel den für den Gesetzgeber relevanten Bereich genauer an.

IN DIESEM KAPITEL

- Deutsches Baurecht
- Europäisches Recht
- Bauprodukte
- Bauwerk
- Dübel mit Kennzeichnung für Deutschland
- Dübel mit Kennzeichnung für Europa

Kapitel 18 Bauaufsichtlich relevanter Bereich

Sie haben im vorherigen Kapitel bereits erfahren, dass es Befestigungen gibt, die den Regelungen des Gesetzgebers in Deutschland unterliegen. Dübel fallen unter diesen Bereich und die Regelungen der Bauprodukte, die in Bauwerke eingebaut werden. Was hier zu beachten ist, erfahren Sie in diesem Kapitel.

Baurechtliche Regelungen in Deutschland

Die Bundesländer haben in Deutschland die Gesetzgebungskompetenz im Bauordnungsrecht. Baurecht ist also Länderrecht und es muss auch im Bereich der Dübeltechnik beachtet werden. Umgesetzt wird diese Zuständigkeit über die Landesbauordnungen (LBOen) und das zugehörige Nebenrecht.

Die Landesbauordnungen sind Gesetze, die sich aus einer von der Bauministerkonferenz der Länder ständig fortgeschriebenen rechtlich unverbindlichen Musterbauordnung (MBO) ableiten. Bei diesem Prozess sind im Laufe der Jahre 16 im Detail unterschiedliche Landesbauordnungen entstanden.

Zur Vereinfachung – sozusagen über die Grenzen zwischen den einzelnen Bundesländern in Deutschland hinweg – wird nachfolgend der Einfachheit halber oft die Musterbauordnung (MBO) zitiert und nur für Details auf die einzelnen Landesbauordnungen (LBO) verwiesen bzw. zur Kommentierung exemplarisch ein Kommentar zur LBO Baden-Württemberg verwendet.

Nach § 1 MBO gilt die Musterbauordnung »für bauliche Anlagen und Bauprodukte«. »Bauliche Anlagen« werden in § 2 Abs. 1 S. 1 MBO als mit dem Erdboden verbunden und aus Bauprodukten hergestellte Anlagen definiert.

Diese Anlagen sind nach § 3 S. 1 MBO »so anzuordnen, zu errichten, zu ändern und instand zu halten, dass die öffentliche Sicherheit und Ordnung, insbesondere Leben, Gesundheit und die natürlichen Lebensgrundlagen nicht gefährdet werden«.

Für die Dübelpraxis hat sich als Vereinfachung dieses Abschnitts (insbesondere auf Grundlage des zuvor zitierten § 3 S. 1 MBO) etabliert, dass eine Verankerung – im Geltungsbereich der LBOen – dann als »bauaufsichtlich relevant« definiert werden kann, wenn bei Versagen des Dübels Gefahr für Leib und Leben besteht und/oder hoher wirtschaftlicher Schaden entstehen kann.

Baurechtliche Regelungen in Europa

In der Europäischen Union muss aufgrund Art. 28 – 37 AEUV (Vertrag über die Arbeitsweise der Europäischen Union) der freie Binnenmarkt und – als Bestandteil dessen – der freie Warenverkehr gewährleistet werden. Im Bereich der Bauprodukte regelt die EU-Bauproduktenverordnung (BauPVO), Verordnung (EU) 305/2011 (Fassung 2024) den freien Handel mit Bauprodukten auf dem europäischen Binnenmarkt.

Die einzelnen europäischen Mitgliedsstaaten sind jedoch für die Regelung der bauwerksseitigen, das heißt bauordnungsrechtlichen Anforderungen an die Errichtung sicherer Bauwerke und die Verwendung von Bauprodukten in ihrem jeweiligen Land, selbst verantwortlich (Sauter et al., 2019, §16c, Rn. 2). Die Verwendung von Bauprodukten ist daher ausschließlich national geregelt.

Die Verwendung eines Dübels liegt also allein in der Zuständigkeit der einzelnen Mitgliedstaaten der Europäischen Union, in unserem Falle in Deutschland also allein in der Zuständigkeit der Bundesländer.

Kennzeichnung von Bauprodukten

Sie kennen bestimmt von vielen Produkten aus dem Alltag das CE-Zeichen? Dieses Zeichen kennzeichnet Produkte, die bestimmten europäischen Regelungen entsprechen. Es ist dagegen kein Qualitätsmerkmal, wie oft angenommen wird.

So gibt es auch immer mehr Dübel mit einem CE-Zeichen. Daneben gibt es in Deutschland auch Dübel mit einem Ü-Zeichen. Diese Dübel entsprechen dann »nur« nationalen Regelungen in Deutschland. Die Bedeutung der Kennzeichnung schauen wir uns nachfolgend im Detail an.

CE-Kennzeichnung – Produktkennzeichnung in Europa

Aufgrund der BauPVO CE-gekennzeichnete Bauprodukte dürfen nach § 16c MBO in Deutschland in Bauwerken verwendet werden, wenn die erklärten Leistungen den in der MBO oder aufgrund der gesetzlich festgelegten Anforderungen für die geplante Verwendung entsprechen. Diese Leistung, das heißt, wofür man einen Dübel unter welchen Randbedingungen einsetzen darf, können Sie der sogenannten Leistungserklärung entnehmen. Diese muss Ihnen jeder Hersteller eines Dübels zur Verfügung stellen. In der Regel finden Sie dieses Dokument auf der Internetseite des Herstellers.

BEISPIEL

Für Sie bedeutet dies, dass Sie entsprechend gekennzeichnete Dübel in Ihrem Bauwerk einsetzen dürfen, wenn die Kennzeichnung Ihres Dübels die entsprechende Anwendung abdeckt.

Die am Bau Beteiligten – also Sie selbst, wenn Sie etwas befestigen wollen – haben damit die Aufgabe, sicherzustellen, dass die für das Bauprodukt erklärten Leistungen ausreichend sind und die Anforderungen erfüllen (Sauter et al., 2019, § 16c, Rn. 3f).

Für den Fall, dass

- die erklärten Leistungen nicht (alle) das Anforderungsniveau erreichen oder
- die Randbedingungen für die Verwendung von den harmonisierten Spezifikationen abweichen oder
- nicht alle erforderlichen Leistungen ausgewiesen sind,

entscheiden die am Bau Beteiligten – also wiederum Sie bei Ihrer Befestigungsaufgabe – eigenverantwortlich, ob die Defizite so gering sind, dass von der Erfüllung der bauseitigen Anforderungen trotzdem ausgegangen werden kann. Das Bauprodukt – also hier Ihr Dübel – kann dann von Ihnen trotzdem verwendet werden. Dies entspricht der »nicht wesentlichen Abweichung« nach § 21 Abs. 1 LBO (Sauter et al., 2019, § 16c, Rn. 7).

Als Grundlage für die Erklärung der Leistung eines Dübelsystems dient die sogenannte Leistungserklärung und abschließend die CE-Kennzeichnung.

Die Basis für diese Leistungserklärung ist für Dübel die Europäische Technische Bewertung (ETA, Abkürzung für die englische Bezeichnung »European Technical Assessment«). Diesen Begriff haben Sie in den vorherigen Kapiteln schon das eine oder andere Mal gelesen.

Ü-Zeichen – Produktkennzeichnung in Deutschland

Wie bereits kurz erwähnt, gibt es für das Produkt »Dübel« selbst keine Normen in Europa. Es braucht also eine andere Regelung um den Einsatzbereich für einen Dübel festzulegen. Für Dübel kann der Einsatzbereich in Deutschland über eine allgemeine bauaufsichtliche Zulassung/allgemeine Bauartgenehmigung nachgewiesen werden.

Über eine allgemeine bauaufsichtliche Zulassung erhalten Dübel das erforderliche Übereinstimmungszeichen (Ü-Zeichen). Das Ü-Zeichen ist eine ähnliche Kennzeichnung wie das CE-Zeichen, jedoch nur für die Verwendung des Dübels in Deutschland und nicht in ganz Europa.

Nach § 18 Abs. 1 MBO kann also das Deutsche Institut für Bautechnik in Berlin (DIBt) eine allgemeine bauaufsichtliche Zulassung (abZ) erteilen, wenn für ein Bauprodukt ein Verwendbarkeitsnachweis nach § 17 Abs. 1 MBO erforderlich ist. Dies ist – wie bereits erwähnt – immer dann der Fall, wenn Personen- oder Sachschäden bei Versagen der Befestigung auftreten können und die Verwendbarkeit nach § 16b Abs. 1 MBO nachgewiesen ist (siehe Abschnitt »Baurechtliche Regelungen in Deutschland« hier in diesem Kapitel).

Neben dem Verwendbarkeitsnachweis benötigen Bauprodukte also eine Bestätigung der Übereinstimmung mit dem jeweiligen Verwendbarkeitsnachweis nach § 21 Abs. 1 MBO, im Falle unserer Dübel also mit der allgemeinen bauaufsichtlichen Zulassung. Diese Bestätigung erfolgt nach Abs. 2 über eine Übereinstimmungserklärung des Dübelherstellers. Dazu wird vom Dübelhersteller nach Abs. 3 das Bauprodukt mit einem Ü-Zeichen gekennzeichnet.

Der Einsatz von Bauprodukten ohne gültiges Ü-Zeichen oder ohne CE-Kennzeichnung bei der Errichtung von Bauwerken kann nach § 79 Abs. 1 S. 2 Nr. 3 MBO dazu führen, dass die Behörde die Einstellung der Arbeiten verfügen kann.

Zusätzlich begeht eine Ordnungswidrigkeit nach § 84 Abs. 1 S. 1 Nr. 9 MBO, wer Bauprodukte entgegen § 21 Abs. 3 ohne Ü-Zeichen verwendet oder gemäß § 84 Abs. 1 S. 1 Nr. 11 i. V. m. § 53 Abs. 1 S. 3 (Bauherr) bzw. § 55 Abs. 1 S. 2 (Unternehmer) MBO die Verwendbarkeitsnachweise der verwendeten Produkte nicht bereithält.

Technische Baubestimmungen und allgemein anerkannte Regeln der Technik

Neben der reinen Kennzeichnung des Dübels mit einem CE- oder Ü-Zeichen sind die Regeln zur Anwendung der Dübel von Ihnen zu beachten. Das sind in Deutschland die Technischen Baubestimmungen.

Unter »Technischen Baubestimmungen« nach § 17 Abs. 1 Nr. 1 MBO werden die entsprechend § 85a Musterbauordnung (2023) als Verwaltungsvorschrift Technische Baubestimmungen (VV-TB) eines jeden Bundeslandes bekannt gemachten technischen Regeln verstanden. Zu diesen bekannt gemachten technischen Regeln gehören zum Beispiel bestimmte Normen und Richtlinien, die Sie für einen ersten Überblick auch der Musterverwaltungsvorschrift Technische Baubestimmungen entnehmen können (siehe in DIBt MVV TB, 2025/1).

Dübel dürfen im bauordnungsrechtlich relevanten Bereich also nur verwendet werden, wenn sie gemäß § 16c MBO eine CE-Kennzeichnung auf Grundlage der BauPVO tragen (vergleiche den Abschnitt »CE-Kennzeichnung – Produktkennzeichnung in Europa« hier in diesem Kapitel) oder gemäß § 17 Abs. 1 MBO einen Verwendbarkeitsnachweis (vergleiche den Abschnitt »Ü-Zeichen – Produktkennzeichnung in Deutschland« hier in diesem Kapitel) haben.

IN DIESEM KAPITEL

Was interessiert den Gesetzgeber nicht

Was tun ohne gesetzliche Anforderungen

Kapitel 19
Bauaufsichtlich nicht relevanter Bereich

Eine wichtige Voraussetzung für ein Bauprodukt nach § 2 MBO ist auch der dauerhafte Einbau in ein Bauwerk, wenn die Gegenstände Bestandteil der baulichen Anlage werden. Nach einem Kommentar zur LBO Baden-Württemberg sind Einrichtungsgegenstände wie Möbel, Lampen und Gardinenstangen – also die Dinge, die Sie hauptsächlich befestigen wollen – nicht in das Bauwerk eingebaut.

Damit unterliegen die Dübel zur Befestigung dieser Möbel bzw. Gegenstände auch nicht den Anforderungen an ein Bauprodukt und sind damit für den Gesetzgeber nicht relevant oder bauaufsichtlich nicht relevant.

Womit wir direkt wieder bei der Klimmzugstange (siehe Abbildung 3.2) aus der Einführung unsers Buches angekommen sind, deren Befestigung mit Dübeln man damit formal in den bauaufsichtlich nicht relevanten Bereich einsortieren kann, da der Einrichtungsgegenstand »Klimmzugstange« in einer Privatwohnung nicht Bestandteil der baulichen Anlage ist. Damit braucht es zu deren Befestigung kein Bauprodukt nach Kapitel 18.

Wie jedoch bereits erwähnt, ist die Klimmzugstange – aus der Sicht von uns Autoren – auch in einer Privatwohnung immer noch »sicherheitsrelevant«. Deshalb empfehlen wir Ihnen das gesamte Vorgehen – ohne Abweichung – wie bei der Befestigung eines Gegenstandes, der Bestandteil einer baulichen Anlage ist und den Regelungen nach Kapitel 18 unterliegt.

Die Überlegung hinter unserer Autorenempfehlung ist die Tatsache, dass es offensichtlich keine Rolle für Sie spielt,

- ✔ ob Sie sich beim Absturz von einem Balkon verletzen, weil die Dübel das Balkongeländer – zum Beispiel wegen unsachgemäßer Montage, falscher Dübelauswahl oder fehlerhafter Berechnung der Dübel – nicht richtig im Verankerungsgrund gehalten haben, oder

✔ ob Sie sich bei der Aufschwungübung an der Klimmzugstange beim Herunterfallen verletzen, weil die Dübel die Klimmzugstange – zum Beispiel wegen für den Verankerungsgrund ungeeigneter, zur Klimmzugstange mitgelieferter Dübel – nicht richtig im Verankerungsgrund gehalten haben (auch wenn es überhaupt keine bauaufsichtlichen Anforderungen hinsichtlich Dübelprodukten sowie deren Berechnung oder Montage für die Befestigung von Klimmzugstangen in Privatwohnungen gibt).

Da auch das Versagen baurechtlich nicht relevanter Befestigungen (zum Beispiel der Befestigung eines Einrichtungsgegenstands) zivil- und strafrechtliche Konsequenzen für Sie haben kann, ist auf jeden Fall zu empfehlen, Befestigungen immer technisch korrekt auszuführen. Davon können Sie ausgehen, wenn Sie Produkte mit allgemeiner bauaufsichtlicher Zulassung (abZ) des Deutschen Instituts für Bautechnik (DIBt) in Berlin – versehen mit einem Ü-Zeichen – oder mit Europäischer Technischer Bewertung (ETA) – versehen mit einem CE-Zeichen – verwenden und sich an die entsprechenden Vorgaben in diesen Dokumenten bzw. die Vorgaben der Hersteller halten.

Sie haben gesehen, dass die Klimmzugstange (Abbildung 3.2) aus unserem Beispiel in der Einführung sicher nicht im Fokus des Gesetzgebers in Sachen Baurecht steht. Weiter ist aber auch klar, dass bei den »Aufschwungübungen« an der Klimmzugstange ein Versagen der Befestigung zu schweren Verletzungen des sich aufschwingenden Sportlers führen kann. Damit ist die Klimmzugstange sicherheitsrelevant, aber nicht bauaufsichtlich relevant. Dieser Bereich wird in diesem Buch also »sicherheitsrelevant« genannt und die zugehörigen Produkte werden als »geprüft«, das heißt bauaufsichtlich geregelte Produkte bezeichnet.

Entsprechend lautete auch die Empfehlung im Beispiel in der Einführung für die Montage der »nur« sicherheitsrelevanten (und nicht bauaufsichtlich relevanten) Klimmzugstange in einer Privatwohnung wie folgt:

Anstelle der vorhandenen – in der Verpackung der Klimmzugstange beigelegten – Dübel sollten bauaufsichtlich geregelte Produkte mit Ü- oder CE-Kennzeichnung verwendet werden. Wird eine solche Klimmzugstange zum Beispiel in einem Büro oder in der Turnhalle einer Schule montiert, kann es weitere Regelungen geben, die auch ohne bauaufsichtliche Relevanz hohe Anforderungen an die Befestigung stellen. Dies vertiefen wir hier jedoch nicht, da sich das Beispiel explizit nur auf eine Privatwohnung bezieht.

Nicht bauaufsichtlich geregelte Produkte wurden Ihnen in diesem Buch nur dann empfohlen, wenn es (bisher) gar keine geregelten Produkte mit Ü- oder CE-Zeichen für die zu lösende Befestigungsaufgabe gibt. Dies ist beispielweise bei der Befestigung in Gipsplatten oder Dämmstoffen der Fall; hier gibt es bis dato keine entsprechenden Regelungen und keine geregelten Bauprodukte, sprich Dübel.

Gibt es aber für eine Dübelanwendung sowohl bauaufsichtlich geregelte als auch nicht geregelte Produkte, gab es an diesen Stellen in den Kapiteln 11 bis 14 von uns Autoren nur Empfehlungen zum Einsatz der entsprechend geregelten Produkte, auch wenn der Gesetzgeber – wie bei der Montage der Klimmzugstange in einer Privatwohnung – keine baurechtlichen Anforderungen stellt.

Als Abkürzung können Sie nach unserem Leitsatz vorgehen: Jede Befestigung, die bei ihrem Versagen zu Schäden und/oder Verletzungen von Personen führen kann, wird quasi immer genauso wie eine bauaufsichtlich relevante Befestigung betrachtet. Es kommen nur »geprüfte« Produkte mit CE- oder Ü-Zeichen dafür infrage. Daher finden Sie in diesem Buch für derartige Anwendungen ausschließlich Produkte und Regelungen, die auch die Regeln des Gesetzgebers an Bauprodukte und deren Verwendung im Bereich der Dübel erfüllen.

Teil V

Der Top-Ten-Teil

Besuchen Sie uns auf www.facebook.com/fuer-dummies!

Facebook

www.facebook.com/fuerdummies

Instagram

www.instagram.com/furdummies

YouTube

www.youtube.com/@dummies-mann

IN DIESEM TEIL ...

- ✔ Typische – fast schon alltägliche – Fehler
- ✔ Wie vermeiden Sie die typischen Fehler?
- ✔ Hinweise aus der Praxis für Ihre Dübelprojekte
- ✔ Befestigung einer Markise

IN DIESEM KAPITEL

Verbinden wir die Theorie aus den vorherigen Kapiteln mit diversen praktischen Anwendungen

Lernen Sie, wie Sie typische Fehler von Anfang an vermeiden können

Lösen wir am Ende gemeinsam noch ein Befestigungsaufgabe und befestigen eine Markise zusammen

Kapitel 20
Zehn typische Fehler und/oder was Sie anders bzw. besser machen können

Frei nach dem Zitat im Icontext weiter unten sind die Abschnitte in diesem Kapitel zu verstehen: Befestigungssituationen, die die Autoren fotografiert haben und die in der Praxis der Autoren immer wieder vorkommen. In zehn großen Kategorien finden Sie Beispiele, die deutlich und sehr offensichtlich fehlerhaft ausgeführt sind.

Diese Beispiele sollen Ihnen exemplarisch einige typische Fehler in der Dübelpraxis aufzeigen. Außerdem erhalten Sie Hinweise, wie Sie diese am besten in der Zukunft mithilfe des Buches umgehen können. Am Ende befestigen wir zum Finale gemeinsam eine Markise.

Ein kluger Spruch, den die Autoren ohne Namensangabe im Internet gefunden haben, lautet:

> »Aus Fehlern lernt man nicht, wenn man sie gemacht hat, sondern wenn man sie verstanden hat.«

Verankerungsgrund

Sie haben unzählige Verankerungsgründe und deren Unterschiede kennengelernt. Ihnen ist klar geworden, dass Dübelsysteme immer für den jeweiligen Verankerungsgrund geprüft und geeignet sein müssen.

Naturstein

Vielleicht werden Sie irgendwann auf einen Naturstein treffen. Hier muss Ihnen bewusst sein, dass es keine geprüften und für den bauaufsichtlich relevanten Bereich zugelassenen Systeme gibt.

Befestigungen wie in Abbildung 20.1 dargestellt können Sie also nicht nach den Unterlagen der Dübelhersteller beurteilen. Auch ein Tragwerksplaner kann diese nicht einfach mit einer Software der Dübelhersteller berechnen. Hier ist die beste Empfehlung, die wir Ihnen mitgeben können, dass Sie Überlegungen anstellen, ob Sie die geplante Befestigung nicht beispielsweise außerhalb des Natursteins befestigen können zum Beispiel durch einbetonierte Geländerpfosten wie in Abbildung 20.1b dargestellt.

a) b)

Abbildung 20.1: a) Befestigt im Naturstein b) Geländer mit extra einbetonierten Pfosten (Fotos Küenzlen)

Gedämmte Untergründe

Eine weitere Herausforderung werden Sie erleben, wenn Sie an einem gedämmten Verankerungsgrund eine Befestigung ausführen wollen. Sie haben in Kapitel 5 im Abschnitt »Nachträglich gedämmte Untergründe« Befestigungssysteme kennengelernt, die Sie hier einsetzen können.

Abbildung 20.2 zeigt zwei Beispiele von Befestigungen an einem gedämmten Verankerungsgrund. Hier wurde die Bohrung nicht verschlossen. Dies führt dazu, dass Wasser und Feuchtigkeit in das Wärmedämm-Verbundsystem eindringen. Der Bauschaden ist hier vorprogrammiert. Deshalb verschließen Sie solche Öffnungen nach Einbau der Dübel immer dauerhaft.

a) b)

Abbildung 20.2: Befestigung an gedämmten Untergründen (Fotos: Küenzlen)

Beton- bzw. Pflastersteine

Vielleicht haben Sie auch schon daran gedacht, in den Pflastersteinen Ihrer Einfahrt etwas zu befestigen? Meist sind solche Pflastersteine ja aus Beton und Sie haben ja gelernt, dass es Dübelsysteme für Beton gibt.

In den vorherigen Abschnitten haben wir Ihnen erläutert, dass die Lasten auf den Dübel auch in den Verankerungsgrund eingeleitet werden müssen. Selbstverständlich müssen diese Lasten auch bis in den Untergrund – bei einem Gebäude das Fundament – weitergeleitet werden. Wenn nun Ihr Verankerungsgrund nicht in der Lage ist, die Last aus einem Dübel weiterzuleiten, dann kann es passieren, dass selbst geringe Lasten zum Versagen Ihres Verankerungsgrunds führen.

Das Beispiel in Abbildung 20.3 zeigt exemplarisch, was passieren kann, wenn Sie in einen Pflasterstein mit einem Dübel etwas befestigen. Der Dübel wird vielleicht sogar die Last halten, den Stein kann es aber aus dem Pflasterbelag herausziehen, weil dieser Stein gar keine Last in den Untergrund weiterleiten kann.

Abbildung 20.3: Herausziehen eines Pflastersteines durch die Einwirkung aus einem einfachen Kunststoffdübel (Foto: Küenzlen)

Eine ähnliche Situation zeigt die Geländerbefestigung in Abbildung 20.4. Hier können Sie sich sicher vorstellen, dass die Einwirkungen auf das Geländer nicht ohne Weiteres durch die Mörtelfuge zwischen den schmalen Betonfertigteilen und Betonbauteil übertragen werden können. Hier wäre eine Befestigung direkt in der Stirnseite des Betonbauteils und nicht in dem schmalen Betonfertigteil vorzuziehen.

Abbildung 20.4: Befestigung eines Geländers in einem auf einem Betonteil liegenden schmalen Betonfertigteil (Foto: Küenzlen)

Verputzte oder geflieste Verankerungsgründe

Wenn Sie eine Wand haben, deren Oberfläche verputzt ist – wie beim Beispiel mit unserer Klimmzugstange –, dann sollten Sie bitte auch immer Folgendes im Kopf haben: »Hinter dem Putz ist nicht immer nur die Wand.« (Abbildung 20.5)

Bitte denken Sie also daran, dass sich auch in Ihrem Wohn- oder Badezimmer hinter Putz und Fliesen Elektroleitungen, Wasserleitung oder im schlimmsten Fall auch eine Gasleitung befinden kann. Deshalb suchen Sie bitte immer vor jeder Bohrung mit einem entsprechenden Suchgerät die Wand ab. Es gibt Geräte am Markt, die auch auf Strom- und Wasserleitungen reagieren. Ein solches Gerät haben wir Ihnen in Abbildung 4.14 in Kapitel 4 im Abschnitt »Porenbeton: Wand-, Decken- und Dachplatten« zur Suche von Bewehrungseisen vorgestellt.

Abbildung 20.5: »Hinter dem Putz ist nicht immer nur die Wand«, es können auch Leitungen direkt hinter dem Putz liegen (Foto: Scheller)

Zu kurze Dübel

Auch eine Verankerung mit zu kurzen Dübeln direkt im Putz ist meist keine gute Idee.

Sie erinnern sich sicher an Anonymus, der die Klimmzugstange in der Einleitung dieses Buches befestigt hat? Hier hat er versucht, den Halter für sein Rennrad (wieder) mit den beigepackten Kunststoffdübeln zu befestigen (Abbildung 20.6). Anonymus gehört (leider) zu den Zeitgenossen, die selbst aus Fehlern nicht sofort lernen. Entsprechend war seine Reaktion: »Ich wollte nicht hören, ganz ehrlich. Es interessiert mich halt leider einfach gar nicht, ich will nur, dass die Sachen halten.«

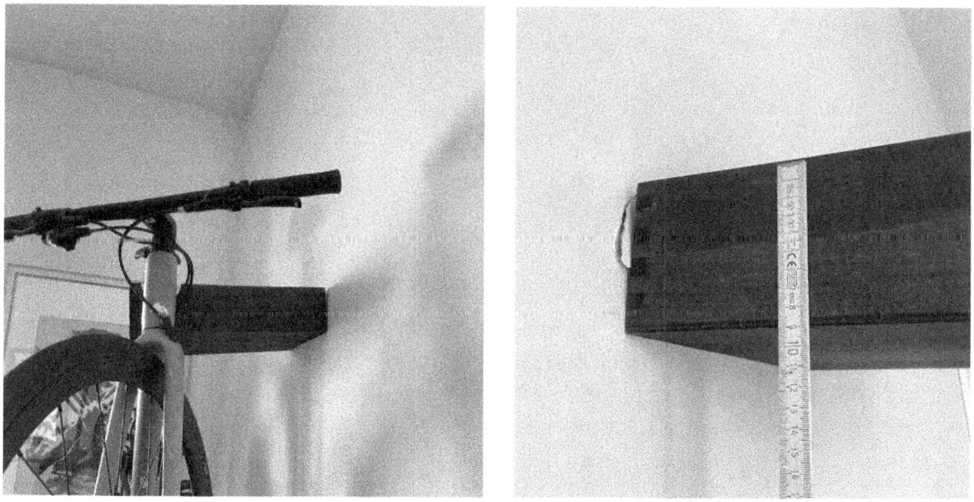

a) b)

Abbildung 20.6: Montage einer Fahrradhalterung von Anonymus mit beigepackten Kunststoffdübeln – direkt in der Putzschicht (Foto: keine Nennung gewünscht)

Hier spricht er Ihnen doch aus dem Herzen, oder? Sie wollen auch nur, dass die Sachen halten. Wie jedoch bereits mehrfach erwähnt, kann der Hersteller einer solchen Halterung nicht wissen, welcher Verankerungsgrund bei Ihnen vorliegt und schon gar nicht, wie dick die

Putzschicht ist. Die beigepackten Dübel waren hier also zu kurz, die Befestigung wurde von Anonymus nicht im Verankerungsgrund ausgeführt, sondern nur in der Putzschicht. Das Resultat zeigt Abbildung 20.6 sehr deutlich; es hat so einfach leider nicht gehalten. Vielleicht hilft dieses Buch ja auch Anonymus bei seinen weiteren Projekten; es bleibt auf jeden Fall zu hoffen.

Umgebung, Feuchtigkeit, Korrosion

Das Thema Korrosion haben wir Ihnen bereits umfangreich in Kapitel 6 im Abschnitt »Korrosion« erläutert.

Feuchtraum

Im bauaufsichtlich relevanten Bereich dürfen in Feuchträumen nur Dübel und Schrauben aus rostfreiem Stahl eingesetzt werden. Den Grund dafür zeigt Ihnen deutlich Abbildung 20.7.

Abbildung 20.7: Galvanisch verzinkter Befestiger in einem Badezimmer (Foto: Küenzlen)

Setzen Sie für kleine Einbauten in Ihrem Badezimmer nur galvanisch verzinkte Befestiger ein, dann kann dies in relativ kurzer Zeit zu unerwünschten Spuren führen. In der Zukunft kann und wird diese Befestigung irgendwann versagen. Gerade bei einem Handgriff kann es dann zu schweren Verletzungen kommen.

Außenbereich

Im Außenbereich gilt ebenfalls die Regelung, dass Dübel und Schrauben aus rostfreiem Stahl eingesetzt werden müssen.

Abbildung 20.8 zeigt über circa vier Jahre die Entwicklung einer Kunststoffdübel-Befestigung an einer Verkehrsinsel, die nur mit einer galvanisch verzinkten Schraube ausgeführt wurde. Hier wäre eine Schraube aus rostfreiem Stahl erforderlich gewesen.

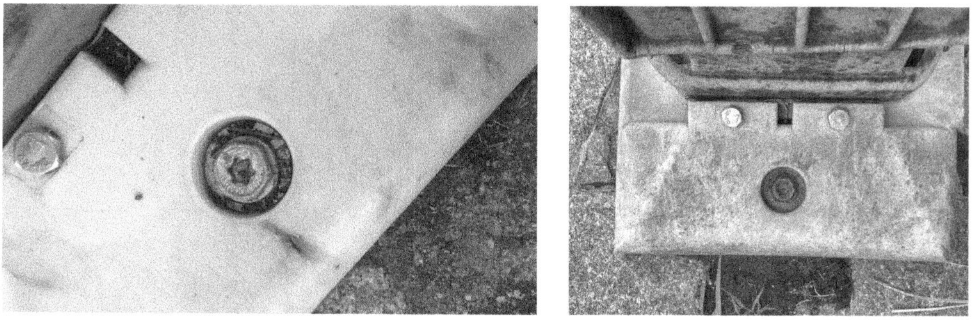

a) Vorher b) Circa vier Jahre später

Abbildung 20.8: Kunststoff-Rahmendübel mit nur galvanisch verzinkter Schraube – Entwicklung in vier Jahren bei Einsatz von Tausalz an einer Straße (Fotos: Küenzlen)

Aggressive Bedingungen

In bestimmten Fällen ist jedoch auch eine Schraube bzw. ein Dübel aus »einfachem« nichtrostenden Stahl im Außenbereich noch nicht ausreichend korrosionsbeständig. Bei Einsatz von Tausalz im Winter oder auch in Schwimmbädern treten neben der Feuchtigkeit auch Chloride auf, die zu sogenannter »Spannungsrisskorrosion« führen können. Bei dieser Korrosionsform können Dübel bei Vorhandensein einer dauerhaften Zugbeanspruchung im Extremfall ohne jede Vorankündigung versagen!

Diese Zugspannung muss nicht einmal zwingend aus einer Belastung kommen, es reicht eine innere Zugspannung aus der Produktion des Dübels!

Hier müssen Sie daher Dübelsysteme aus hochkorrosionsbeständigen Stählen einsetzen (siehe Kapitel 6 im Abschnitt »Korrosion«). Diese Stähle werden im Bereich der Dübeltechnik auch als »HCR-Stähle« bezeichnet (aus dem Englischen: High Corrosion Resistance).

Abbildung 20.9 zeigt in einem weiteren Praxisbeispiel erste Korrosionserscheinungen an einer »A4-Mutter« der Befestigung eines hohen Schifffahrtszeichen-Mastes im Spritzwasserbereich auf der Nordseeinsel Helgoland.

Dagegen sind an der Ankerstange aus HCR-Material keine Anzeichen von Korrosion erkennbar. Hier wurde vermutlich das Original-Dübelsystem aus HCR-Material (Gewindestange, untere Mutter und Unterlegscheibe) mit einer A4-Kontermutter versehen, in der Hoffnung, dass diese zur Sicherung der Originalmutter bei Sturm und starker Belastung des befestigten Mastes beiträgt.

Im Spalt zwischen den beiden Muttern kommt es zur Aufkonzentration der Chloride durch Trocknungsvorgänge. Hier ist also die Belastung durch die Chloride besonders hoch. Am Mast selbst werden die Chloride durch den Regen immer wieder abgewaschen.

Abbildung 20.9: HCR-Ankerstange in Kombination mit »A4-Mutter« auf Helgoland (Foto: Küenzlen)

»Kombination« aus nichtrostendem und verzinktem Stahl

Ein weiteres Phänomen zeigt Ihnen Abbildung 20.10. Hier wurde ein Kunstwerk aus nichtrostendem Material mit einem galvanisch verzinkten Dübel im Außenbereich befestigt. Neben der Korrosion durch Feuchtigkeit tritt hier eine elektrolytische Kontaktkorrosion zwischen dem »edleren« rostfreien Stahl und dem »unedlen« verzinkten Material auf. Dies führt zu deutlichen Korrosionserscheinungen am Befestiger.

Abbildung 20.10: Galvanisch verzinkter Befestiger zur Befestigung einer Skulptur aus rostfreiem Stahl (Foto: Küenzlen)

Umgekehrt spielt es dagegen keine große Rolle, das heißt, verzinkte Balkongeländer können ohne Probleme mit Befestigern aus nichtrostendem Stahl befestigt werden, da hier das Größenverhältnis vom verzinkten Bauteil (»großes« Geländer) zum Befestiger (»kleine« Unterlegscheibe) unkritisch ist (siehe Kapitel 6 im Abschnitt »Korrosion«).

Aus diesem Grund sollten Sie Konstruktionen aus nichtrostendem Stahl bei Vorhandensein von Feuchtigkeit nie mit verzinkten Dübeln befestigen, sondern nur mit Dübeln aus mindestens nichtrostendem Stahl.

Bauteil-Geometrie: Rand- und Achsabstände

Bei der Befestigung von Anbauteilen machen sich die Planer häufig leider zu spät darüber Gedanken, dass bei der Montage mit Dübeln in Bauteilen aus Beton und Mauerwerk auch (Mindest-)Achs- und Randabstände sowie (Mindest-)Bauteildicken einzuhalten sind (siehe Kapitel 7 im Abschnitt » (Mindest-)Bauteildicke«).

Unterschreitung der Mindestbauteildicke

Abbildung 20.11 zeigt ein extrem »optimiertes« Betonbauteil für die Befestigung eines Geländers. Hier war das Betonbauteil zu knapp bemessen für das gewählte Dübelsystem und ist direkt bei der Montage der Dübel »gerissen«.

Abbildung 20.11: Befestigung eines Geländers auf einem zu schmalen Betonbauteil (Foto: Scheller)

Befestigung an einer Bauteilecke

Aus zum Beispiel »optischen Gründen« oder »weil sonst kein anderer Platz mehr da war« wird das Anbauteil dann zum Beispiel dort platziert, wo es »optisch gut aussieht« oder »wo eben noch Platz war«.

Eine solche Platzierung kann dann beispielsweise dazu führen, dass Randabstände kleiner werden als vom Hersteller der Dübel vorgegeben. Dass dies keine gute Idee ist, merkt man dann schnell. Abbildung 20.12 zeigt dazu einen Bolzenanker (siehe Kapitel 11 im Abschnitt »Bolzenanker«) in Beton bei Unterschreitung des Mindestrandabstands und/oder Überschreitung des Montagedrehmoments:

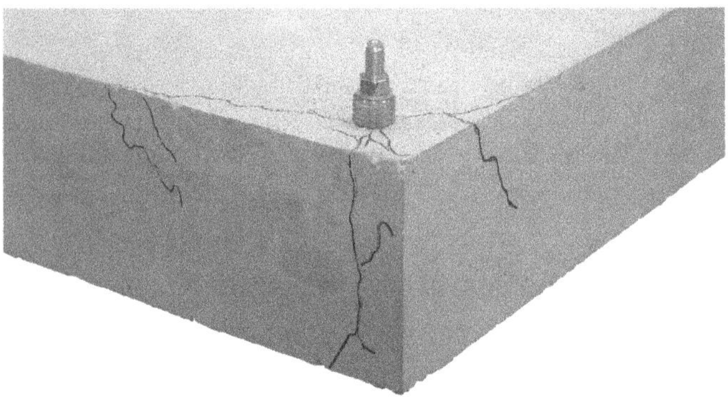

Abbildung 20.12: Auftreten von Spaltrissen bei der Montage eines drehmomentkontrolliert spreizenden Dübels in Beton bei Unterschreitung des Mindestrandabstandes und/oder Überschreitung des Montagedrehmoments (Foto: Adolf Würth GmbH & Co. KG)

Ohne Belastung, nur aufgrund der Nichteinhaltung der in den Herstellerunterlagen vorgegebenen Montageparameter, führt die Montage zu großen Rissen und damit im Prinzip zum Versagen der Befestigungsstelle.

Bei vielen der in Teil III vorgestellten Produkten sind oft sowohl die angegebenen minimalen Randabstände c_{min} als auch die angegebenen minimalen Achsabstände s_{min} im Versuchslabor »ausgereizt« worden. Diese Abstände werden nicht theoretisch, sondern durch reale Montageversuche vom Hersteller ermittelt. Die Hersteller geben also in der Regel eine echte untere Grenze an, die Sie deshalb bitte selber nicht weiter optimieren sollten!

Unterschreitung des minimalen Randabstands

Abbildung 20.13 zeigt die Befestigung einer Anschweißlasche mit einem modernen Kunststoff-Rahmendübel für den Einbau einer Türzarge aus Stahl. Dem Monteur war bekannt, dass bei sehr einfachen Kunststoffdübeln eine deutliche optische »Hauptspreizrichtung« vorhanden ist und die Dübel bei Beachtung dieser »Hauptspreizrichtung« nahe an den Rand gesetzt werden können, da die Spreizkräfte dann parallel zum Rand und nicht in Richtung des freien Rands wirken.

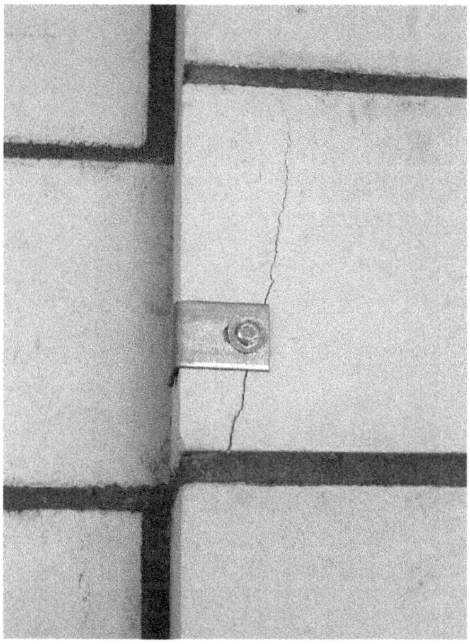

Abbildung 20.13: Zu geringer Randabstand bei der Montage eines Kunststoff-Rahmendübels (Foto: Küenzlen)

Wie in Kapitel 13 im Abschnitt »Verwendungsbereiche und Systeme« erläutert, sind moderne Kunststoffdübel aber oft auf die Verwendung in Mehrfachbefestigungen von nichttragenden Systemen ausgelegt und werden dazu bezüglich ihrer Risstauglichkeit für Rissbreiten bis zu 0,2 mm geprüft. Dies funktioniert für diese Dübel aber nur, wenn es keine echte »Hauptspreizrichtung« mehr gibt. Auch wenn die modernen Kunststoffdübel optisch oft den Eindruck erwecken, dass es eine solche Ausrichtung (doch) noch gibt, so spreizen diese Dübelsysteme vom Prinzip her tatsächlich in alle Richtungen gleichmäßig. Aus diesem Grund müssen Sie bitte auch bei Kunststoffdübeln die Angaben in der Herstellerunterlagen beachten, wenn Sie kein solches Erlebnis haben wollen wie in Abbildung 20.13.

Zu kleine Achsabstände

Werden Dübel als Dübelgruppe eingesetzt, kann man bei kleinen Achsabständen davon ausgehen, dass sich die Spreizzonen der Dübel »überlagern« (siehe Kapitel 7 im Abschnitt »Charakteristischer Achsabstand (s_{cr})«). In Abbildung 20.14 sieht man dazu die Befestigung einer Fußplatte eines Zauns auf der Stirnseite eines dünnen Betonbauteils. Die eingesetzten Metallspreizdübel haben dazu geführt, dass die Ecke des Betonbauteils abgespaltet wurde.

Abbildung 20.14: Montage einer Dübelgruppe in einem sehr dünnen Bauteil mit geringem Randabstand (Foto: Küenzlen)

Zu großes Montagedrehmoment

Dieses Versagen kann auch dann auftreten, wenn die in den Unterlagen der Hersteller vorgegebenen minimalen Achs- und Randabstände genau eingehalten werden, und zwar dann, wenn das Montagedrehmoment nicht eingehalten wurde. Man kann sich einfach vorstellen, dass ein höheres Montagedrehmoment zu höheren Spreizkräften führen kann. Dann können Bauteile auch bei korrektem Randabstand spalten (siehe Abbildung 20.15).

Abbildung 20.15: Montage eines Treppengeländers mit einem Metallspreizdübel (Foto: Küenzlen)

Bauwerkstoleranzen

Auch Bauwerkstoleranzen können bei der Bauteilmontage zu Problemen führen, weshalb hier das Einplanen einer »Reserve« hilfreich sein kann:

- ✔ Abbildung 20.16a) zeigt den Fußpunkt einer Halle mit diversen Holzstützen. Diese Stützen sitzen nicht genau mittig auf den Einzelfundamenten, weshalb vermutlich der in der Theorie geplante Randabstand der Dübel unterschritten wurde. Selbst bei korrektem Montagedrehmoment kommt es zum Abspalten des Randes, wenn der Randabstand unterschritten werden muss, weil die Stütze genau an die Stelle montiert werden muss. Ein etwas größeres Einzelfundament hätte hier dazu beigetragen, die offenbar erforderlichen Montagetoleranzen zur Verfügung zu stellen.
- ✔ Bei der Montage der Fassade in Abbildung 20.16b) hätte eine etwas weiter nach außen reichende Bodenplatte die Fassadenmontage ebenfalls deutlich erleichtert. Alternativ hätte die Ausbildung des Fassadenfußpunktes ganz anders geplant werden müssen.

a) Montage einer Fußplatte auf Beton-Fundament (strichlierte Linie = Riss)

b) Montage einer Glasfassade auf einer Bodenplatte

Abbildung 20.16: Montagen ohne bzw. mit zu kleinen Toleranzen (Fotos: Küenzlen)

Befestigung »über Eck«

Abbildung 20.17 zeigt die Ankerplatten der Pfosten für die Eckverbindung eines Geländers. Hier kann man sich fragen, wie die jeweils zwei Dübel über Eck, die dieselbe Höhenlage haben, überhaupt montiert werden konnten. Gerade bei solchen Befestigungen über eine Ecke müssen Sie sich im Vorfeld bei der Planung den einen oder anderen zusätzlichen Gedanken machen.

Dazu verdeutlicht Abbildung 20.18 die Problematik: Sind die Dübel zu nahe an der Ecke, dann kollidieren die Dübel miteinander und beeinflussen sich in ihrem Tragverhalten, weil sich die Ausbruchkegel überschneiden. Diese Überschneidung der Ausbruchkegel führte im Praxisbeispiel in Abbildung 20.17 zu einer starken Beschädigung der Bauteilecke.

Abbildung 20.17: Montage einer Dübelgruppe an einer Ecke (Foto: Küenzlen)

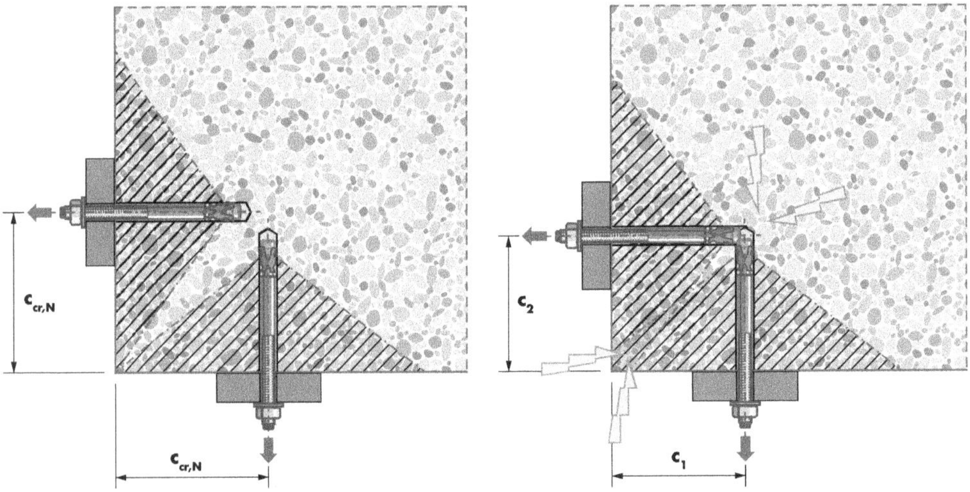

a) b)

Abbildung 20.18: Befestigung an einer Bauteilecke von zwei Seiten (Grafiken: Adolf Würth GmbH & Co. KG)

»Überlagerung« von Befestigungen

Auch die nachträgliche Ergänzung weiterer Anbauten in Bereichen mit bereits vorhandenen (Dübel-)Befestigungen muss im Detail geplant werden:

Abbildung 20.19 zeigt ein Brückengeländer am Ende einer Brückenkappe. Nach der Montage des Geländers wurde die Brückenkappe der öffentlichen Straßenbrücke von privater Seite zusätzlich noch für die Befestigung eines Zauns und eines Tores genutzt. Dabei spaltete der Rand der Kappe ab und wurde nachträglich »einfach« wieder »angespachtelt«. Hier wurden zu viele Dübel in einen Betonquerschnitt montiert. Dabei ist das bloße Anspachteln des abgespalteten Querschnitts sicherlich keine tragfähige »Sanierung« im Sinne der Tragfähigkeiten der hier montierten Dübel gewesen und kann zu Korrosion der Bewehrung führen!

Abbildung 20.19: Nachträglich am Ende einer Brückenkappe befestigtes Geländer und Tor mit »angespachteltem Rand« (strichlierte Linie) nach Abplatzen der Betonkante (Foto: Küenzlen)

Zu nahe beieinander montierte Ankerplatten

Das Problem zu kleiner Achsabstände in einem Anbauteil wird in der Praxis gerne auch einmal wie in Abbildung 20.20 gelöst. Doch in diesem Falle ist der Nachweis so zu führen, als ob die zwei nahe beieinander montierten Ankerplatten in zwei durch Ränder getrennte Betonbauteile montiert wären. Das bedeutet, dass die minimalen Randabstände auch zwischen zwei Anbauteilen einzuhalten und bei der Berechnung des Geländers zu berücksichtigen sind. In so einem Falle kann es oft günstiger sein, nur einen Pfosten mit einer Ankerplatte und vier Dübeln zu setzen.

Abbildung 20.20: Geländerpfosten direkt nebeneinander (Foto: Strese)

Unbewehrte Bauteile

Gerade bei unbewehrten Bauteilen – wie bei den in Abbildung 20.21 dargestellten Treppenstufen – können (zu) kleine Rand- und Achsabstände und ein zu hohes Montagedrehmoment zu massiven Schäden führen, die kaum noch repariert werden können. Hier wurde im zweiten Schritt die Montage mit einer nichtspreizenden Betonschraube ausgeführt.

Abbildung 20.21: Treppenstufe nach der Montage eines Metallspreizdübels (Foto: Küenzlen)

Schmale Betonbauteile

Im modernen Bauen erfreuen sich L-förmige Betonfertigteile großer Beliebtheit, Sie haben solchen Stützmauern sicher in Ihrem direkten Umfeld schon gesehen. Sehr oft wird auf die Oberkante dann noch ein Geländer oder ein Zaun montiert. Bei geringen Höhen sind diese Fertigteile nicht besonders breit. Wenn dann noch ein Zaun oder Geländer befestigt werden soll, wird es zur Herausforderung. Auf der Oberseite ist schnell der Randabstand zu klein, man könnte meist die Dübel nur genau in die Mitte setzen (Abbildung 20.22).

Abbildung 20.22: Befestigung eines Geländers mittig von oben auf sehr schmalen L-förmigen Betonfertigteilen (Foto: Küenzlen)

Befestigung von der Seite oder mit einer »Gabel«

Wenn Sie dann beschließen, dass Sie doch besser auf der Seite befestigen wollen (Abbildung 20.23), kommt sofort die Mindestbauteildicke zum Tragen, also die absolut minimale Dicke des Betonquerschnittes in Richtung Ihres Bohrloches. Diese finden Sie in den Unterlagen der Hersteller.

Hier bietet sich dann an, dass Sie vielleicht auf Dübel verzichten und durch das schmale Betonbauteil durchbohren und ein Geländer quasi mit einer Gabel befestigen (Abbildung 20.24).

Wenn Sie ein dünnes Betonbauteil durchbohren wollen und beide Seiten sichtbar sind, sollten Sie immer von beiden Seiten bohren, da es sonst zu einer großen optisch wenig ansprechenden Aufplatzung kommen wird (Abbildung 20.25).

Wie in diesem Buch schon mehrfach erwähnt, muss die Belastung (Einwirkung) aus einer Befestigung auch immer sicher in das Bauwerk – hier das Betonfertigteil – eingeleitet werden können. Hier muss also die Bewehrung im Innern des Betonfertigteils darauf ausgelegt sein, dass Sie auch noch ein Geländer befestigen wollen. Teilen Sie dies am Besten Ihrem Lieferanten vor der Bestellung mit.

Abbildung 20.23: Befestigung eines Geländers von der Seite an L-förmigen Betonfertigteilen (Foto: Küenzlen)

Abbildung 20.24: Befestigung eines Geländers von oben auf sehr schmalen L-förmigen Betonfertigteilen mittels einer Gabel (Foto: Küenzlen)

Abbildung 20.25: Ausplatzung nach dem Durchbohren eines sehr schmalen L-förmigen Betonfertigteils (Foto: Küenzlen)

Ihr Anbauteil

Geometrie Ihres Anbauteils

In der Praxis scheint die Geometrie, wie ein Anbauteil aussehen soll, schier unbegrenzt zu sein. Abbildung 20.26 zeigt Beispiele dieser Vielfalt.

Wie wir Ihnen allerdings im Kapitel 8 im Abschnitt »Lochbilder im Anbauteil – Anordnung« der Befestigungen bereits erklärt haben, ist die Anzahl von Geometrien für Anbauteile, die mit überschaubarem Aufwand berechnet werden können, sehr beschränkt. Planen Sie daher Ihr Anbauteil besser gleich nach Tabelle 8.1 (Kapitel 8 im Abschnitt »Lochbilder im Anbauteil – Anordnung der Befestigungen«), auch wenn Ihnen zum Beispiel die kreisrunde Ankerplatte mit einer dreieckigen Anordnung der Dübel optisch besser gefällt. Die Überlegungen, die Planungen, die Berechnungen und die Ausführungen für Ankerplatten nach Tabelle 8.1 sind in der Regel deutlich einfacher (Abbildung 20.27).

a)

b)

c)

d)

Abbildung 20.26: Diverse Formen von Anbauteilen in der Praxis, die nicht ohne Weiteres rechnerisch nachgewiesen werden können (Fotos: Küenzlen)

a) b) c)

Abbildung 20.27: Diverse Formen von Anbauteilen, die ohne weitere Überlegungen rechnerisch nachgewiesen werden können (Fotos: Küenzlen)

Durchgangsbohrung durch Ihr Anbauteil

Sie haben bereits ein gebohrtes Anbauteil und noch einige Dübel aus einem vorherigen Projekt übrig? In Kapitel 8 im Abschnitt »Durchgangslöcher im Anbauteil« haben wir Sie in Tabelle 8.2 auf die passenden Lochdurchmesser zur jeweiligen Dübelgröße hingewiesen. Abbildung 20.28 zeigt Ihnen auf zugegebenermaßen extreme Weise was passiert, wenn Ihre Durchgangsbohrung viel zu groß ist. Ihr Dübel liegt quasi irgendwo am Anbauteil an, nur vielleicht nicht an der Stelle, wie von Ihnen vorher geplant. Abbildung 20.28 zeigt auch ein sogenanntes Langloch. Derartige Durchgangslöcher können Ihnen beispielsweise die Montage erleichtern. Sie müssen dann jedoch auf die Richtung der Einwirkung achten. Gerade bei Querlasten (siehe Kapitel 10 im Abschnitt »Welche Richtung eine Belastung haben kann«) ist die Lage eines solchen Langloches um 90° versetzt zur Einwirkung sehr wichtig, ansonsten wirkt Ihr Langloch wie eine viel zu große Durchgangsbohrung.

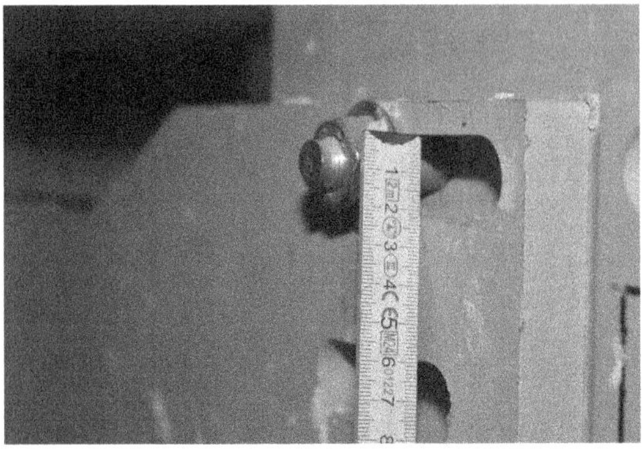

Abbildung 20.28: Montage eines Dübels M16 in einem viel zu großen Langloch mit der Breite von 22 mm (Foto: Küenzlen)

Veränderungen an Dübelsystemen

Eine Regelung gilt wirklich für absolut alle Dübelsysteme (siehe Kapitel 11 im Abschnitt »Definition des Begriffs »Dübelsystems««): Diese dürfen nur so verwendet werden, wie sie vom Hersteller geliefert werden und zum Einbau vom Hersteller vorgesehen sind.

In den DIBt Hinweisen (2010, S. 7) heißt es dazu:

> »Einbau nur wie vom Hersteller geliefert, ohne Austausch der einzelnen Teile.«

Abschneiden von Gewindeüberstand

Abbildung 20.29 zeigt ein nachträglich gekürztes Dübelsystem, das diesen »System-Gedanken« offensichtlich verletzt. Bei dieser »Nachbearbeitung« wurde nicht nur die Ankerstange, sondern auch die Mutter angeschnitten. Sie können sich sicher vorstellen, dass die vom Hersteller vorgesehene Tragfähigkeit des Systems hier nicht mehr gegeben ist.

Abbildung 20.29: Verletzung des »Dübel-System-Gedankens«: Abgeflexte Dübel-Ankerstange eines Verbundspreizdübels mit Anschnitt der Mutter (Foto: Küenzlen)

Verwendung von Hutmuttern

Ein weit verbreiteter Fehler bzw. eine Verletzung des »System-Gedankens« ist auch der Austausch der im Dübelsystem gelieferten »normalen« Sechskantmutter gegen eine Hutmutter (Abbildung 20.30). Wenn Sie unbedingt mit einer Hutmutter arbeiten wollen, dann gibt es einzelne Dübelsysteme für die der Hersteller die Verwendung explizit freigegeben hat, bitte achten Sie für Ihr Dübelprojekt darauf.

Abbildung 20.30: Austausch der »normalen« Sechskantmuttern durch Hutmuttern (Foto: Küenzlen)

Wenn die Verwendung einer Hutmutter nicht explizit in den Unterlagen der Hersteller geregelt und freigegeben ist, dann stellt der Austausch einer dem Dübelsystem beigepackten Sechskantmutter durch eine Hutmutter eine Abweichung von Herstellervorgaben dar, die dazu führen kann, dass das System nicht mehr wie vorgesehen funktioniert!

Die Problematik hinter dem Thema »Hutmutter« zeigt Ihnen Abbildung 20.31 im Detail:

- Bei einer korrekten Befestigung ist die Ankerstange in der Regel so lang, dass nach Aufschrauben der Sechskantmutter circa zwei bis drei Gewindegänge der Ankerstange überstehen. Auch wenn diese überstehenden Gewindegänge keine Kraft mehr übertragen, lässt sich grobsinnlich wahrnehmbar kontrollieren, dass eine optimale und vollständige Kraftübertragung von der Mutter auf die Ankerstange gewährleistet ist (Abbildung 20.31a).
- Bei gleicher Länge bzw. Position der Ankerstange wird eine Hutmutter, die gegen eine dem Dübelsystem beigepackte Sechskantmutter ausgetauscht wird, nicht das Anbauteil gegen den Verankerungsgrund verspannen, sondern nur die Hutmutter gegen die Ankerstange (Abbildung 20.31b). Insbesondere bei drehmomentkontrolliert spreizenden Dübeln kann das zur Folge haben, dass der jeweilige Dübel nicht richtig verspreizt wird, wenn die Verwendung einer

Hutmutter nicht explizit vom Hersteller freigegeben ist (siehe Kapitel 11 in den Abschnitten »Definition des Begriffs »Dübelsystem« und »Bolzenanker«).

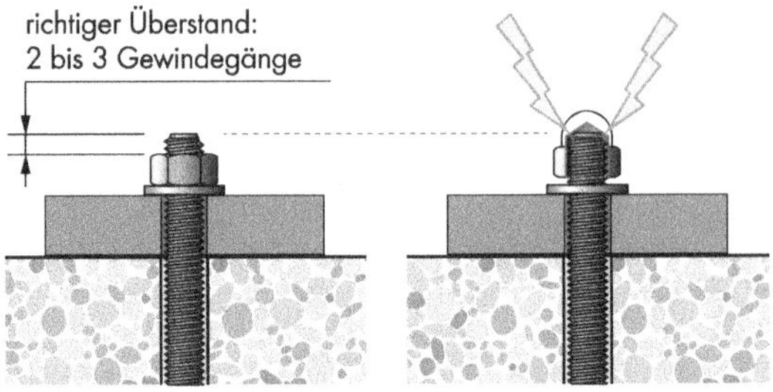

a) Sechskantmutter: Richtiger Überstand der Ankerstange

b) Hutmutter: Zu großer Überstand der Ankerstange, weshalb die Hutmutter nur gegen die Ankerstange verspannt wird

Abbildung 20.31: Sechskantmutter und Hutmutter (Grafik: Adolf Würth GmbH & Co. KG)

Vielleicht möchten Sie den Austausch der Sechskantmutter durch eine Hutmutter aus »optischen« oder »sicherheitstechnischen« Gründe vornehmen. Die überstehenden Gewindegänge sehen Ihnen vielleicht zu unästhetisch aus bzw. sind für Sie eine Gefahrenquelle, weil man an diesen überstehenden Gewindegängen hängen bleiben könnte.

In Abbildung 20.32 hat man sich bezüglich der Ästhetik derart beholfen, dass der verwendete Bolzenanker zur Befestigung des Geländers herstellerkonform mit der zum System zugehörigen Sechskantmutter und dem vorgeschriebenen Drehmoment montiert und zusätzlich eine Hutmutter aufgeschraubt wurde, um die überstehenden Gewindegänge zu verdecken. Diese Möglichkeit können Sie auch in Betracht ziehen, wenn das gewählte Dübelsystem keine Herstellerfreigabe für die Verwendung einer Hutmutter anstatt der Sechskantmutter hat.

a) Übersicht

b) Detail

Abbildung 20.32: Korrekte Befestigung eines Geländers – nach Herstellervorgaben – mit einem Bolzenanker mit zusätzlichem Aufschrauben einer Hutmutter (Fotos: Küenzlen)

Ob das »Türmchen« aus Sechskantmutter und Hutmutter ästhetisch aussieht, liegt im Auge des Betrachters. Hier möchten wir Sie daher noch auf weitere Alternativen hinweisen:

- ✔ So gibt es beispielsweise Betonschrauben mit Sechskantkopf und angepresster Scheibe, Senkkopf oder Panhead (vergleiche Abbildung 11.15).
- ✔ Ein wieder lösbares Dübelsystem, das auch wieder montierbar ist und das zusätzlich auch noch das Bohrloch abdichtet, ist das Injektionssystem W-VIZ-IG mit der Innengewindeankerstange (vergleiche Abbildung 12.2c).

Eine optisch ansprechende Lösung ohne überstehenden Schraubenkopf und ohne überstehende Gewindegänge zeigt als Beispiel Abbildung 20.33.

a) Übersicht b) Detail

Abbildung 20.33: Befestigung eines Geländers mit Innengewindeankern (Fotos: Scheller)

Veränderung von Kunststoffdübeln

Eine weitere in der Praxis scheinbar beliebte und öfter gesehene Veränderung eines Systems findet sich bei der Verwendung von Kunststoffdübeln. Diese werden, wie wir Ihnen in Kapitel 13 im Abschnitt »Verwendungsbereiche und Systeme« gezeigt haben, als Systeme aus Dübelhülse und Schraube vom Hersteller geliefert. Meist ist sogar die Schraube bereits in die Hülse vormontiert bei der Lieferung.

Diese Systeme funktionieren – wie ganz normale Kunststoffdübel – nur, wenn die Schraube korrekt und vollständig in die Hülse eingeschraubt wird. Abbildung 20.34 zeigt Ihnen, was passiert, wenn Sie die Schraube nicht weit genug in die Dübelhülse einschrauben. Die Schraubenspitze durchdringt das Ende der Dübelhülse nicht. Ihr Dübel wird also die vom Hersteller vorgesehene Tragfähigkeit nicht aufweisen.

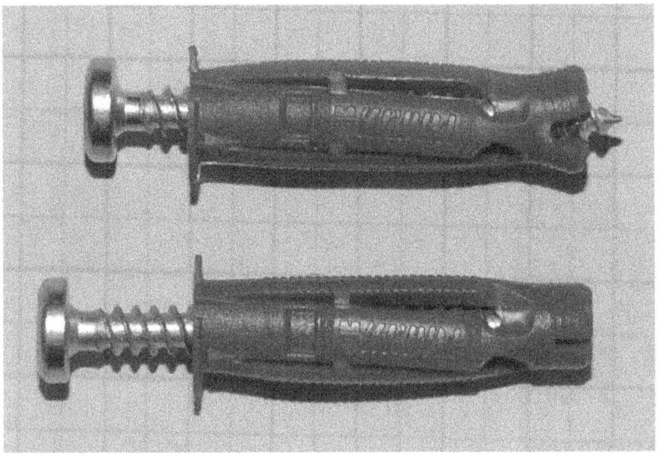

Abbildung 20.34: Schraube durchdringt die Dübelspitze nicht vollständig. (Foto: Küenzlen)

Kunststoff-Rahmendübel in Vorsteckmontage

Abbildung 20.35 zeigt eine Anwendung, bei der man vermutlich die Dübelhülse eines Kunststoff-Rahmendübels in Vorsteckmontage in den Verankerungsgrund gesteckt hat und die Schraube durch das Anbauteil hindurch in die nicht sichtbare Hülse eingeschraubt hat. Diese Kunststoff-Rahmendübel sind für eine solche Montage nicht geeignet.

Abbildung 20.35: (Fehl-)Montage eines Kunststoff-Rahmendübels in Vorsteckmontage (Foto Küenzlen)

Derartige Montagen können mit Kunststoff-Allzweckdübeln durchgeführt werden. Wobei Sie auch bei diesen »einfachen« Kunststoffdübeln immer auf die korrekte Schraube und die richtige Länge der Schraube bzw. die Herstellervorgaben zur Schraube achten müssen (Abbildung 20.34)!

Hinweise, wie diese Dübel verwendet werden können, finden Sie immer in den Unterlagen der Dübelhersteller.

Zu kurze Schraube für Kunststoffdübel

In Abbildung 20.36 können Sie sehen, dass auch das Versagen von Kunststoffdübeln im wahrsten Sinne des Wortes »schwerwiegende« Folgen haben kann:

Abgesehen davon, dass hier auch die einwirkenden Lasten aus dem weit ausladenden, »frei schwebenden« (= nur an der Wand befestigten) Sideboard weit unterschätzt wurden, kamen ohne Berücksichtigung der Putzschicht auch noch viel zu kurze Schrauben für die Kunststoff-Allzweckdübel zum Einsatz.

Zum Glück blieb es nur bei Sachschäden (Fernseher, Sideboard, Fußboden); die Katzen der der Hausherrin waren gerade an anderer Stelle unterwegs …

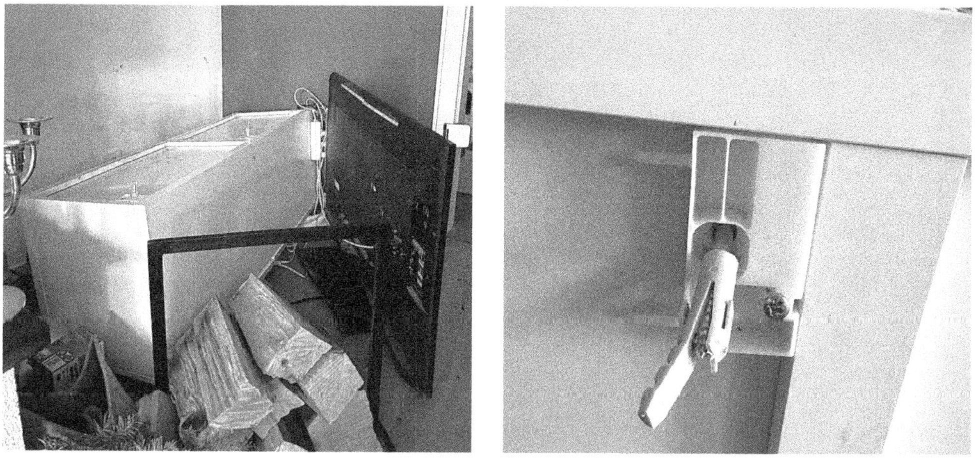

a) Abgestürztes Sideboard b) Detail: Zu kurz gewählte Schraube

Abbildung 20.36: Schadensfall (unter anderem) aufgrund von Kunststoff-Allzweckdübeln in Kombination mit zu kurzen Schrauben (Fotos: Theile)

Dübelmontage, senkrechte Erstellung von Bohrlöchern

Eine weitere Gemeinsamkeit aller Dübelsysteme ist, dass diese senkrecht zum Verankerungsgrund montiert werden müssen. Da es auf der Baustelle immer zu Ungenauigkeiten kommen kann, lassen die DIBt Hinweise (2010, S. 6) eine Abweichung von 5° zu:

»Die Bohrlöcher sind senkrecht zur Oberfläche des Verankerungsgrundes zu bohren.

Abweichungen bis höchstens 5° zur Senkrechten sind zulässig.«

Abbildung 20.37 zeigt Dübelmontagen mit einer deutlich größeren Abweichung zur Lotrechten. Die Lastübertragung findet hier ausschließlich über die Kante der Mutter bzw. des Schraubenkopfes statt und führt damit zu einer zusätzlichen ungeplanten Belastung des Dübels, weshalb solche Montagen von Ihnen bitte zu vermeiden sind.

a) b)

Abbildung 20.37: Unzulässige Dübelmontage mit mehr als 5° Abweichung zur Senkrechten (Fotos: Küenzlen)

Auch in Abbildung 20.38 ist die Schiefstellung des Dübels offensichtlich größer als die zulässigen 5° Abweichung zur lotrechten Montage. Außerdem ist die Sechskantmutter nicht ausreichend auf die Ankerstange aufgeschraubt worden, was natürlich auch mit den zusätzlich angeordneten Unterlegscheiben zu begründen ist. Warum allerdings diese Unterlegscheiben zusätzlich angeordnet wurden, ist den Autoren nicht bekannt.

Abbildung 20.38: Fehlmontage mit Schiefstellung der Ankerstange und zu kurzer Ankerstange (Foto: Küenzlen)

Abstandsmontage

In Kapitel 8 im Abschnitt »Montagearten – Auf welche Art wird der Dübel montiert?« wurde Ihnen die Montageart »Abstandsmontage« vorgestellt. Abbildung 20.39 zeigt in der Praxis ausgeführte Abstandsmontagen. Auch hier hätte gegolten,

- ✔ die Schiefstellung der Ankerstange zu vermeiden (Abbildung 20.39a) bzw.
- ✔ die »freischwebende« Abstandsmontage nicht nur mit einer Unterlegscheibe und einem Aluminium-Klötzchen zu unterfüttern (Abbildung 20.39b).

a) »Abstandsmontage« mit zu großer Schiefstellung eines Dübels

b) »Abstandsmontage«: Unterfütterung lediglich mit einer Unterlegscheibe und einem Aluminiumklötzchen

Abbildung 20.39: »Abstandsmontagen« – hier nur Fehlmontagen! (Fotos: Küenzlen)

Beide Bilder entsprechen nicht dem Gedanken einer »Abstandsmontage« im Bereich der Dübeltechnik (siehe nochmal Kapitel 8 im Abschnitt Montagearten – auf welche Art wird der Dübel montiert). Bei Abbildung 20.39b wurde vermutlich die nachträgliche Unterfütterung des Anbauteiles mit einem quellfähigen Mörtel vergessen, was zur Ausführung dieser Abstandsmontage führte.

Sie können in diesen Fällen in Betracht ziehen, Ihr Dübelsystem – nach Vorgaben des Herstellers – direkt gegen den Verankerungsgrund zu montieren. Im zweiten Schritt Ihrer Montage können Sie mit einer weiteren Sechskantmutter die Abstandsmontage, wie in Abbildung 20.40a bei der Montage eines automatischen Tores dargestellt, ausführen.

Dabei sollten Sie bei der Montage eines Geländers die Lösung in Abbildung 20.40a (Sechskantmutter verspannt gegen den Verankerungsgrund) gegenüber der Lösung in Abbildung 20.40b (nur Sechskantmuttern gegen das Anbauteil verspannt) immer bevorzugen.

a) Bei der Montage eines automatischen Tores Sechskantmutter gegen den Verankerungsgrund verspannt

b) Bei der Montage eines Geländers Sechskantmuttern nur gegen das Anbauteil verspannt

Abbildung 20.40: Durchaus mögliche Abstandsmontage (Fotos: Küenzlen)

Dynamische Einwirkungen

In Kapitel 10 im Abschnitt »Ermüdungsrelevante oder auch »dynamische« Belastungen« haben wir Ihnen dynamische Einwirkungen und den Unterschied zu einer statischen Last erklärt. Sie haben erfahren, dass hier eine Lasterhöhung aufgrund einer solchen Einwirkung erforderlich werden kann.

Ein sehr einfaches und wirklich alltägliches Beispiel in Abbildung 20.41 zeigt Ihnen den Grund für diese Überlegungen:

Hier wurde der Türstopper mit Kunststoffdübeln in Beton befestigt. Vermutlich hat man sich die Gedanken zur Ermüdung der Befestigung bei der Dübelauswahl nicht gemacht. Bei jeder Öffnung der Tür prallt diese gegen den Türstopper. Diese wiederkehrende Belastung hat dazu geführt, dass die Dübel mit der Zeit aus dem Beton herausgezogen wurden, obwohl die Dübel ja eigentlich gar nicht dauerhaft belastet waren. Hier wären also Dübel mit einer deutlich höheren Tragfähigkeit erforderlich gewesen, um die regelmäßigen Stöße der Tür sicher in den Beton einleiten zu können.

Abbildung 20.41: Türstopper nach längerer Nutzung und regelmäßigem Anprall einer Tür (Foto: Küenzlen)

Fehlbohrung und was dann

Sie haben vielleicht schon einmal eine Bohrung für einen Dübel – oder etwas anderes – an der falschen Stelle erstellt? So etwas kann immer wieder vorkommen und ist (noch) nichts Schlimmes: Es kommt nahezu täglich vor (Abbildung 20.42).

Was Sie dazu aus technischer Sicht beachten müssen, haben wir Ihnen in Kapitel 16 im Abschnitt »Fehlbohrungen« bereits erläutert. Wichtig ist jedoch immer, dass Sie Bohrungen jeglicher Art, gerade im Außenbereich eines Gebäudes, einer Wand oder eines Fundamentes, verschließen. Abbildung 20.43 zeigt zwei etwas extreme Beispiele, bei denen vermutlich Werbung wie Buchstaben oder Ähnliches entfernt wurde.

Teilweise sind hier über 30 Bohrungen vorhanden. Dringt nun Wasser durch beispielsweise starken Regen in diese Bohrungen ein, dann haben Sie unweigerlich einen Bauschaden, vor allem wenn Frost dazukommt. Diese Bohrungen müssen Sie immer sofort und dauerhaft verschließen. Sind die Bohrungen zusätzlich sehr nahe bei neuen Dübelsetzstellen, die Sie verwenden wollen, benötigen Sie ein Material mit hoher Druckfestigkeit zum Verschluss der Bohrung. Hier bieten sich in Beton Injektionsmörtel mit CE-Zeichen an, wie zum Beispiel in Kapitel 12 im Abschnitt »Injektionssysteme« in Abbildung 12.8 dargestellt.

Abbildung 20.42: Fehlbohrungen durch Umplanung der Befestigung (Foto: Scheller)

a) b)

Abbildung 20.43: Unzählige Fehlbohrungen an einer Fassade (Fotos: Küenzlen)

Befestigung einer Markise

In den vorherigen Abschnitten haben Sie vieles über das Auswählen und Montieren von vielfältigen Dübelsystemen gelesen. Im nun wirklich letzten Abschnitt möchten wir gemeinsam mit Ihnen (sehr) kurz ein reales Top-Dübelprojekt fast schon »fast track« angehen.

Diesem Dübelprojekt wollen wir einen eigenen Abschnitt – den letzten dieses Buches – widmen, da es in der Praxis der Autoren immer wieder vorkommt und scheinbar doch sehr viele Fragen aufwirft und Ihnen allen bekannt ist:

Eine Markise kennen Sie definitiv, vielleicht ist es auch ein Projekt von Ihnen?

Dass Sie die Befestigung einer solchen Markise nicht auf die leichte Schulter nehmen sollten, zeigt Ihnen deutlich Abbildung 20.44. Hier war die Einwirkung aus Wind und Eigengewicht der Markise so hoch, dass es die ganzen Mauersteine aus der Wand gerissen hat.

Abbildung 20.44: Abgestürzte Markise mit herausgebrochenen Injektionsdübeln und Steinen (Fotos: Rumpf)

Nach Teil IV gehört die Befestigung einer Markise aus diesem Grund in »den bauaufsichtlich relevanten Bereich«. Wie Sie sehen, muss auch der Verankerungsgrund, hier das Mauerwerk selbst, in der Lage sein, die von Ihnen geplanten Einwirkungen aufzunehmen. Vielleicht kennen Sie ja den Spruch »hätte, hätte TÜV-Plakette«, der hier bestens passt. Hätte das Mauerwerk gehalten, hätte vermutlich auch der Dübel gehalten.

Allgemeines

Zu Beginn einer jeden Befestigungsaufgabe steht wohl immer der Wunsch nach einer baulichen Veränderung. Wenn Sie für Ihre Terrasse oder für ein Ladengeschäft einen Sonnenschutz benötigen, dann werden Sie in der Regel zunächst einmal eine Markise erwerben. Beim Kauf sollten Sie als Erstes darauf achten, dass diese Markise mit einem CE-Zeichen versehen ist.

Die europäische Norm DIN EN 13561 »Markisen – Leistungs- und Sicherheitsanforderungen« legt die Leistungsanforderungen für Markisen fest, die zur äußeren Befestigung an Gebäuden und anderen baulichen Anlagen vorgesehen sind. Genau dafür wollen Sie die Markise ja schließlich haben, als an Ihrem Haus befestigten Sonnenschutz.

Hinweise in der Norm auf die Befestigungstechnik

Wenn Sie nun denken, dass Sie in der im vorherigen Abschnitt genannten europäischen Norm etwas zu Ihrem Befestigungsprojekt finden, dann haben Sie leider falsch gedacht.

Im Punkt »6.3.2 Anleitungen für Handhabung, Auspacken und Einbau« bzw. dem Unterpunkt der Norm »6.3.2.1 Allgemeine Anleitungen« ist nur definiert, dass die Anleitung einen Hinweis enthalten muss, ob Sie als Laie – wir nehmen einmal an, Sie montieren nicht täglich Markisen – »das festgelegte Verfahren« zur Montage durchführen können.

Die Anleitungen müssen für Sie ein schrittweises Vorgehen in der richtigen Reihenfolge der Tätigkeiten enthalten. Neben der Anleitung für Zusammenbau muss es auch Hinweise zum Einbau und zur Befestigung, das heißt die Auswahl der Verankerung, Einbaubedingungen und Begrenzungen für Sie geben. Weitere Regelungen in Bezug auf die Befestigung der Markise am Bauobjekt legt die Norm nicht fest.

Genau, Sie haben richtig gelesen: »Befestigung, das heißt die Auswahl der Verankerung«.

In den vorherigen Teilen dieses Buches haben wir Sie immer wieder darauf hingewiesen, dass Ihnen kein Hersteller – egal von welchen Produkten – konkrete Vorgaben für die Auswahl einer Befestigung machen kann. Kein Hersteller kann wissen, welchen Verankerungsgrund Sie für Ihre Befestigungsaufgabe haben. Oft sind – wie bei der Klimmzugstange in der Einführung dieses Buches – Dübel zur Markise beigepackt (siehe Abbildung 8.1). Dass Sie diese erstmal zur Seite legen, ist Ihnen ja nun am Ende dieses Buch klar geworden. In den nachfolgenden Abschnitten schauen wir uns das Projekt »Markise« noch etwas genauer an.

Vorhandene Richtlinien

Die genannte europäische Norm hilft Ihnen also nicht weiter und die beigepackten Dübel sind auch keine Lösung. Es gibt jedoch für Ihr Befestigungsprojekt eine deutliche Konkretisierung. Diese erfolgt in der Richtlinie der Industrievereinigung Rollladen-Sonnenschutz-Automation e. V. mit dem Titel »Richtlinie zur Befestigung von Gelenkarmmarkisen« (IVRSA, 2024).

Diese Richtlinie können Sie kostenfrei – ein großes Dankeschön an dieser Stelle an Industrievereinigung Rollladen-Sonnenschutz-Automation e.V. c/o ITRS e.V. – hier herunterladen:

`https://ivrsa.de/wp-content/uploads/2024/11/IVRSA_Befestigung-Markisen_1124.pdf`

In dieser Richtlinie zeigt man Ihnen sehr genau die richtige Vorgehensweise in Bezug auf die Planung Ihrer Befestigung.

In Kapitel 10 im Abschnitt »Statisches System« haben wir Ihnen am Beispiel der Klimmzugstange aufgezeigt, dass einer der ersten Planungsschritte die Überlegung für ein statisches System ist. Diese Arbeit nimmt Ihnen die Richtlinie direkt ab (Abbildung 20.45).

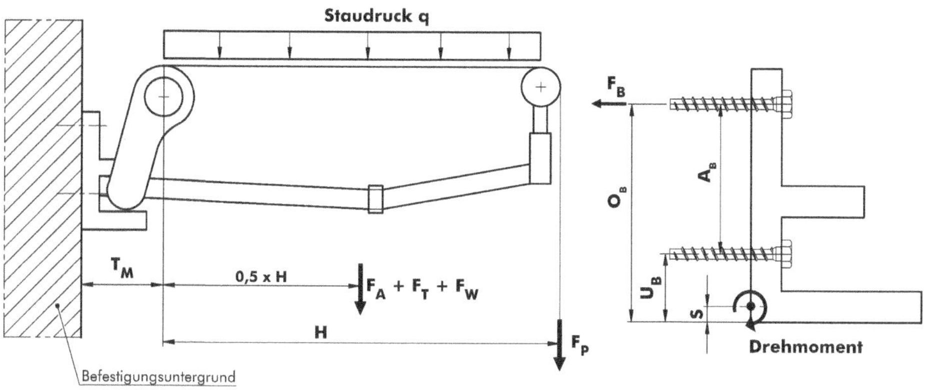

Abbildung 20.45: Statisches System mit Lastangriffspunkten (Scheller E. & Küenzlen J., Hrsg., 2013)

In Kapitel 10 im Abschnitt »Beanspruchungen am Beispiel der Klimmzugstange« haben Sie dann weiter gelesen, dass Sie die Einwirkungen auf die Dübel zuerst einmal ermitteln müssen. Die dazu notwendigen Formeln und Rechenwege finden Sie ebenfalls sehr detailliert in der genannten Richtlinie. Nach Durcharbeitung der Richtlinie wissen Sie also sehr genau, was Ihre Befestigung »halten« muss. Sie können also die Einwirkung bis zu Ihrem Anbauteil ermitteln.

Einwirkung auf das Anbauteil ermittelt – Was nun?

So, Sie kennen nun – dank der Richtlinie – die genauen Einwirkungen auf Ihr Anbauteil. Was jetzt? Genau jetzt steigen Sie von vorne in dieses Buch ein, damit schließt sich der Kreis im letzten Abschnitt dieses Buches.

- ✔ Als Erstes beschäftigen Sie sich bitte jetzt mit dem Verankerungsgrund in Teil I dieses Buches, das heißt, welcher Baustoff ist für Ihr Projekt – die Befestigung der Markise –vorhanden?
- ✔ Sie kennen den Verankerungsgrund aus Teil I und die Einwirkung aus der Richtlinie, jetzt geht es an das Anbauteil in Kapitel 8. Ihre Markise hat mit Sicherheit mehrere Markisenkonsolen, das heißt Halter für den Markisenkasten. Diese Konsolen sind Ihr Anbauteil. Diese Konsolen haben ein Durchgangsloch für Ihre Dübel, messen Sie bitte einmal den Durchmesser von diesem Loch mit einem Meterstab (»Zollstock«) oder noch genauer – wenn Sie einen haben – mit einem Messschieber.

- ✔ Jetzt kennen Sie auch noch die Größe des Durchgangslochs in Ihrem Anbauteil. Damit sind Sie in Teil III des Buches angekommen, bei den Dübelsystemen. In Kapitel 9 im Abschnitt »Zusammenfassung mit einem Beispiel« haben Sie – welch großer Zufall – schon erfahren, ob Sie ein Dübelsystem für eine Einzel- oder eine Mehrfachbefestigung für die Befestigung einer Markise benötigen. Genau, Sie benötigen für Ihre Markise ein Dübelsystem für eine Einzelbefestigung.
- ✔ So, Sie kennen den Verankerungsgrund, die Einwirkung, die Größe des Durchgangslochs in Ihrem Anbauteil und Sie wissen, dass Sie einen Dübel für eine Einzelbefestigung benötigen. Für Beton finden Sie geeignete Systeme in Kapitel 11 und 12. Für Mauerwerk ist die Auswahl einfach, es kommt eigentlich nur ein Injektionssystem nach Kapitel 14 im Abschnitt »Metall-Injektionsanker« in Frage und bei einem gedämmten Verankerungsgrund werfen Sie bitte einen Blick auf Abbildung 5.9.
- ✔ Ok, Sie haben recht, wir haben (fast) die Umgebungsbedingungen aus Kapitel 6 im Abschnitt Korrosion vergessen. Auch hier ist es einfach: Sie brauchen ein Dübelsystem aus rostfreiem Stahl, Sie werden ja kaum die Markise in einem trockenen Innenraum befestigen wollen. Sie müssen (nur) noch entscheiden, ob Sie die Markise in Ihrem Garten – wir nehmen an, nicht direkt am Meer – oder an der Strandpromenade befestigen wollen. Danach richtet sich die Auswahl des Werkstoffes, das heißt, welches rostfreie Material Sie für Ihr Dübelsystem benötigen.
- ✔ Jetzt kommt die sogenannte Bemessung nach Kapitel 15: Sie müssen die Einwirkung aus der Richtlinie mit dem Widerstand, das heißt der Tragfähigkeit Ihres gewählten Dübelsystems vergleichen. Diesen Vergleich – also die Bemessung – können Sie beispielswiese über eine kostenlose Software der Dübelhersteller führen. Manche Markisenhersteller bieten hier auch Unterstützung an, einfach einmal anfragen.
- ✔ Was kann nun noch passieren? Ihr Dübelsystem passt nach der Bemessung nicht zu Ihrem Anbauteil. Der erforderliche Dübeldurchmesser ist größer als Ihr Durchgangsloch im Anbauteil? Der Achsabstand in der Konsole ist zu klein, das heißt kleiner als der minimale Achsabstand Ihres Dübelsystems?

  Dann haben wir noch eine letzte Idee für Sie. In Tabelle 8.1 finden Sie mögliche Ankerplatten-Geometrien. Sie können auch ganz einfach eine größere Ankerplatte – je nach Erfordernis Ihres gewählten Dübelsystems – auf Ihren Verankerungsrund dübeln und dann die Konsolen Ihrer Markise mit metrischen Schrauben mit Ihrer Ankerplatte verschrauben. Sie erinnern sich? So etwas haben wir Ihnen auch als Möglichkeit für die Klimmzugstange in Abbildung 8.9 vorgeschlagen.

Literatur

Veröffentlichungen (Fachbücher, Fachzeitschriften und anderes)

Laternser, K. (2006): ETA-Leitlinie Metalldübel für die Verwendung als Mehrfachbefestigung von nichttragenden Systemen verabschiedet, Mitteilung des Deutschen Instituts für Bautechnik (DIBt) – Hinweis, 22, August 2006; kostenlose Download-Möglichkeit unter URL: `https://www.dibt.de/fileadmin/dibt-website/Dokumente/Referat/I2/Metallduebel_Mehrfachbefestigung_NichttragendeSysteme_ETA-Leitlinie.pdf` (abgerufen am 15.5.2025)

Sauter, H., Hornung, V., Pflughaupt, M., Reick, M., Rickes, K. (2019): Kommentar Landesbauordnung für Baden-Württemberg, Verlag W. Kohlhammer, Stuttgart

Scheller, E. & Küenzlen, J., Hrsg., (2013): *Handbuch der Dübeltechnik* – Grundlagen, Anwendungen, Praxis, Swiridoff Verlag GmbH & Co. KG, Künzelsau

Schnell, J. & Loch, M. (2009): Umrechnung historischer Baustoffkennwerte auf charakteristische Werte, in: Der Prüfingenieur – Zeitschrift der Bundesvereinigung der Prüfingenieure für Bautechnik e.V., Berlin, April 2009, Heft 34, S. 50 – 61

Europäische und internationale Normen (DIN EN, ISO)

DIN CEN/TR 17079:2019-04: Bemessung der Verankerungen von Befestigungen in Beton – Redundante nicht tragende Systeme

DIN EN 206:2021-06: Beton – Festlegung, Eigenschaften, Herstellung und Konformität

DIN EN 520:2009-12: Gipsplatten – Begriffe, Anforderungen und Prüfverfahren

DIN EN 1990:2010-12: Eurocode: Grundlagen der Tragwerksplanung

DIN EN 1990/NA:2010-12: Nationaler Anhang – National festgelegte Parameter – Eurocode: Grundlagen der Tragwerksplanung

DIN EN 1992-4:2019-04: Eurocode 2 – Bemessung und Konstruktion von Stahlbeton- und Spannbetontragwerken – Teil 4: Bemessung der Verankerungen von Befestigungen in Beton

DIN EN 1992-4:2019-04/NA: Nationaler Anhang – National festgelegte Parameter – Eurocode 2: Bemessung und Konstruktion von Stahlbeton- und Spannbetontragwerken – Teil 4: Bemessung von Befestigungen in Beton

DIN EN 1993-1-4:2015-10: Eurocode 3: Bemessung und Konstruktion von Stahlbauten – Teil 1-4: Allgemeine Bemessungsregeln – Ergänzende Regeln zur Anwendung von nichtrostenden Stählen

DIN EN 1993-1-4/NA:2020-11: Nationaler Anhang – National festgelegte Parameter – Eurocode 3: Bemessung und Konstruktion von Stahlbauten – Teil 1-4: Allgemeine Bemessungsregeln – Ergänzende Regeln zur Anwendung von nichtrostenden Stählen

DIN EN 1996-1-1:2013-02: Eurocode 6: Bemessung und Konstruktion von Mauerwerksbauten – Teil 1-1: Allgemeine Regeln für bewehrtes und unbewehrtes Mauerwerk

DIN EN 1996-1-1/NA:2019-12: Nationaler Anhang - National festgelegte Parameter – Eurocode 6: Bemessung und Konstruktion von Mauerwerksbauten – Teil 1-1: Allgemeine Regeln für bewehrtes und unbewehrtes Mauerwerk

DIN EN 1996-2/NA:2012-01: Nationaler Anhang – National festgelegte Parameter – Eurocode 6: Bemessung und Konstruktion von Mauerwerksbauten – Teil 2: Planung, Auswahl der Baustoffe und Ausführung von Mauerwerk

DIN EN 10204:2005-01: Metallische Erzeugnisse – Arten von Prüfbescheinigungen

DIN EN 13561:2015-08: Markisen - Leistungs- und Sicherheitsanforderungen

DIN EN 15283-1:2009-12: Faserverstärkte Gipsplatten – Begriffe, Anforderungen und Prüfverfahren – Teil 1: Gipsplatten mit Vliesarmierung

ISO 5468:2017-02: Schlagbohrer (Mauerbohrer) mit Schneidplatten aus Hartmetall – Maße

Deutsche Normen (DIN)

DIN 4103-1:2015-06: Nichttragende innere Trennwände – Teil 1: Anforderungen und Nachweise

DIN 18180:2014-09: Gipsplatten – Arten und Anforderungen

DIN 18183-1:2018-05: Trennwände und Vorsatzschalen aus Gipsplatten mit Metallunterkonstruktionen – Teil 1: Beplankung mit Gipsplatten

Gesetze - Richtlinien - Technische Regeln

Bauproduktenverordnung (2011): Verordnung (EU) Nr. 305/2011 des Europäischen Parlaments und des Rates vom 9. März 2011 zur Festlegung harmonisierter Bedingungen für die Vermarktung von Bauprodukten und zur Aufhebung der Richtlinie 89/106/EWG des Rates, Amtsblatt der Europäischen Union L 88/5 vom 4.4.2011; Download zum Beispiel unter `https://www.dgwz.de/wp-content/uploads/2013/10/Bauproduktenverordnung-BauPVO-EU-Nr-305-2011-03-09-Volltext.pdf` (abgerufen am 12.3.2021)

Bauproduktenverordnung (2024): Verordnung (EU) 2024/3110 des Europäischen Parlaments und des Rates vom 27. November 2024 zur Festlegung harmonisierter Vorschriften für die Vermarktung von Bauprodukten und zur Aufhebung der Verordnung (EU) Nr. 305/2011, Amtsblatt der Europäischen Union, Reihe L vom 18.12.2024; Download zum Beispiel unter `https://eur-lex.europa.eu/eli/reg/2024/3110/oj`

DIBt Hinweise (2010): Hinweise für die Montage von Dübelverankerungen, Oktober 2010; kostenlose Download-Möglichkeit unter `https://www.dibt.de/fileadmin/dibt-website/Dokumente/Referat/I2/Duebel_Hinweise_Montage.pdf` (abgerufen am 7.1.2021)

DIBt MVV TB (2024/1): Veröffentlichung der Muster-Verwaltungsvorschrift Technische Baubestimmungen (MVV TB) Ausgabe 2024/1 vom 28. August 2024, DIBt Mitteilungen, Berlin; kostenlose Download-Möglichkeit unter `https://www.dibt.de/fileadmin/dibt-website/Dokumente/Referat/P5/Technische_Bestimmungen/MVVTB_2024-1.pdf` (abgerufen am 15.5.2025)

DIBt TR VaB Kunststoffdübel (2019): Technische Regel Durchführung und Auswertung von Versuchen am Bau für Kunststoffdübel in Beton und Mauerwerk mit ETA nach EAD 330284-00-0604 bzw. nach ETAG 020, Stand: September 2019 (Entwurf); URL: `https://www.dibt.de/fileadmin/dibt-website/Dokumente/Referat/I2/VersucheamBau_Kunststoffduebel_Mauerwerk.pdf` (abgerufen am 15.5.2025)

DIBt/FWI Merkblatt Bohrer (2002): Merkblatt über die Kennwerte, Anforderungen und Prüfungen von Mauerbohrern mit Schneidkörpern aus Hartmetall, die zur Herstellung der Bohrlöcher von Dübelverankerungen verwendet werden, Januar 2002; URL: `https://www.dibt.de/fileadmin/dibt-website/Dokumente/Referat/I2/Mauerbohrer_Bohrloecher_Duebelverankerungen_Merkblatt.pdf` (abgerufen am 15.5.2025)

DVGW-TRGI (2018): Technische Regel – Arbeitsblatt DVGW G 600 (A) – DVGW-TRGI 2018 – Technische Regel für Gasinstallationen, Herausgeber: Deutscher Verein des Gas- und Wasserfaches e.V. (DVGW)

DVGW-TRGI (2018) Kommentar: Praxis der Gasinstallation – Der Kommentar zur Technischen Regel für Gasinstallationen – DVGW-TRGI 2018, Herausgeber: Deutscher Verein des Gas- und Wasserfaches e.V. (DVGW)

IVSRA (2024): Richtlinie zur Befestigung von Gelenkarmmarkisen; Industrievereinigung Rollladen-Sonnenschutz-Automation e.V. (IVSRA), November 2024, kostenloser Download unter `https://ivrsa.de/wp-content/uploads/2024/11/IVRSA_Befestigung-Markisen_1124.pdf` (abgerufen am 8.7.2025)

Musterbauordnung (2023): Musterbauordnung (MBO) – Fassung November 2002, zuletzt geändert durch Beschluss der Bauministerkonferenz vom 23./24.11.2023; Download zum Beispiel unter `https://www.bauministerkonferenz.de` (abgerufen am 15.5.2025)

VdS CEA 4001 (2021): VdS CEA-Richtlinien für Sprinkleranlagen – Planung und Einbau, Hrsg. und Verlag: VdS Schadenverhütung GmbH, Köln

Europäische Leitlinien (ETAG), Bewertungsdokumente (EAD) und Technical Reports (TR)

EOTA EAD 330232-01-0601 (2021): European Assessment Document – Mechanical fasteners for use in concrete, December 2019, © 2021; URL: https://www.eota.eu/en-GB/content/eads/56/ (abgerufen am 15.5.2025)

EOTA EAD 330747-00-0601 (2018): European Assessment Document – Fasteners for use in concrete in redundant for non-structural systems, May 2018, © 2018; URL: https://www.eota.eu/en-GB/content/eads/56/ (abgerufen am 15.5.2025)

EOTA EAD 330284-00-0604 (2021): European Assessment Document Plastic Anchors for redundant non-structural Systems in Concrete and Masonry, June 2018, © 2021; URL: https://www.eota.eu/en-GB/content/eads/56/ (abgerufen am 15.5.2021)

EOTA TR 054 (2016): Technical Report TR 054 – Design Methods for Anchorages with Metal Injection Anchors for Use in Masonry, April 2016; URL: https://www.eota.eu/en-GB/content/technical-reports/28/ (abgerufen am 8.12.2021)

DIBt TR 054 (2019): Bemessungsverfahren für Metall-Injektionsanker zur Verankerung in Mauerwerk (Deutsches Anwendungsdokument zu EOTA TR 054 vom April 2016), Stand: August 2019; kostenlose Download-Möglichkeit unter https://www.dibt.de/fileadmin/dibt-website/Dokumente/Referat/I2/TR054_de.pdf (abgerufen am 15.05.2025)

EOTA TR 061 (2024): Technical Report TR 061 – Design method for fasteners in concrete under fatigue cyclic loading, February 2024, URL: https://www.eota.eu/en-GB/content/technical-reports/28/ (abgerufen am 15.5.2025)

EOTA TR 064 (2018): Technical Report TR 064 – Design of Plastic Anchors in Concrete and Masonry, Mai 2018; URL: https://www.eota.eu/en-GB/content/technical-reports/28/ (abgerufen am 15.5.2025)

DIBt TR 064 (2019): Bemessungsverfahren für Kunststoffdübel zur Verankerung in Beton und Mauerwerk (Deutsches Anwendungsdokument zu EOTA TR 056 vom Mai 2018), Stand August 2019; kostenlose Download-Möglichkeit unter https://www.dibt.de/fileadmin/dibt-website/Dokumente/Referat/I2/TR064_de.pdf (abgerufen am 15.5.2025)

fib (2010): Bulletin 58 – Design of anchorages in concrete fib (CEB - FIP) – Fédération Internationale du Béton, 2010-11

Europäische »Zulassungen« (ETA)

ETA WIT-VM 250 Beton (2015): Europäische Technische Bewertung – Würth Injektionssystem WIT-VM 250 oder WIT-Nordic für Beton – Verbunddübel zur Verankerung im Beton, ETA-12/0164 vom 12.11.2015, Deutsches Institut für Bautechnik (DIBt), Berlin; kostenlose Download-Möglichkeit zum Beispiel unter www.dibt.de/de/service/zulassungsdownload/suche

ETA WIT-VM 250 Mauerwerk (2016): Europäische Technische Bewertung – Injektionssystem WIT-VM 250 + SH oder WIT-Nordic + SH für Mauerwerk – Injektionssystem zur Verankerung im Mauerwerk, ETA-16/0757 vom 15.12.2016, Deutsches Institut für Bautechnik (DIBt), Berlin; kostenlose Download-Möglichkeit zum Beispiel unter www.dibt.de/de/service/zulassungsdownload/suche

ETA W-VIZ (2023): Europäische Technische Bewertung – Injektionssystem W-VIZ – Verbunddübel zur Verankerung im Beton, ETA-04/0095 vom 21.7.2023, Deutsches Institut für Bautechnik (DIBt), Berlin; kostenlose Download-Möglichkeit zum Beispiel unter www.dibt.de/de/service/zulassungsdownload/suche

ETA W-FAZ (2018): Europäische Technische Bewertung – Würth Fixanker W-FAZ und W-FAZ-IG – Mechanische Dübel zur Verwendung im Beton, ETA-99/0011 vom 2.10.2018, Deutsches Institut für Bautechnik (DIBt), Berlin; kostenlose Download-Möglichkeit zum Beispiel unter www.dibt.de/de/service/zulassungsdownload/suche

ETA W-BS (2021): Europäische Technische Bewertung – Würth Betonschraube W-BS/S, W-BS/A4, W-BS/HCR – Mechanische Dübel zur Verwendung im Beton, ETA-16/0043 vom 7.7.2021, Deutsches Institut für Bautechnik (DIBt), Berlin; kostenlose Download-Möglichkeit zum Beispiel unter www.dibt.de/de/service/zulassungsdownload/suche

ETA W-FAZ PRO (2025): Europäische Technische Bewertung – Würth Fixanker W-FAZ PRO – Mechanischer Dübel zur Verankerung im Beton, ETA-20/0229 vom 27.1.2025, Deutsches Institut für Bautechnik (DIBt), Berlin; kostenlose Download-Möglichkeit zum Beispiel unter www.dibt.de/de/service/zulassungsdownload/suche

ETA WIT-UH 300 (2020): Europäische Technische Bewertung – Würth Injektionssystem WIT-UH 300/WIT-VH 300/WIT-VM 300 für Beton – Verbunddübel zur Verankerung im Beton, ETA-17/0127 vom 13.11.2020, Deutsches Institut für Bautechnik (DIBt), Berlin; kostenlose Download-Möglichkeit zum Beispiel unter www.dibt.de/de/service/zulassungsdownload/suche

ETA W-UR/SHARK UR (2021): Europäische Technische Bewertung – Würth Kunststoff-Rahmendübel W-UR/SHARK UR, Kunststoffdübel als Mehrfachbefestigung von nichttragenden Systemen zur Verankerung im Beton und Mauerwerk, ETA-08/0190 vom 28.4.2021, Deutsches Institut für Bautechnik (DIBt), Berlin; kostenlose Download-Möglichkeit zum Beispiel unter www.dibt.de/de/service/zulassungsdownload/suche

ETA W-VPZ (2021): Europäische Technische Bewertung – Verbundanker W-VPZ – Verbunddübel zur Verankerung im Beton, ETA-21/0168 vom 1.6.2021, Deutsches Institut für Bautechnik (DIBt), Berlin; kostenlose Download-Möglichkeit zum Beispiel unter www.dibt.de/de/service/zulassungsdownload/suche

Prüfberichte

MPA NRW (2013): Test of »WIT-VM 250« vinyl ester resin based two-component reaction resin mortar in cartridges, Test certificate no. 220012339-13-01 vom 13.11.2013, Materialprüfungsamt Nordrhein-Westfalen (MPA NRW), Dortmund

Abbildungsverzeichnis

Dummies Junior – die frechen »... für Dummies« für interessierte Kids und Jugendliche

- » Projekte zum Ausprobieren, Programmieren und Experimentieren
- » Mit pädagogischem Konzept
- » Viele Abbildungen in Farbe
- » Verständliche Texte mit einfachen Erklärungen – auch bei schwierigen Themen
- » Inhalte in Workshops erprobt

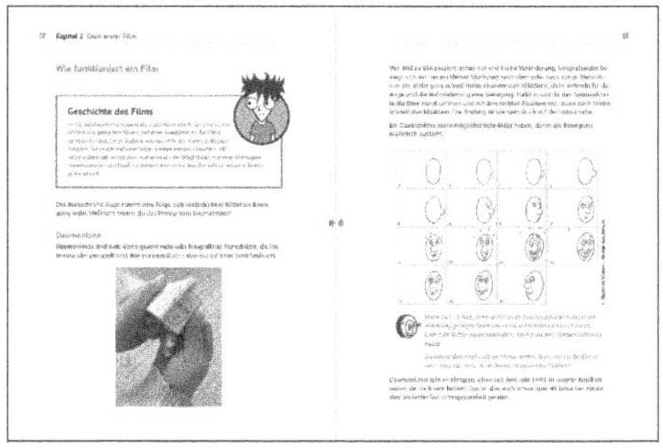

M. Schenk

Mein Weg zu den Sternen für Dummies Junior

1. Auflage 2022 **ISBN:** 978-3-527-71908-2

224 Seiten

Format: 176 mm x 240 mm

Ladenpreis: 18,– €*

Schau in den Himmel und lerne die Planeten, Sterne und Sternbilder kennen. Ob mit bloßem Auge, Fernglas oder Teleskop

M. Weiß und V. Borngässer

Stop-Motion-Trickfilme selber machen für Dummies Junior

2. Auflage 2023 **ISBN:** 978-3-527-72043-9

176 Seiten

Format: 176 mm x 240 mm

Ladenpreis: 16,– €*

Schritt für Schritt zum eigenen Stop-Motion-Video mit der richtigen Beleuchtung, passenden Geräuschen und Spezialeffekten. Hier erfährst du, wie es geht.

* Der €-Preis gilt nur für Deutschland. Preisänderungen und Irrtümer vorbehalten.

C. Ermel und O. Runge

Programmieren und zeichnen mit Python für Dummies Junior

2. Auflage 2022 **ISBN:** 978-3-527-71995-2

224 Seiten

Format: 176 mm x 240 mm

Ladenpreis: 18,- €*

Zaubere tolle Bilder mit dem Computer! Du brauchst dafür nur ein paar einfache Befehle aus der Programmiersprache Python.

W. Eagle et al.

TikTok-Videos selber machen für Dummies Junior

1. Auflage 2023 **ISBN:** 978-3-527-72133-7

160 Seiten

Format: 176 mm x 240 mm

Ladenpreis: 17,-€*

Werde Teil der TikTok Community und begeistere andere mit deinen Ideen. In diesem Buch erfährst du, wie du Videos mit dem Smartphone erstellst, bearbeitest und mit deinen Freunden teilst.

C. Ermel und N. Rosenfeld

Spaß mit Elektronik für Dummies Junior

1. Auflage 2020 **ISBN:** 978-3-527-71705-7

198 Seiten

Format: 176 mm x 240 mm

Ladenpreis: 15,- €*

In diesem Buch lernst du, Schaltungen für coole Gadgets aufzubauen: eine Glückwunschkarte, die leuchtet, eine blinkende Weihnachtsbaumkugel, einen klingenden Draht und anderes mehr.

* Der €-Preis gilt nur für Deutschland. Preisänderungen und Irrtümer vorbehalten.

Stichwortverzeichnis

V

W

Z

Diese Bücher könnten Sie auch interessieren

M. Calanni Billa und S. Brückner

Baustatik für Dummies

1. Auflage 2025 **ISBN:** 978-3-527-72251-8
Reihe: ...für Dummies
304 Seiten
Einbandart: Broschur
Format: 176 mm x 240 mm
Ladenpreis: 26,- €*

Sie müssen eine Prüfung in Baustatik bestehen? Dann ist dieses Buch richtig für Sie. Sie lernen Kräfte zu ermitteln, Schnittgrößen zu bestimmen und vieles mehr. Die Autoren erklären Ihnen die Themen so verständlich wie möglich mit vielen anschaulichen Beispielen.

S. Sammet und S. Schwartz

Existenzgründung für Dummies

5. Auflage 2024 **ISBN:** 978-3-527-72047-7
Reihe: ...für Dummies
384 Seiten
Einbandart: Broschur
Format: 176 mm x 240 mm
Ladenpreis: 20,- €*

Von der Geschäftsidee über das Erstellen eines Businessplans und die Finanzierung bis hin zur Geschäftsgründung - dieses Buch gibt allen, die sich selbstständig machen möchten, jede Menge konkrete Tipps.

C. Ossola-Haring

GmbH-Geschäftsführung für Dummies

2. Auflage 2021 **ISBN:** 978-3-527-71885-6
Reihe: ...für Dummies
350 Seiten
Einbandart: Broschur
Format: 176 mm x 240 mm
Ladenpreis: 26,- €*

Als GmbH-Geschäftsführer sollte man wissen, was einen erwartet und die Rechte und Pflichten sowie die berühmten »Risiken und Nebenwirkungen« wie Haftungsfragen rechtliche und steuerliche Implikationen kennen. Dieses Buch vermittelt angehenden GmbH-Geschäftsführern den Überblick.

*Der €-Preis gilt nur für Deutschland. Preisänderungen und Irrtümer vorbehalten.